El Lobbying

Si está interesado en recibir información sobre libros empresariales, envíe su tarjeta de visita a:

**Ediciones Gestión 2000
Departamento de promoción
Comte Borrell, 241
08029 Barcelona
Tel. (93) 410 67 67
Fax (93) 410 96 45
e-mail: info@gestion2000.com
www.gestion2000.com**

Y la recibirá sin compromiso alguno por su parte.

El Lobbying

Cómo influir eficazmente en las decisiones de las instituciones públicas

Jordi Xifra

Prólogo de José Luis Sanchis

 GESTIÓN 2000

© Ediciones Gestión 2000, SA, Barcelona, 1998
© Jordi Xifra, Girona, 1998.

Primera edición: marzo 1998
Depósito legal: B. 9.987 - 1998
ISBN: 84-8088-250-6
Fotocomposición: gama, sl
Diseño cubierta: Manuel Couto/ASÍ Disseny Visual
Impreso por Romanyà-Valls, SA; Capellades (Barcelona)
Impreso en España - *Printed in Spain*

... y viceversa

Índice

Prólogo de José Luis Sanchis 11

Presentación... 17

1. Introducción 21

2. Definición.. 23

3. Tipología... 29

4. Legitimidad 33

5. Antecedentes 35

6. Naturaleza, objetivos, finalidad y función 37
   6.1. Lobbying y relaciones públicas 37
   6.2. Características de las relaciones públicas 38
   6.3. Elementos de las relaciones públicas y comparación con los del
      lobbying 40
   6.4. Metodología de las relaciones públicas........................ 40
      6.4.1. Investigación y diagnóstico del problema................. 40
      6.4.2. Planificación estratégica................................ 48
      6.4.3. Ejecución.. 50
      6.4.4. Evaluación... 50
   6.5. El proceso comunicativo del lobbying 51
   6.6. Función del lobbying.. 60

7. Lobbying y otras actividades e instituciones 63
  7.1. Lobbying y *public affairs* 63
    7.1.1. Las relaciones gubernamentales 63
    7.1.2. Las relaciones con la comunidad.......................... 64
    7.1.3. El *public issues management* 64
    7.1.4. Uso profesional del término *public affairs* 67
    7.1.5. Lobbying y compromiso social de las organizaciones.......... 68
  7.2. Lobbying y megamarketing 69
  7.3. Lobbying y *think tanks* 71
  7.4. Lobbying, *Political Action Committee* y *fundraising* 73

8. Sujetos del lobbying 79
  8.1. Los grupos de presión 79
    8.1.1. Concepto y características 79
    8.1.2. Taxonomía de los grupos de presión...................... 80
    8.1.3. Principales grupos de presión en la Unión Europea............ 83
  8.2. La empresa.. 84
  8.3. Los lobbies y los lobbistas 86
    8.3.1. Conceptos y tipologías 86
    8.3.2. Naturaleza y función de los lobbies....................... 94
    8.3.3. Características de los lobbistas 94
    8.3.4. Perfil del buen lobbista................................ 100
  8.4. El público receptor (I): los poderes públicos...................... 106
    8.4.1. El procedimiento legislativo 106
    8.4.2. Formas, principios y reglas básicos del lobbying ante
        el poder legislativo español 119
    8.4.3. La toma de decisiones del poder ejecutivo 123
    8.4.4. Principios básicos del lobbying ante el Gobierno
        y la Administración españoles 144
  8.5. El público receptor (II): los actores y el proceso de toma
    de decisiones en la Unión Europea 145
    8.5.1. La Comisión 145
    8.5.2. El Consejo de Ministros (o Consejo)...................... 152
    8.5.3. El Consejo Europeo 155
    8.5.4. El Parlamento Europeo................................ 156
    8.5.5. El Comité Económico y Social (CES)..................... 168
    8.5.6. El Comité de las Regiones 170
    8.5.7. Guía resumen de dónde y cuándo actuar................... 171
    8.5.8. Tipología de la normativa comunitaria 171
    8.5.9. Recapitulación: un ejemplo sinóptico de elaboración
        de una directiva 173

8.6. Los principios básicos del lobbying comunitario 174
8.7. El poder judicial como sujeto pasivo del lobbying 179

9. Metodología del lobbying 181
   9.1. Investigación 181
      9.1.1. Análisis e identificación de las necesidades de la organización . . 183
      9.1.2. Definición e investigación de los *public issues* 186
      9.1.3. Evaluación de la efectividad 187
      9.1.4. Fuentes de información pública 188
      9.1.5. La investigación científica en lobbying 192
      9.1.6. Identificación de los públicos 196
   9.2. Estrategia 196
      9.2.1. Tipología del marco estratégico 197
      9.2.2. Definición y priorización de los objetivos 198
      9.2.3. Identificación de los interlocutores válidos 199
      9.2.4. Selección del momento de intervención 199
      9.2.5. La argumentación 200
      9.2.6. El diseño de las formas y modo de intervención 202
      9.2.7. El control del proceso de toma de decisiones 205
   9.3. Ejecución o implantación del programa de lobbying: formas
      de intervención 205
      9.3.1. Técnicas de lobbying directo 205
      9.3.2. Técnicas de lobbying indirecto 207
      9.3.3. Técnicas específicas y ambivalentes 207
      9.3.4. Control de la implementación del lobbying 211
   9.4. Evaluación 212

10. La regulación del lobbying 217
   10.1. La regulación del lobbying en los Estados Unidos 217
   10.2. La regulación en la Unión Europea 222
      10.2.1. Regulación de la Comisión Europea 222
      10.2.2. Regulación del Parlamento Europeo 226
   10.3. Regulación en España 233
      10.3.1. El delito de tráfico de influencias en el Derecho penal
           español 234
      10.3.2. La proposición no de ley de 1993 236
   10.4. Regulación en los Estados de la Unión Europea 237

11. Casos prácticos 241
   11.1. Un ejemplo de lobbying para el lobbying 241
   11.2. Un ejemplo de *grassroots lobbying* 245

11.3. Lobbying internacional i megamarketing 250
11.4. Salvando a la pesca esocesa 256
11.5. Lobbying para frenar un proyecto de ley en California 259
11.6. Caso del Casino Gran Madrid 262
11.7. Lobbying ante el Congreso y la Administración de los EEUU 265

12. Bibliografía crítica citada 271

Anexo 1
Texto del debate en el Congreso de los Diputados de la proposición no
de ley sobre regulación de los grupos de interés, de 23 de febrero de 1993 . . . 277

Anexo 2
La función del Lobbying en la práctica de las relaciones públicas,
por Sam Black 293

Bibliografía no citada 303

Prólogo

Los lobbies tienen mala fama. Existe todo un cúmulo de prejuicios que se ciernen sobre ellos. Se considera que se trata de una actividad encaminada a promover intereses particulares y mediante la cual unas pocas personas bien relacionadas consiguen que otras pocas personas muy poderosas adopten medidas contrarias o, en el mejor de los casos, diferentes al bien público... Nada más falso en el deber ser.

La mala reputación del lobby es especialmente aguda en nuestro país, donde se percibe como una práctica cercana al tráfico de influencias. Esta concepción tiene su raíz en la no existencia de unos lobbistas que actúen de acuerdo con lo que debería ser. En países como Estados Unidos, el lobbying es considerado un instrumento más de participación de la sociedad civil en la vida pública.

Una de las misiones de la presente obra es, sin duda, dar a conocer un tema tan ignorado y mal considerado como es el del lobby y acabar, o al menos intentarlo, con su rechazo. La práctica profesional del lobby se basa en la información y, a partir de ella, tratar de influir en la acción del poder ejecutivo y legislativo mediante acciones de Comunicación. El lobby es, pues, una actividad profesional sistemática y planificada, asimilable a la consultoría empresarial, ya que está abierta a aquellos clientes que requieren sus servicios.

En esta obra, Jordi Xifra, logrará suscitar el interés de personas desconocedoras del tema, cambiando en muchos casos concepciones negativas o confusas sobre esta actividad profesional. Así, igual que una persona acude a un abogado para su defensa ante los tribunales, o ante un intermediario financiero para que le asesore en sus inversiones, debe existir la posibilidad de que los ciudadanos, cuando precisen contactar con un parlamentario o un miembro del ejecutivo para exponer un asunto que consideran debe ser tenido en cuenta, hablen con profesionales expertos que dialoguen a un mismo nivel con este parlamentario, a la vez que posean la capacidad de suministrar la información suficientemente extensa para exponer el caso en toda su amplitud en el momento adecuado.

II

La sabia observación de Voltaire

Es bien conocido el hecho de que son antes las prácticas de los oficios que la teorización sobre los mismos, y que sin aquellas práctica sería imposible el salto cualitativo hacia la abstracción y la teoría.

Voltaire recuerda que primero fue la elocuencia y luego la retórica, así como las lenguas se formaron antes que la gramática. En nuestra actividad empresarial nos ha pasado algo parecido a lo que dice el filósofo: primero fue la práctica –el desarrollo de nuestro quehacer profesional, con las urgencias que nos impone el día a día–, y luego el salto cualitativo hacia la reflexión, hacia la abstracción, hacia las categorías, lo que podríamos llamar *la gramática de la profesión*.

Y es que, urgidos por las prisas que son típicas en nuestra actividad, literalmente empujados por las necesidades de las empresas que nos consultan, muchas veces inventamos soluciones sin darnos cuenta del alcance de lo que estamos haciendo. Creemos estar solucionando una situación concreta –y lo hacemos, sin duda, con eficacia testada–, pasan los días, y comprobamos que lo que hemos hecho en realidad es *acuñar categorías, definir distintos órdenes en la realidad, y diseñar un enlace* entre ellos.

III

De la anécdota a la categoría

El paso de la anécdota a la categoría lo podemos representar recurriendo al modelo que hemos creado como base de nuestro tabajo, *la Pirámide de la Consultoría*, en la que situamos los tres vectores que estructuran nuestra oferta de consultoría: *las necesidades* de la empresa –que guardan relación con los objetivos que persigue–, *las técnicas* que utilizamos para facilitar la consecución de esos objetivos, y *los públicos* sobre los que la empresa quiere actuar.

La conciliación y el enlace entre esas tres referencias y su punto de encuentro –*la comunicación*– conforman la operación sobre la que se ejecuta nuestro trabajo, mediante el cual tenemos que conseguir un tráfico ordenado de esos tres vectores que confluyen en *el campo de la comunicación*.

Progresivamente, tras encontrar soluciones a centenares de casos, un día damos ese salto cualitativo que aconsejaba *Eugenio d'Ors*: pasamos de la anéctoda a la categoría.

IV

Pasar a la categoría, en el campo de la comunicación –como en cualquier otro campo de actividades–, supone adoptar una morfología capaz de dar cuenta de una fenomenología: mediante la categoría –o las categorías–, lo que era confuso queda claro, lo que era imprevisible ya lo es menos, y los fenómenos –los problemas que afectan a la actividad de la empresa– se someten a una actividad sistemática, a un método, que cuenta con razonables expectativas de triunfar sobre ellos.

Dicho lo anterior, podríamos preguntarnos, ¿qué es una morfología? ¿Qué es un cuadro de categorías? Un cuadro de categorías es parte de la estrategia cognitiva del individuo ante el entorno y sus problemas, por cuanto es *un cuadro de las grandes preguntas que es razonable plantear.*

Los que hemos trabajado algunos años en el mundo de la empresa, y de la comunicación más en concreto, tenemos la experiencia de la confusión, de la pérdida de tiempo, de la pésima definición de los problemas, todo lo cual tiene su origen muchas veces en la desafortunada elección de las preguntas.

Hay muchas preguntas que son banales y que conviene evitar, y hay otras que son las que revelan su eficacia en orden a captar lo que es esencial –y no accidental– en un campo fenomenológico. Lo que en *Sanchis & Asociados* llamamos la *Pirámide de la Consultoría* no pretende otra cosa: se trata de una morfología, de un cuadro de categorías –en el sentido de Thom–, que revela su eficacia a la hora de enfrentarnos con el campo de la comunicación.

Disponer del programa de preguntas adecuadas supone comprender la situación, el problema, lo cual es tanto como haber encontrado o estar a punto de encontrar la solución. Si pensamos en el desastre que supone partir de un repertorio de preguntas poco adecuadas a la complejidad del problema analizado –lo cual sería tanto como un encuestador que no sepa formular el programa de preguntas que va a plantear a la muestra que ha elegido–, se comprende mejor la eficacia de saber plantear las preguntas razonables.

V

El Lobby como consultoría

En esos raros descansos –raros, porque no abundan en nuestra profesión–, más de una vez nos hemos puesto a pensar cuál era la característica fundamental de nuestro trabajo, cómo podíamos convertir nuestro quehacer profesional en categorías, con tres objetivos claros: el primero, *crear una filosofía de trabajo común* a todos los que colaboran con nosotros; el segundo, *asegurar una cierta previsibilidad para los casos nuevos, que son sistemáticamente sometidos al método y a la filosofía de trabajo y,* el tercero, *explicarlo a nuestros clientes, con economía de recursos.*

Pronto nos dimos cuenta de que nuestro trabajo se ejecuta sobre un campo en cuya importancia no siempre se ha reparado. Es relativamente reciente el poder de la comunicación como prioridad estratégica en la gestión. *La comunicación,* sector al que pertenecen muchos profesionales –periodistas, publicitarios, consultores, políticos, creativos de todo tipo, empresarios de distintos sectores– y con el que, activa o pasivamente, se relaciona toda la sociedad, es el ámbito sobre el que se ejecuta el trabajo de *Sanchis & Asociados.*

Cuando hablamos de una *filosofía de consultoría* no sólo nos referimos al *método* para trabajar en ese campo, sino a otras variables, entre las que quiero destacar las siguientes: *una definición del repertorio de problemas* que pueden afectar al funcionamiento de la empresa –lo cual supone un despliegue de *especialistas* para tratar esos problemas, y para encontrarle soluciones–, un conocimiento de lo que es *la comunicación* en toda su complejidad, y *una visión global de la empresa.*

El modelo de la *Pirámide de la Consultoría* demuestra su eficacia, no sólo en relación con el censo de esos elementos –un censo se limita a recoger todos los elementos posibles en el campo analizado, sea una población, sea un repertorio de problemas–, sino con el repertorio de soluciones que alivien o den respuestas satisfactorias a todos y cada uno de los problemas que aquejan a una empresa.

VI

Lo difícil es plantear el problema

Es bien conocida la expresión de que *un problema bien planteado es un problema parcialmente resuelto.* Lo difícil es plantear bien los problemas: si siempre estuvieran bien planteados, los psicólogos y los psiquiatras verían gravemente mermada su clientela, y a los consultores nos pasaría otro tanto de lo mismo.

No hace falta una cultura empresarial muy sofisticada para compartir la conocida sentencia de que *o eres parte de la solución o eres parte del problema,* y conocemos perfectamente la forma de conjurar el riesgo de convertirnos en parte del problema: la *fidelidad a un método de trabajo,* que supone *un modelo, unas categorías, y una disciplina de análisis de los problemas y de los escenarios conflictivos,* que es siempre la misma, aunque –a fuer de creatividad– distintas sean las soluciones que inventamos para cada caso.

Porque los casos, los problemas y las empresas con las que trabajamos tienen perfiles propios, pues acontece un poco lo que pasa en la medicina: si hay, por una parte, enfermedades –perfectamente tipificadas, como grandes categorías que ayudan al médico a definir el diagnóstico y a plantear el tratamiento–, hay, fundamentalmente, enfermos, lo cual supone que, aunque esté clara la categoría, siempre hay un margen para el comportamiento diferenciado del enfermo. Por eso decimos que tenemos un modelo y que tenemos clientes, pero que no tenemos productos. Cada cliente es un caso diferente.

En definitiva, no hacemos sino seguir el consejo de Aristóteles, cuando advertía que *un error en las premisas supone una catástrofe en las conclusiones*, lo cual es tanto como decir que *un error en los principios supone una catástrofe en los resultados*.

La experiencia nos ha mostado que no siempre coincide *la definición del problema* que hace el empresario con el auténtico problema que tiene su empresa. Una cosa, en efecto, es el problema, y otra cosa es lo que cree un empresario que es el problema, y por eso existe el consultor externo, como existen el psiquiatra y el psicólogo, encargados de ayudar a definir el problema a un cliente que empieza por no saber cuál es el problema, y ése es, y no otro, su problema.

Muchas veces, a lo largo de los últimos años, nos hemos hecho una pregunta clave: *¿qué pasa cuando los encargados de definir el problema son el problema?* Pasa que el consultor externo les urge que les diga *cuál es el problema*. Y la verdad es que muchas veces me he sentido menos un profesional capaz de solucionar urgentemente los problemas que *un buen definidor de problemas*.

Cuando hacía mis primeros pinitos en esta profesión no había pensado en ello, pero hoy lo tengo muy claro, y fundamentalmente por dos razones: porque es obvio que hay problemas que no tienen solución, aunque admiten alivio y porque la prisa voluntarista por encontrar solución urgente y mágica a un problema es mala consejera y peor guía y suele dar resultados catastróficos, o –en el mejor de los casos– simplemente, nulos. Esto es así porque *antes que buscar soluciones hay que definir el problema en los términos adecuados*, lo cual es bastante más infrecuente de lo que la gente cree.

En definitiva, la complejidad del mundo de la comunicación ha exigido de los nuevos consultores una profesionalización que ha dejado atrás –felizmente– la época de los prestidigitadores, de los nigromantes, de los adivinos, de los aprendices de brujo y de otros aficionados a la comunicación y a la imagen.

VII

Este es el trabajo del lobbista

El lobby es una técnica de comunicación para las organizaciones, las empresas o los particulares que afrontan situaciones en las que confluyen intereses contrapuestos y que dependen en su resolución de decisiones externas. La acción de lobby requiere de unos profesionales, de unas técnicas y de unas estrategias para un ejercicio eficaz. Soy el primero en condenar prácticas ilícitas o ilegales, pero también debo poner de manifiesto que éstas no tienen nada que ver con nuestro trabajo y con el de nuestros colegas, trabajo que venimos realizando de forma transparente y ética, y que es reconocido como tal por los diferentes poderes públicos y partidos políticos. La creación, en Europa, de una Asociación de Lobby de la que somos miembros y nuestro empeño en constituir una homóloga española avala esa voluntad e indudable interés por la transparencia y el destierro de prácticas oscuras.

Son la falta de regulación y la consecuente opacidad las que favorecen el indeseable tráfico de influencias. Por ello creo que los primeros pasos dados por el Parlamento Europeo de reconocimiento de esta actividad profesional son un avance importante.

Las páginas que siguen hacen que el lector descubra la verdadera y amplia naturaleza del lobbying en todas sus vertientes. El libro será sin duda un manual que servirá como referencia a estudiosos y especialistas en la materia y será fuente para los futuros lobbistas, que, con la fuerza de la razón, estoy convencido que se enfrentarán a un panorama menos hostil que el que hemos vivido los pocos que como yo actuamos como lobbistas hoy en este país.

Me satisface enormemente que un colega como Jordi Xifra, amplio conocedor, desde la Universidad, del mundo del lobby y que cuenta, además, con una amplia experiencia adquirida como Presidente del Centro de Estudios de la Comunicación y las Relaciones Públicas, Coordinador Nacional de la IPRA en España, y como miembro de la Public Relations Society of America (PRSA), aborde el tema de manera seria y objetiva, contribuyendo a reducir la confusión existente a la hora de definir y clasificar el lobbying.

Muchos son los aspectos de la presente obra que me gustaría puntualizar o comentar, pero no voy a salirme de mi papel, ya que el protagonista es Jordi Xifra y su obra *El Lobbying*.

Va siendo hora de que el lobbying se despoje de sus falsas vestimentas de tarea oculta y corrupta. Intentemos pues, dotar a esta profesión de un cuerpo formal y un reconocimiento público. En este sentido, defiendo y espero una pronta regularización de esta actividad por parte de los representantes políticos y que, con libros como el presente, se aborde esta iniciativa empresarial para aumentar su conocimiento y clarificar sus parámetros y formas de actuación, desterrando con ello prejuicios equivocados y malentendidos pasados. La regulación estimula la profesionalidad y, por ello, es una garantía de un mejor servicio al ciudadano. No debemos olvidar que una mayor información conlleva una mayor libertad, y que una mayor transparencia lleva a una mayor democracia.

José Luis Sanchis
Madrid, enero de 1998

Presentación

Publicar un manual sobre lobbying en España no es tarea fácil. Si de una parte el término no es conocido y por consiguiente su uso mal aplicado, por otra, aquellos a quienes les suena, o incluso lo conocen, suelen confundirlo con acciones delictivas, como el tráfico de influencias o corrupción. Son bastantes los profesionales del lobbying que, bajo nombres como Relaciones Institucionales o Asuntos Públicos, no quieren ser tildados de lobbistas, renegando así a la profesión que ejercen a diario. No podemos negarlo: nuestro país es ignorante en el tema y sus profesionales, salvo excepciones, más que ayudar a su conocimiento, oscurecen aún más su ya desacreditada imagen. Y, sin embargo, el lobbying es una necesidad para las empresas y una herramienta básica en todo Estado que se considere democrático, ligada al derecho fundamental de expresión y de opinión de las organizaciones en aquellos temas del debate público que les puedan afectar o afecten directamente.

Por una confusión terminológica cada día más arraigada y debida principalmente (como tantos otros confusionismos) a los medios de comunicación social, se suele confundir el lobbying con la acción de los grupos de presión o de interés, mal llamados lobbies. Evidentemente, el lobbying es sólo una parte muy concreta de la acción de los citados grupos. Esto ha provocado un silencio doctrinal casi absoluto sobre las posibilidades del lobbying en la gestión estratégica de las empresas. Salvo honrosas excepciones (estamos pensando básicamente, y corriendo el peligro de dejarnos a alguno, en Emiliano Alonso y José Luis Sanchis) son pocos los estudiosos y los profesionales que lo han manifestado públicamente.

Del entramado de relaciones existentes entre una organización y su entorno, no vemos el por qué considerar como ilícitas o ilegítimas aquellas con los poderes públicos titulares de la potestad de tomar decisiones públicas. Exceptuando el poder judicial, claro está. El lobbying es el proceso de comunicación entre las empresas y los legisladores transmisor de aquellas informaciones útiles para el proceso de toma de decisiones. Su necesidad es cada día más palpable, debido principalmente a:

- El aumento del intervencionismo del Estado a través de leyes y reglamentos
- La creciente complejidad y sofisticación de la legislación, que hace necesaria la intervención de todos los sectores sociales afectados en aras de una mejor información de los decisores públicos
- La cada día mayor sensibilización de la opinión pública hacia temas como el medio ambiente, el consumo, la salud pública o el empleo
- La distancia que separa a los empresarios de las autoridades políticas o gubernamentales
- La integración europea que genera una elevada proporción de normas jurídicas derivadas de las instituciones de la Unión Europea, mucho más abierta al ejercicio del lobbying

El trabajo que tiene el lector en sus manos no sólo pretende esclarecer y exponer estas cuestiones, sino además enfatizar sobre la íntima conexión entre el lobbying y las relaciones públicas. En efecto, si éstas constituyen una actividad de comunicación cuya finalidad es crear un entorno favorable a la empresa, la finalidad del lobbying es, a través también de la comunicación, generar un entorno social y normativo favorable a los intereses de las organizaciones.

La finalidad de este libro es así presentar al lobbying como una actividad más que la empresa debe contemplar en su desarrollo, y mostrar que debe ser una profesión asumida y necesaria socialmente, además de ejercida por especialistas. Si la empresa, en el ejercicio de su management, se rodea de expertos en marketing o en finanzas, cuando deba recurrir al lobbying (porqué de buen seguro que si no ha tenido que hacerlo hasta hoy, deberá recurrir algún día) deberá rodearse de profesionales: los lobbistas. Un término al que es hora ya de otorgarle el lugar que se merece y la imagen que le corresponde.

Antes de terminar esta presentación con los oportunos agradecimientos, no podemos dejar de mencionar el por qué de las continuas referencias al lobbying en Estados Unidos. No hay que olvidar que fue en ese país donde se originó, se desarrolló, se legitimó y donde ha adquirido cartas de naturaleza. Washington es la capital mundial del lobbying. El lobbying es originariamente americano, lo que ha generado numerosos estudios que hemos traído a colación en este trabajo. Así mismo, esta institución yanqui ha calado en el sistema político de la Unión Europea, similar al norteamericano, convirtiendo a Bruselas en la segunda capital de la actividad que nos ocupa, con la importancia consiguiente en los intereses de las organizaciones europeas. De ahí que, como decíamos, algún día no muy lejano, la empresa española, como la europea, deberá tener muy presente al lobbying como factor estratégico de gestión en el mercado comunitario.

No podemos cerrar esta introducción con los agradecimientos que corresponden. Especialmente a la *International Public Relations Association*, y muy especialmente a su Directora Ejecutiva, Rosemary Graham, por habernos permitido reproducir los casos prácticos internacionales, todos ellos presentados a los *Golden World Awards* que anualmente organiza esta asociación. Al profesor Sam Black, por autorizarnos la publicación de un texto inédito sobre la función del lobbying en la práctica de las relaciones públicas. A José Luis Sanchis, titular de la única agencia española dedicada exclusivamente al lobbying, por sus sabios y prácticos consejos y aportaciones en la fase de redacción del texto. A los periodistas del rotativo *El Punt* de Girona, Emili Gispert y Jordi Grau, por facilitarnos el acceso a los archivos del periódico. A José Daniel Barquero, por su apoyo y ánimo en la publicación de este manual. A nuestros estudiantes, sin cuyas inquietudes muchas reflexiones no hubieran visto la luz. Y a nuestro entorno familiar y de amistades que han sacrificado horas de ocio para que pudiésemos elaborar estas páginas.

Jordi Xifra Triadú
Girona, enero de 1998

1
Introducción

El objeto de este estudio es aproximar al lector a los aspectos teóricos y técnicos de esa actividad, tan desconocida y peyorativamente percibida, conocida por lobbying y considerada como una estrategia de comunicación de las organizaciones. Comunicación en una triple vertiente:

Comunicación empresarial, de una parte, pues esos grupos de presión suelen constituirlos empresas de un mismo sector, cuando no son ellas, en solitario, quienes ejercen el lobbying.

Comunicación de relaciones públicas, en segundo lugar, ya que la metodología, la finalidad y las técnicas de toda acción de lobbying son las propias de las de las relaciones públicas.

Comunicación política, finalmente, no sólo porque el receptor de la comunicación es el poder público, sino también porque el emisor de la misma suele ser, mayoritariamente, uno de los actores más relevantes de la vida política: un grupo de presión o interés (más adelante matizaremos esta terminología).

2

Definición

Etimológica y originalmente, «lobby» significa pasillo o antesala, en referencia a los del Parlamento británico donde los representantes de intereses privados iban al encuentro de los parlamentarios para exponerles sus inquietudes y demandas.

Antes de pasar a formular una definición de lobbying, repasemos algunas ofrecidas por estudiosos, docentes y profesionales del mismo.

Farnel define el lobbying como «una actividad consistente en proceder a intervenir para influenciar directa o indirectamente los procesos de elaboración, aplicación, o interpretación de medidas legislativas, normas, reglamentos y, generalizando, de toda intervención o decisión de los poderes públicos».

Para Alonso Pelegrín, es la «actividad del lobby o de los lobbies; ejercer presiones; tratar de convencer; intentar neutralizar, modificar o influir en las decisiones de la autoridad pública».

En el mismo sentido, Pierre-Louis Dubois y Alain Jolibert señalan que «designa la creación o la utilización de un lobby, es decir de un grupo de presión. El lobbying es la actividad del lobby cuando éste último pretende influenciar a una organización para obtener una medida política, jurídica, económica, social.....que le sea favorable».

El diccionario Webster define el verbo lobby como sigue: «conducir actividades dirigidas a influir a funcionarios públicos y especialmente a miembros de un cuerpo legislativo sobre una legislación u otra decisión política».

Stone indica que se conoce por lobbying «el esfuerzo específico de influenciar decisiones públicas, para efectuar un cambio en la política o para prevenir tal cambio».

Por su parte, Bernadet, Bouchez y Pihier lo enfocan como «el arte de comunicar con las instancias políticas y administrativas para obtener una inflexión de los proyectos legislativos o reglamentarios o una revisión de las leyes y reglamentos en un sentido favorable a las instancias profesionales y a las empresas».

José Luis Sanchis tituló su ponencia en el I Congreso de Comunicación Corporativa: «El lobby como una herramienta de comunicación estratégica entre actores económicos, políticos y sociales».

Para Thierry Lefébure, presidente de la *Association Française des Conseils en Lobbying*, practicar el lobbying «es, sobre todo, analizar y comprender un problema, a fin de explicar su tenor y sus consecuencias a aquellos que poseen el poder de decidir».

El lobbista canadiense Dominique Boivin propone que lobbying «describe la actividad que ejercen generalmente los grupos en sus relaciones con el aparato del Estado, con la finalidad de hacerle actuar en un determinado sentido».

Para el politólogo norteamericano Lester W. Milbrath es «la actividad mediante la cual el encargado de la misma (el lobbista) se comunica con una persona del gobierno con facultad para tomar decisiones a fin de tratar de influir en lo que ésta hará (o no hará) respecto a determinado asunto». Milbrath limita acertadamente la práctica del lobbying a los contactos efectuados en nombre de un tercero, excluyendo a quien actúa exclusivamente por su propio interés sobre alguna decisión política.

Finalmente, Romagni lo conceptúa como «un conjunto de técnicas de información y de comunicación utilizadas para orientar una decisión hacia un sentido favorable al interés general».

Llegados aquí se impone que procedamos a una definición consonante tanto con el pensar teórico actual como, y ante todo, con el ejercicio práctico de la actividad que nos ocupa.

Son cinco, no obstante, las premisas en las que nos basamos para definir el lobbying:

a) Es una estrategia de gestión de las organizaciones (empresas, grupos de presión, incluso Administraciones públicas).

b) Si bien su finalidad es influir y orientar una determinada normativa o actividad de los poderes públicos, esa estrategia se traduce en acciones de comunicación persuasiva y de cualquier otro tipo en relación con esos poderes públicos.

c) Dichas acciones de comunicación persuasiva se enmarcan principalmente en el marco de la comunicación de relaciones públicas, de contenido fundamentalmente informativo.

d) No obligan al decisor.

e) Son lícitas. Se ejecutan sin coartar la libertad de decisión y con medios lícitos (José Luis Sanchis).

Por todo ello, entendemos descriptivamente que el **lobbying es el proceso planificado de comunicación de contenido predominantemente informativo, en el marco de la política de relaciones públicas, de la empresa u organización con los poderes públicos, ejercido directamente por ésta, o a través de un tercero**

mediante contraprestación, que tiene como función intervenir sobre una decisión pública (norma o acto jurídico; en proyecto o en aplicación) o promover una nueva, transmitiendo una imagen positiva basada en la credibilidad de los argumentos defendidos que genere un entorno normativo y social favorable, y con la finalidad de orientarla en el sentido deseado y favorable a los intereses representados.

Así, el lobbying es:

- un proceso de **comunicación**, persuasiva (se trata de influir) que se concreta en la relación con los poderes públicos; la práctica profesional del lobbying se basa, señala acertadamente Sanchis, en influir sobre los poderes públicos mediante acciones de comunicación;
- **planificado**: el lobbying no es espontáneo, sino que responde a una planificación estratégica previa a su ejercicio;
- que se enmarca en el ámbito de una política de **relaciones públicas**, pues ésta es su naturaleza comunicacional, como veremos más adelante (un profesional de Bruselas lo ha llegado a definir como «ingeniería relacional» en el sentido de poner en relación a hombres e ideas); ejercer el lobbying es relacionarse con un público muy concreto de la organización: el poder político, legislativo o burocrático;
- de ahí que sus **mensajes sean mayoritariamente informativos**, en el sentido de hacer llegar a los poderes públicos aquellas informaciones necesarias para poder tomar las decisiones más fundamentadas posible. En el ámbito estrictamente político, un parlamentario ha sido elegido por la ciudadanía para tomar decisiones políticas, para las cuales necesita informaciones técnicas: es este el principal fundamento del lobbying. Sin embargo, no todos los mensajes tendrán la forma informativa propia de las relaciones públicas, sino que algunos de ellos podrán adoptar formas publicitarias, especialmente en campañas de sensibilización de la opinión pública;
- el lobbying es promovido generalmente por una **empresa o grupo de presión**, si bien algunas organizaciones de carácter institucional o incluso los propios estados o entes administrativos de carácter territorial (regiones, comunidades autónomas, provincias, comarcas, municipios, etc.) pueden ser sujetos promotores del lobbying;
- ejercido **directamente** por la organización a través de sus empleados, o **indirectamente por profesionales del lobbying, llamados lobbistas**, mediante un contrato de prestación de servicios a cambio de una contraprestación, casi siempre dineraria;
- los sujetos pasivos o destinatarios de la acción de lobbying son los poderes públicos, exceptuando al poder judicial (salvo excepciones que puntualizaremos en su momento), en cuanto actores del proceso de toma de decisiones públicas;

luego: **el poder ejecutivo y/o el legislativo**, pese a que en las campañas que se apoyan en actuaciones dirigidas a la opinión pública, ésta es receptora, y a la vez transmisora hacia los citados poderes, de los mensajes;

- su función es **intervenir en el proceso de toma de decisiones públicas**, ya sea de una norma jurídica (ley, reglamento, orden ministerial, resolución, etc.) o de un acto jurídico (adjudicación de una licencia, por ejemplo) en fase de creación (proyectos) o, si se está aplicando, para derogarla. Así mismo, el lobbying suele ejercitarse para crear una nueva normativa jurídica inexistente hasta el momento y que garantice los intereses objeto de la acción;

- su objetivo es transmitir una **imagen positiva** basada en la **confianza y credibilidad** hacia la postura defendida por la práctica del lobbying; y que, asimismo, dé lugar a un **entorno normativo y social favorable**, condición necesaria y suficiente para conseguir su finalidad. El clima social favorable es crucial para el lobbying: una percepción social positiva –vehiculada por medio de la opinión pública– de las relaciones entre las organizaciones y los poderes públicos son el elemento básico legitimador de la actividad que nos ocupa.

- con la finalidad de que los poderes públicos se adhieran a los argumentos transmitidos por el lobbying y **orienten su toma de decisiones en favor de los intereses** de la organización promotora. Quien debe tomar la última decisión es el decisor, parlamentario o funcionario, pero nunca el lobby o la organización. La genuina finalidad del lobbying es oír de la boca del decisor, en el debate público, los argumentos defendidos por los promotores del mismo en su estrategia.

Para los amantes de conceptos más escuetos, el **lobbying es el proceso de comunicación de relaciones públicas de una organización, dirigida a los poderes públicos y destinada a conseguir la adhesión de éstos para que orienten su toma de decisiones en el sentido deseado y favorable a los intereses de la organización**.

El análisis y desarrollo de esta propuesta conceptual componen el cuerpo principal de las páginas siguientes.

No obstante el uso social, que siempre acaba imponiéndose aunque sea erróneo, utiliza el término *lobby* para designar a los grupos de presión, y *lobbying*, por consiguiente, como la actividad de estos grupos. Este fenómeno tiene su máximo exponente en la confusión entre publicidad y propaganda que se ha adueñado de significativos líderes de opinión. Así, destacados periodistas (se supone, y me consta, licenciados en Ciencias de la Información) nos hablan de la *propaganda* recibida en los buzones de nuestros hogares como si estuviéramos en continua campaña electoral. Ello no obsta para que desde estas páginas reivindiquemos la adecuación de los términos, con todo lo que de *grito en el desierto* pueda tener; habida cuenta que un lobby (agencia o despacho dedicada al ejercicio profesional del lobbying en representación de las organizaciones que soliciten sus servicios a cambio de una remuneración económica) no es un grupo de presión, ni el lobbying constituye el grueso de su actividad, como se irá comprobando en este estudio. Por esto, tiene toda la razón Carnota cuando dice que el lobby constituye la representación del grupo de presión (o de la empresa) frente al Parlamento (y, por extensión, también ante la Administración pública). En la práctica, continúa el profesor argentino, «el lenguaje vulgar no siempre realiza dicho distingo, muchas veces designándose con el término lobby a lo que en realidad es un grupo de presión (así, cuando se hace referencia al lobby petrolero, al industrial, al agrario, al sindical, etc.). Sin embargo, debe subrayarse que cumplen roles diferenciados, encontrándose el factor grupal de presión en una relación de mandante a mandatario con respecto al lobby. Así como se contratan servicios de un abogado o de un contable para determinados asuntos, se recurre a esta especie de profesionales de la presión para hacer conocer los puntos de vista del grupo a los tomadores de decisiones políticas».

3

Tipología

De las diversas tipologías que han presentado algunos autores y a falta de una doctrina generalizada, proponemos la siguiente taxonomía.

3.1. De acuerdo con la naturaleza de la estrategia y técnicas utilizadas

Lobbying directo

Es el ejercido directamente ante los poderes públicos sin actuar a través de la opinión pública o de los partidos políticos. Se basa en la participación directa en los procesos de decisión pública, ya sea mediante las vías legales de participación en éstos y/o a través del contacto directo con el funcionario o parlamentario correspondiente.

Lobbying indirecto y grassroots lobbying (movilización de la base o lobbying de la base)

Tiene su base estratégica en la movilización de la opinión pública, mediante peticiones, telegramas, cartas o llamadas del pueblo a los decisores políticos, bajo la apariencia de espontaneidad.

También incluimos la estrategia de lobbying que pretende crear un estado de opinión favorable a los intereses reivindicados para reforzar la presión sobre los poderes públicos. La articulación de esta forma de actuación se realiza mediante la acción sobre los medios de comunicación social.

La estrategia de lobbying puede combinar ambas tácticas.

Este criterio de categorización ha dado lugar, en cierta doctrina estadounidense, a una tipificación entre el *old lobbying*, basado en la corrupción y predominante en el siglo XIX en aquel país, y el *new lobbying*, basado en técnicas no corruptas, es decir ya no tanto en el contacto directo con los parlamentarios norteamericanos sino en la realización de acciones sobre la opinión pública.

Por otra parte, suele establecerse esta distinción entre lobbying directo e indirecto para indicar si se ejerce directamente por el grupo de presión (directo) o a través de un lobby (indirecto). Atendiendo a este criterio, preferimos la siguiente tipología.

3.2. Basándonos en quién lo ejerce

Lobbying integrado
El ejercido directamente por la empresa o el grupo de presión sin la contratación de un lobby (despacho profesional), a través de su departamento de relaciones públicas, *public affairs* o relaciones institucionales.

Lobbying independiente o profesional
El ejercido por profesionales autónomos del lobbying –lobbistas independientes o integrados en una agencia profesional (lobby)– en representación de una organización y a cambio de una remuneración (generalmente económica). Su naturaleza jurídica es la del contrato de prestación de servicios o la del mandato.

3.3. Atendiendo a quién lo promueve

Lobbying empresarial
Es promovido por una empresa individual, normalmente una multinacional o una nacional económicamente importante.

Lobbying grupal, federativo o confederativo
La acción defiende los intereses de un grupo de presión, de una federación o de una confederación empresarial de un mismo sector de actividad.

José Luis Sanchis incluye en esta clasificación el lobbying unipersonal: el ejercido por cualquier ciudadano. En el mismo sentido, pero en el ámbito comunitario europeo, Alonso Pelegrín incluye a los ciudadanos individualmente considerados como sujetos activos del lobbying. Nuestra opinión, sin embargo, dista, al menos doctrinalmente, del punto de vista de estos prestigiosos autores. En efecto, la naturaleza del lobbying le otorga un contenido estratégico y comunicacional cuyas garantías de ejecución son directamente proporcionales a la envergadura de quien lo ejerce. No nos imaginamos a una persona física, sin una marcada connotación pública, iniciar individualmente una acción de lobbying en el sentido establecido en estas líneas. Del mismo modo que es difícil imaginarse el ejercicio de una estrategia de relaciones públicas por un ciudadano de a pie. Otra cosa distinta es que el individuo en cuestión posea el carácter de público. En estos casos (presidentes de grandes empresas, de clubes de fútbol, artistas, deportistas, personajes públicos en definitiva), sus acciones planificadas de comunicación suelen responder a criterios profesionales e ir muy ligadas a la imagen de la organización o colectivo al que representan.

3.4. En virtud del público receptor

Lobbying parlamentario
Su ejercicio se practica ante el poder legislativo.

Lobbying administrativo o gubernamental
La estrategia se dirige al poder ejecutivo.

Ambos tipos se complementan en la mayoría de acciones de lobbying. La elaboración de las leyes es cada vez más dual en cuanto a la participación en la misma de los dos poderes normativos del Estado.

4

Legitimidad

El grado de aceptación de los grupos de presión y del lobbying como proceso de comunicación política varía segúna las sociedades. Mientras en los Estados Unidos de América la práctica del lobbying se percibe como un instrumento más de participación de la sociedad civil en la vida pública, en Europa se ha visto como una práctica más cercana al tráfico de influencias.

No obstante, en los últimos años, ciertos factores han modificado la percepción europea de la práctica que nos ocupa, de manera que «el contexto socio-político, dicen Farnel y Robert, es más favorable a una mayor participación del mundo de los negocios en el proceso de formulación de políticas públicas». Estos factores son:

a) El desarrollo de un poder burocrático y reglamentario en Bruselas, de obligada influencia en la normativa de los Estados miembros de la Unión Europea.
b) El cuestionamiento del papel del Estado y de la eficacia de sus intervenciones.
c) El importante papel de la competitividad, esto es del dinamismo empresarial, en la actividad económica.
d) La cada día mayor especialización del aparato burocrático, necesitado de una información más detallada y técnica.

De acuerdo con lo expuesto y tomando el modelo de V.V. Murray, citado por los autores franceses a los que seguimos, el ejercicio del lobbying será juzgado más o menos legítimo en virtud de estos tres elementos:

1. El grado de congruencia o de conflicto existentes entre los valores defendidos por el mundo empresarial y los preconizados por los poderes públicos (eje Oy en el figura 1).
2. El nivel de repartición del poder y la capacidad respectiva de cada una de las dos partes de influenciar a la otra y de asumir una posición dominante en el proceso de toma de decisiones (eje Ox en el figura1).

3. El impacto de estas relaciones entre el mundo de los negocios y los poderes públicos (determinadas por los dos elementos anteriores) sobre la sociedad; esto es, cómo son percibidas por el cuerpo social (eje Oz en figura 1).

Esta tridimensionalidad se traduce en el cuadro que presentamos a continuación, donde el área cúbica ilustra el resultado de la combinación de estos tres elementos, considerándolos en su grado medio.

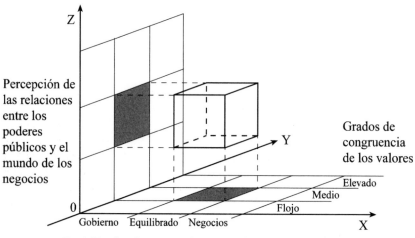

Fuente: Farnel

Figura 1. *Los determinantes de las relaciones gubernamentales y sus factores de legitimidad*

El grado de legitimación del lobbying aumentará cuanto más abajo, más a la izquierda y más al interior se desplace el área del cubo; es decir cuando haya más confluencia de valores, una posición dominante del mundo de los negocios sobre el gubernamental en la toma de decisiones, y una percepción social positiva de estas relaciones negocios/poder.

5

Antecedentes

El lugar de nacimiento del lobbying institucionalizado no ha sabido concretarse: para unos el Reino Unido, para otros Estados Unidos de América. Alonso Piñeiro, después de recordar que el término *lobby* significaba los salones situados antes del recinto de sesiones de la Cámara de los Comunes en el Reino Unido del siglo XVIII, donde se daban cita los representantes de distintos intereses comerciales para conversar con los parlamentarios a fin de obtener favores, sitúa el nacimiento del lobbying como institución parlamentaria en febrero de 1884 en Londres.

En 1829, en Estados Unidos, los términos *lobby* y *lobby-agents* se usaban corrientemente. La profesión de estos intermediarios (mayoritariamente abogados) tuvo un rápido desarrollo en Washington y en las capitales de los estados, debido sobre todo al debilitamiento del poder ejecutivo en favor del legislativo. En este mismo año, apareció publicado el libro de Dannis Tilden Lynch, *Epoch and the man*, donde se podía leer: «la corrupción ha erigido su corte sobre las alturas del Hudson, en Albany, en el lobby de la legislatura. Su trono fue el lobby» (en Albany estaba ubicado el Capitolio del estado de Nueva York). Como pone de manifiesto Alonso Piñeiro, «sin duda se verifica una constante en las alegaciones en torno al lobbying estrechamente identificada con la sensación y cercanía del poder, especialmente del poder político. De allí que en los Estados Unidos a veces se defina a los operadores como *power lunchers*, expresión que de todos modos no ha tenido la fortuna consagratoria alcanzada por la expresión lobbista. Pero en todo caso, las reminiscencias alimentarias del comensal podrían justificar el vago emparentamiento etimológico del lobby inglés con el *lobium* del latín medieval». Los *lobia* eran lugares de «libaciones no permitidas en celdas o refectorios conventuales».

La iniciativa reguladora del lobbying se remonta al siglo pasado en los Estados Unidos. Ya en 1876, la Cámara de Representantes adoptó una resolución que exigía el registro de los lobbistas en el secretariado de la Cámara (cuestión básica en toda propuesta de regulación, vigente hasta nuestros días); obligación que fue impuesta seguidamente en varios estados de la Unión. El recelo, justificado por ciertas pruebas documentales, ante la corrupción política encubierta por la presión legítima, provocó la primera propuesta legislativa en 1913. En ese año, el senador por Iowa, William Kenyon, presentó una *lobbying disclosure legislation* que topó con la oposición de las asociaciones de granjeros y de los sindicatos, cuyos representantes se agruparon con los lobbistas que también se oponían, impidiendo que se llegara a votar. Hubo que esperar hasta 1946, año en que se dictó la *Federal Regulation Lobbying Act* (hoy muy desarrollada por la promulgación de la *Lobbying Disclosure Act* de 1995) . Si bien no fue el primer texto regulador de la actividad que nos ocupa –en 1890, el Estado de Massachusetts dictó la primera ley regulatoria–, la *Federal Regulation Lobbying Act* no es una ley en sí misma, ya que forma parte del capítulo III de la *Legislative Reorganization Act* del mismo año, que fue propuesta por el *Joint Committee on the Organization of Congress*. En ella encontramos una de las constantes preocupaciones de los responsables públicos: se trata más de dar a conocer públicamente los grupos de interés que de restringir sus actividades. La ley obliga a toda persona o grupo que recibe una compensación financiera con la finalidad de ejercer una presión sobre el poder legislativo a inscribirse en la administración del Congreso y del Senado, debiendo identificar a sus empleados, así como sus objetivos legislativos y obligarse a comunicar trimestralmente las inversiones realizadas en sus actividades como lobbies; todo ello bajo penalización. Tal ejercicio institucionalizador sólo fue seguido por la antigua República Federal de Alemania en 1972.

En lo referente al viejo continente, no fue hasta mediados de este siglo cuando en el Reino Unido, pionero europeo en su práctica, el lobbying obtuvo sus cartas de naturaleza. Mientras que en Washington el lobbista pertenece a la realidad política y social, los países europeos no ofrecen aún un verdadero estatuto a la profesión. Sin embargo, la creación de la Comunidad Económica del Carbón y del Acero (1952) y la Comunidad Económica Europea (1957), constituyó la base para el futuro desarrollo, reconocimiento y legitimación antes estas instituciones del lobbying.

6

Naturaleza , objetivos, finalidad
y función

6.1. Lobbying y relaciones públicas

Dejando a un lado los libros y manuales dedicados al lobbying, son los tratados de relaciones públicas los que abordan con más amplitud su estudio, dentro del capítulo dedicado a las relaciones con el Gobierno y las llamadas *public affairs*. En el siguiente apartado se tratará de las relaciones entre éstas y el lobbying, debiendo ahora centrarnos en los estrechos y básicos nexos existentes entre las relaciones públicas y el lobbying.

Como se ha indicado en el apartado anterior, la comunicación de relaciones públicas, y en concreto sus técnicas, son inherentes a toda acción de lobbying, hasta el punto de que son muchos los autores que consideran a éste una técnica de aquéllas.

Se dice que las relaciones públicas son «hacerlo bien y hacerlo saber» (yo añadiría «...hacerlo saber bien»). El papel fundamental que han jugado, juegan y, sobre todo, jugarán en el futuro de la dirección y gestión de las organizaciones no merecen, pero, reducirlas a tal axioma.

Las relaciones públicas (mala traducción del término inglés *public relations*, esto es, relaciones con los públicos) son:

• una filosofía (gerencial o del *management*): una forma de concebir las relaciones de la empresa u organización con los públicos que forman su entorno,
• y una técnica (gerencial): la manera concreta de ejecutar esa relación.

Lucien Matrat dice que «forman parte de las estrategias utilizadas por el *management* para responder a las expectativas y actuar sobre las motivaciones de aquellos cuyos comportamientos, juicios u opiniones pueden influenciar la marcha o el desarrollo de la empresa.

Adoptar una política de relaciones públicas es ante todo conciliar el interés de la empresa y el interés de aquellos de quien depende su crecimiento.

Practicar una política de relaciones públicas es, luego (pero sólo luego) poner en práctica una política de comunicaciones capaz de establecer y de mantener relaciones de confianza con el conjunto de públicos de la empresa».

En el ámbito de la comunicación social persuasiva, las relaciones públicas son pues la estrategia de la confianza, como la publicidad lo es del deseo, la propaganda lo es del condicionamiento o, para algunos entre los que no me cuento, el lobbying lo es de la influencia.

La doctrina de Matrat, llamada doctrina europea de las relaciones públicas, encuentra su mejor plasmación en la definición de Ugeux cuando las describe como «la política de dirección de la empresa o de cualquier estructura social, a nivel de pensamiento y de acción, que tiene por objetivo, además de ejercer una vigilancia constante sobre las diferentes opiniones de los estamentos circundantes, crear un clima de afecto y de confianza entre todos ellos mediante la difusión directa, a través de los medios de comunicación, de informaciones honestas y completas sobre los nexos entre los objetivos y los procedimientos de aquellas y el bien común».

Al otro lado del Atlántico, los estadounidenses, fundadores del término tanto a nivel profesional (Ivy Lee) como doctrinal (Edward L. Bernays), también destacan el concepto de relación beneficiosa entre una organización y sus públicos. Cutlip, Center y Broom las definen como la «función de *management* que identifica, establece y mantiene relaciones mutuas beneficiosas entre una organización y los diferentes públicos de quienes depende su éxito o fracaso».

Las relaciones públicas son, en una palabra, la comunicación fiduciaria.

6.2. Características de las relaciones públicas

Partiendo del esquema ofrecido por Santesmases, aunque sin seguirlo al pie de la letra, las relaciones públicas presentan las siguientes características:

a) Es una actividad habitual y planificada llevada a cabo por las entidades y los particulares. La variedad y complejidad de las tareas de las relaciones públicas no permiten una actividad irregular e improvisada.

b) No deben fundamentarse en la simpatía, don de gentes, facilidad de palabra de una persona, sino en la identidad e imagen real de la empresa, institución o persona.

c) Se busca obtener la confianza de los públicos a que se dirige. No hay una finalidad directa de obtener beneficio económico, pero si indirecta. La confianza obtenida se espera que se convierta en una opinión positiva y favorable que predisponga a adquirir los productos o a apoyar las iniciativas de la empresa u organización.

d) Se dirige a una multitud de públicos heterogéneos (clientes, proveedores, em-

	RELACIONES PÚBLICAS	LOBBYING
ACCIÓN	Política de dirección, en conexión con la vigilancia permanente de las diversas realidades u opiniones expresadas en su entorno (investigación)	Política de dirección, en conexión con la vigilancia permanente de las diversas realidades u opiniones expresadas en su entorno normativo y social (*public issues management*)
SUJETOS	La organización (emisor) y los públicos que forman su entorno (receptor)	La organización (emisor) y los poderes públicos (receptor) en cuanto público externo de la misma
MEDIOS	Técnicas de comunicación	Técnicas de comunicación, para influir sobre los poderes públicos a que tomen la decisión por la que se inició el lobbying
OBJETIVOS	Crear, mantener, y/o adecuar un clima de confianza, credibilidad y de adhesión o una mejor comprensión de la actividad de la organización y, por consiguiente, generar una imagen institucional pública	Crear, mantener, y/o adecuar un clima de confianza, credibilidad y de adhesión a los intereses defendidos y, por consiguiente, generar una imagen institucional pública de los mismos e, indirectamente, de la organización
FINALIDAD	Obtener de los públicos de la organización las opiniones y decisiones necesarios para su buena marcha.	Obtener de los poderes públicos la decisión o decisiones necesarias que permitan alcanzar, en virtud de la credibilidad generada, la finalidad de la estrategia de lobbying: la satisfacción de los intereses.

Figura 2. *Elementos de las relaciones públicas y del lobbying*

pleados, públicos financieros, opinión pública, líderes de opinión, *mass media*, etc.).

e) A diferencia de otras formas de comunicación persuasiva, el mensaje es normalmente más sutil, menos evidente o directo que el de la publicidad o el de la venta personal.

f) El mensaje se hace más creíble que el de las restantes formas de comunicación persuasiva (publicidad y propaganda), especialmente cuando es emitido en forma de noticia, informe, comentario u opinión, por persona o instituciones ajenas a la entidad que desarrolla las relaciones públicas (técnica ésta muy utilizada en lobbying). La opinión sobre una entidad o su producto emitida por un medio de comunicación social (prensa, radio, TV) o una persona experta es más creíble que la manifestada por la empresa fabricante a través de la publicidad o de sus vendedores.

6.3. Elementos de las relaciones públicas y comparación con los del lobbying

Abundando en lo dicho hasta ahora, veamos en paralelo (figura 2) cuáles son los elementos de la comunicación de relaciones públicas indicando el contenido de la acción, los sujetos, sus medios, sus objetivos y sus finalidades o resultados.

El análisis comparativo de ambas disecciones evidencia que el lobbying es una estrategia de relaciones públicas, cuya especificidad radica en el público receptor de mensajes y, consecuentemente, en su finalidad. Podemos afirmar que, a través del lobbying, se ejercen las relaciones públicas de los intereses particulares.

6.4. Metodología de las relaciones públicas

Las relaciones públicas, como función estratégica, se plasman en un proceso o plan comunicativo compuesto de sus distintas etapas. Veamos cuáles son:

a) Fase de investigación y diagnóstico.
b) Fase de planificación estratégica.
c) Fase de ejecución.
d) Fase de evaluación.

6.4.1. Investigación y diagnóstico del problema

Es la fase primordial de toda estrategia de comunicación y de relaciones públicas. En ella se trata de diagnosticar cuál es el problema de relaciones públicas que afecta

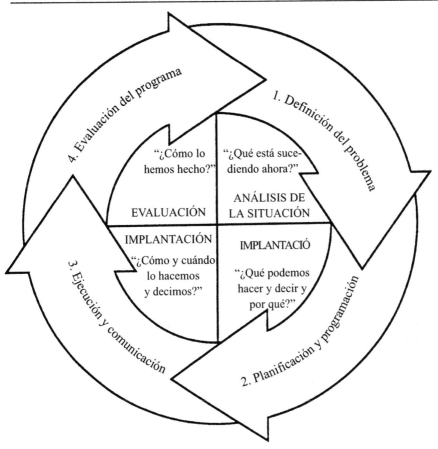

Fuente: Cutlip, Center y Broom.

Figura 3. *Las cuatro etapas del proceso de relaciones públicas*

a la organización. Esta primera etapa en la metodología de las relaciones públicas es definida por Cutlip, Center y Broom como la de definición del problema. Incluye «el sondeo y control de los conocimientos, opiniones, actitudes y comportamientos de aquellos públicos concernidos y afectados por los actos y las actitudes de la organización» y deber responder a la siguiente pregunta «¿Qué nos ocurre?».

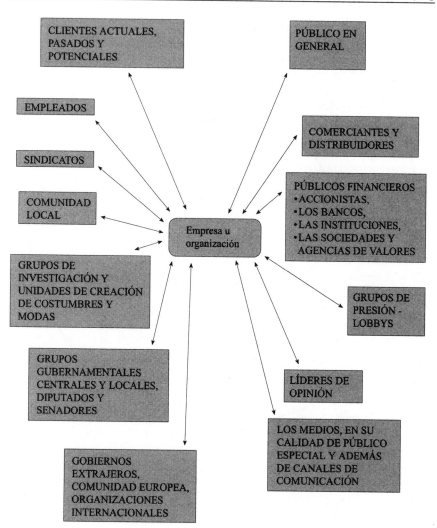

Fuente: Black.

Figura 4. *Los públicos potenciales de una organización*

6.4.1.1. Planteamiento del problema

La puesta en práctica de una acción de relaciones públicas responde a la detección previa de un problema o necesidad de comunicación entre la organización y sus públicos. Desde el punto de vista metodológico, este es el primer paso que deberá dar la empresa o estructura social afectada: detectar la problemática y analizar en profundidad todos sus componentes.

Dice Arceo, respecto a la etapa general de investigación, que «será esta una investigación de todos y cada uno de los públicos que nos afecten e interesen». En efecto, la investigación de los públicos es, obviamente, crucial para toda acción de relaciones *públicas*, debiendo seguir unos pasos cronológicos.

6.4.1.2. REPERTORIO DE LOS PÚBLICOS

La figura 4 propuesta por Sam Black (1993) ofrece la amplia gama de públicos potenciales de una empresa u organización típica. La relación con estos grupos debe ser la mayor posible dependiendo de los objetivos y circunstancias.

6.4.1.3. CONFIGURACIÓN Y DEFINICIÓN ESTRATÉGICA DE LOS PÚBLICOS

La taxonomía clásica, basada en la ubicación que éstos ocupan en el ecosistema de la organización, distingue entre:

a) Público interno
Lo componen los empleados de la empresa, funcionarios y empleados de la Administración, miembros de asociaciones, grupos y demás estructuras sociales.

b) Público externo
Los que se sitúan en el entorno externo de la organización. Los principales son los clientes (reales y potenciales) y los proveedores, en una entidad privada. Para la Administración pública el principal público lo constituyen los administrado. Para el poder legislativo, los ciudadanos. Otros públicos externos serán: los medios de comunicación social, los líderes de opinión, la propia Administración del Estado (excepto para ella misma, claro está), los partidos políticos, los grupos de presión, las entidades financieras, la vecindad, etc.

c) Público ambivalente
Son aquéllos «que de alguna manera son internos y externos al mismo tiempo, con proporciones distintas según el tipo de público» (Arceo). Para la empresa, son públicos ambivalentes, los accionistas o socios capitalistas, sindicatos, distribuidores, intermediarios. En la Administración, los mismos sindicatos.

Una de las taxonomías más completas a nivel estratégico-comunicacional realizadas en nuestro país es la que nos ofrece Villafañe:

Si atendemos a su dimensión estratégica respecto a la empresa, obtenemos esta clasificación, que variará según la naturaleza y actividad de la entidad:

- *Público estratégico*: es el público sin el cual la empresa no puede desarrollarse.
- *Público táctico*: aquel cuya importancia es relativa y, en cualquier caso, no resulta vital para el cumplimiento de sus objetivos.
- *Público coyuntural*: su importancia estratégica depende de la situación y coyuntura de la empresa en un determinado momento.

Por su capacidad de influencia en la opinión pública proyectando una imagen positiva de la organización:

- *Públicos prescriptores*: cuando dicha capacidad es tan elevada que puede inducir comportamientos.
- *Públicos mediadores*: cuando poseen capacidad de intercesión o, incluso, una leve influencia positiva.
- *Públicos neutros*: no influyen ni positiva ni negativamente.
- *Públicos detractores*: ejercen una influencia negativa.

Por su grado de difusión directa de la imagen corporativa:

- *Públicos generadores*: si crean una imagen positiva de la organización independientemente del ámbito y de la dimensión cuantitavia del efecto.
- *Públicos transmisores*: si reproducen los códigos de comportamiento en los que está basada, normativamente, la imagen corporativa.
- *Públicos inertes*: si son públicos inactivos en la difusión de la imagen de la organización.
- *Públicos destructores*: si menoscaban dicha imagen.

Atendiendo a los intereses económicos que la organización comparte con cada uno de sus públicos:

- *Público rentable*: comporta una alta rentabilidad para la empresa.
- *Público aliado*: cuando existen intereses comunes con independencia de quien resulte más o menos beneficiado.
- *Público potencialmente aliado*: si existen fundadas expectativas de un interés común.
- *Público competidor*: sus intereses son contrapuestos al de la organización.

Esta clasificación puede aplicarse a intereses no económicos, por lo que, como veremos, será de gran utilidad en la investigación y definición de la problemática que dé lugar a la estrategia de lobbying.

Por su grado de conocimiento corporativo de la organización:

- *Público estructural*: conoce profundamente la entidad en su globalidad: estructura, misión, actividades, personalidad jurídica, etc.
- *Público funcional*: si se refiere a funciones o actividades concretas
- *Público formal*: Su conocimiento de la empresa es global y poco profundo.
- *Público superficial*: Su conocimiento de la organización es sólo parcial.
- *Público desconocedor*: desconoce por completo la organización y sus actividades.

Atendiendo a la composición interna del grupo en función de su tamaño y homogeneidad:

- *Macrogrupos homogéneos*
- *Macrogrupos heterogéneos*
- *Microgrupos homogéneos*
- *Microgrupos heterogéneos*

Finalmente, hemos de referirnos a la segmentación propuesta por Matrat, constitutiva de la segunda etapa (después del inventario de los públicos) de la metodología de la comunicación propuesta por este prestigioso autor. Esta clasificación se basa en el poder y el mecanismo de su influencia:

- su poder de DECISIÓN: el ejercicio de nuestras actividades depende de su autorización o acuerdo (ejemplo: dirección, accionistas, poderes públicos, grupos de presión).
- su poder de CONSULTA: son consultados por quienes toman la decisión (ejemplo: departamentos técnicos, clientes).
- su poder de ACCIÓN: pueden con su comportamiento frenar o favorecer nuestros resultados (ejemplo: empleados, clientes, distribuidores, proveedores, competencia, sindicatos).
- su poder de OPINIÓN: sus juicios y puntos de vista influencian a la opinión pública que a su vez influencia a los públicos anteriormente citados (ejemplo: empleados, clientes, competencia, medios de comunicación social, líderes de opinión, Administración pública, sectores paralelos, líderes empresariales).

6.4.1.4. Análisis estructural de los públicos

El análisis estructural de los estos públicos nos permitirá conocer los mecanismos, articulaciones y canales existentes en cada grupo para poder servirnos de ellos en la ejecución de nuestros programas de comunicación.

6.4.1.5. ANÁLISIS MOTIVACIONAL DE LOS PÚBLICOS

Consiste en determinar sus motivaciones, sus intereses y su problemática, ya sea en general o respecto a la organización. Como manifiesta Matrat, es útil conocer la filosofía, el credo, los tabúes, en una palabra la «personalidad colectiva» del grupo con el cual la organización va a relacionarse, pues ésta deberá tenerlos en cuenta a la hora de elaborar y formular sus mensajes.

6.4.1.6. ANÁLISIS COMUNICACIONAL DE LOS PÚBLICOS

Las etapas anteriores desembocarán en la elaboración del llamado «mapa de los públicos» de la organización que fijará la priorización de los mismos en aras de una comunicación lo más eficaz posible para la consecución de los objetivos propuestos, permitiendo analizar el grado de relación/comunicación necesaria entre la organización y sus públicos.

El mapa establece el repertorio de públicos con los que la organización debe comunicarse y fija las prioridades de tal comunicación, al mismo tiempo que es una técnica de configuración de los públicos a partir de un conjunto de variables que lo definen (Villafañe). Su construcción adopta la forma de cuadro de doble entrada en cuyas ordenadas se situará el repertorio de públicos de la organización (empleados, entidades financieras, administración local, medios de comunicación, líderes de opinión, grupos de presión, etc.) y en las abscisas las variables de configuración y definición de los mismos de acuerdo con lo expuesto más arriba al respecto, dimensión estratégica, influencia en la opinión pública, poder de influencia, composición interna, etc.).

La extensión del repertorio puede ser variable, de acuerdo con la actividad y dimensión de la empresa. En el lobbying, el público está determinado, pero el mapa de públicos de la acción lobbística debe repertoriarlos dentro del ámbito de los poderes públicos: administración local, autonómica, central, parlamentarios nacionales, parlamentarios autonómicos, ponente de un proyecto de ley, portavoz de un grupo parlamentario, etc.

Las variables de configuración variarán, valga la redundancia, de acuerdo con la estrategia que se adopte, pues de su correcta selección dependerá el éxito de la acción comunicativa.

Villafañe propone las siguientes lecturas, todas ellas complementarias, que puede tener el mapa de los públicos:

a) Es un instrumento de definición cualitativa de cada público, por lo que es de gran ayuda para orientar cualitativamente la comunicación de la compañía.
b) La evaluación cuantitativa de las necesidades de comunicación con cada uno de los públicos.

c) La lectura variable a variable del mapa indicará el estado de cada una de ellas.

6.4.1.7. Las etapas de la investigación en el modelo de Chaves

El profesor brasileño Silla M. Chaves (citado por Porto Simoes), basándose y perfeccionando las investigaciones de su homólogo Harwood Chils, estableció una más que atractiva subdivisión de la fase de diagnóstico en relaciones públicas en siete etapas cronológicas que traemos a colación por su visión singular, atomizadora, válida y perfectamente conjugable con las fases definidas anteriormente:

1. Realizar el contrato psicológico, normalmente designado por *briefing* con la dirección de la organización, estableciendo un denominador común entre las partes, en cuanto a los objetivos y acciones de relaciones públicas.
2. Investigar y analizar la organización, su historia, sus objetivos, su estructura, su dinámica, su filosofía y políticas, su producto o servicio, su mercado y todo lo que la representa.
3. Investigar y analizar el contexto cultural, social, político (determinante en el lobbying) y económico en el cual está inserta la organización y la influencia sobre ella.
4. Investigar, relacionar y caracterizar todos los públicos y segmentos de públicos cuya opinión, actitudes y expectativas sean importantes para la organización.
5. Investigar y analizar la opinión, actitudes y expectativas de cada uno de los públicos y sus segmentos sobre una o todas las fases de las actividades de la organización.
6. Investigar, relacionar y analizar todos los canales y medios de comunicación existentes entre la organización y sus públicos.
7. Diagnosticar la calidad del estado del proceso de relaciones públicas entre la organización y sus públicos.

6.4.1.8. Técnicas de investigación

Las relaciones públicas constituyen una ciencia social, por lo que les son de aplicación los métodos y técnicas de recogida de datos de la investigación sociológica. No se trata aquí de enumerarlos ni de analizarlos, si bien si queremos destacar la cada vez mayor importancia que están adquiriendo para este tipo de investigación las técnicas cualitativas, y en concreto la dinámica de grupos y las entrevistas en profundidad, y, a mayor abundamiento, la *focus group research* (investigación focalizada de grupo). En las relaciones con los medios de comunicación, por ejemplo, se impone por encima de todas el análisis de contenido.

6.4.1.9. Conclusiones

La investigación realizada dará como resultado unas conclusiones, sobre las cuales construiremos, en la fase siguiente, los objetivos a satisfacer por la estrategia de relaciones públicas.

6.4.2. Planificación estratégica

Los docentes norteamericanos Cutlip, Center y Broom la denominan fase de programación y planificación y debe responder a la pregunta «¿Qué deberíamos hacer y por qué?»

Debe formular los objetivos a conseguir por la organización y priorizarlos de acuerdo con las conclusiones obtenidas de la investigación, y diseñar (planificación) el camino para satisfacerlos (estrategia). Estos objetivos definirán el público o públicos a los que comunicar, el mensaje o mensajes a comunicar (qué decir y cómo decirlo), qué medios y técnicas se utilizarán para comunicar (planificación de medios), y qué calendario de actuación seguiremos (programación).

6.4.2.1. Objetivos y finalidades

La doctrina americana distingue entre los objetivos (*objectives*) y las metas o finalidades (*goals*) de las campañas de relaciones públicas.

Grunig y Hunt señalan que las metas son más amplias y abstractas y no pueden ser directamente evaluadas, mientras que los objetivos, derivados de las finalidades, son específicos, medibles y perceptibles; de tal manera que la consecución de un objetivo contribuye a alcanzar una finalidad. De este modo, un departamento de relaciones públicas de una empresa puede tener las siguientes finalidades: generar una comunicación bidireccional, una comprensión mutua entre la organización y sus públicos, la aceptación pública de la organización; por lo que sus empleados desarrollarán programas de relaciones públicas con objetivos específicos dirigidos a alcanzar cada una de estas finalidades.

Tal distinción nos parece interesante aunque mal planteada. En efecto, en la práctica, las campañas de relaciones públicas pretenden, por definición, conseguir opiniones y decisiones favorables para quien las utiliza (finalidad), a través de unos objetivos cuya consecución estratégica se sustenta en una serie de propuestas de acción. Hasta aquí, nada nuevo. Donde no estamos de acuerdo es en incluir entre las finalidades o metas de las relaciones públicas temas como la generación de la comprensión mutua o el establecimiento de una comunicación bidireccional, que son objetivos (y no finalidades) para conseguir la finalidad última (el objetivo podría ser la finalidad más próxima necesaria, pero no siempre suficiente, para alcanzar la finalidad última): opiniones y acciones favorables.

Lo dicho se demuestra con un ejemplo mencionado por los tres docentes norteamericanos citados, referido al programa de relaciones públicas de la *New York Heart Association*, cuya primera finalidad (*goal*) es el incremento del conocimiento público de las enfermedades cardiovasculares. Es evidente que se trata de un objetivo, pues el conocimiento no presupone una adhesión ni una opinión favorable a la actividad de la asociación. Entre los «objetivos» que se proponen para alcanzar tal «finalidad» están técnicas típicas de las relaciones públicas (y no objetivos) como el suministrar documentos informativos a los medios de comunicación.

6.4.2.2. ELABORACIÓN DE LA PLANIFICACIÓN

Cutlip, Center y Broom establecen las siguientes 10 fases que deben darse en toda preparación de un plan:

1. El problema.
2. Análisis de la situación.
   a) factores internos.
   b) factores externos.
3. Programar las finalidades.
4. Públicos a considerar (de acuerdo con la priorización determinada en la investigación).
5. Programar los objetivos para cada público.
6. Estrategias del programa de ejecución.
7. Estrategias del programa de comunicación.
   a) estrategias de mensaje.
   b) estrategias de medios.
8. Programación de la evaluación.
9. Programación de la implantación del plan.
   a) asignación de responsabilidades.
   c) calendario.
   d) presupuesto.
10. *Feedback* y ajustes.

6.4.2.3. PRESUPUESTO

Esta etapa es la idónea para presupuestar el coste de la estrategia.

6.4.3. Ejecución

Comprende la implementación de la planificación y programación mediante el desarrollo del programa definido en la etapa anterior, con vistas a la consecución de los objetivos fijados.

La ejecución de la campaña implica la implantación de propuestas de acción concretas e incluye la utilización de lo materiales escogidos, los posibles ajustes realizados sobre la marcha y las técnicas utilizadas.

Cutlip, Center y Broom apuntan que esta fase debe dar respuesta a la pregunta «¿Cómo lo hacemos y decimos?».

6.4.4. Evaluación

La evaluación permite determinar los resultados del programa en función del grado de consecución de los objetivos fijados en relación con los públicos pre-definidos y priorizados. Debería responder a las preguntas «¿Cómo lo hicimos? ¿Lo conseguimos?». En relaciones públicas esta etapa es fundamental, pues como señala Arceo (que la denomina post-test) «se necesita conocer si se ha modificado, cambiado, etc., o no, la imagen, opinión... sobre un tema, individuo o entidad concretos tras las acciones comunicacionales y no comunicacionales».

Son numerosos los autores que incluyen en esta fase el control de la campaña. Sin embargo, entendemos que debe incluirse en la anterior ya que el control (incluyendo también el presupuestario) es simultáneo a la evolución de la acción y no sucesivo. En este sentido aplaudimos la tesis de Arceo, que entre la etapa estratégica y la de ejecución, introduce la de «pre-test», aunque la ubique antes de la puesta en práctica de la acción. No obstante, manifiesta el profesor español, «acciones típicas de la disciplina que nos ocupa *(las relaciones públicas)*...como puedan ser una conferencia de prensa, la organización de un congreso, de una feria, de unas jornadas, de una reunión anual de accionistas, o de una entrevista importante... no son tan fáciles de probar con anterioridad a su puesta en práctica, debido a la necesidad de organizar al completo o casi al completo el acto y con el público –o parte de éste– objeto del mismo, con lo cual, no ya el costo, sino la propia eficacia del acto, se perfilan como problemas importantes si se lleva a cabo un pre-test». A pesar de lo expuesto, y refiriéndose al caso concreto de la convocatoria de una rueda de prensa –que, dicho sea de paso, es más una técnica que una estrategia de relaciones pública: suele ser un instrumento de la llamada *estrategia de medios*– Arceo apunta que «ésta *(la conferencia)* debe prepararse con antelación, previendo preguntas de los periodistas y las posibles respuestas de nuestra entidad (entre otras cosas) y, por consiguiente, sin hacerlo en realidad sobre una muestra de periodistas que más tarde intervendrán, sí constituye tal preparación una cierta idea aproximada de cómo pueden salir las cosas».

Llegados a este punto en el que aparece la prevención de cualquier desviación en la ejecución de una estrategia de relaciones públicas, no hay que olvidar que de entre las conclusiones a las que se llegue en la fase de investigación caben las preventivas, especialmente importantes en empresas u organizaciones en las que se detecte un nivel medio o alto de posibles crisis empresariales (empresas contaminantes del medio ambiente, con problemas económicos latentes, relacionadas con aspectos de la salud pública, de especial atención por parte de los medios de comunicación, etc.).

Finalmente, Chaves establece entre la fase de diagnóstico y la de implementación, la de «dar opiniones a la organización, proponiendo los ajustes necesarios y razonables a los procedimientos y programas, en el caso de que ello sea necesario, para legitimar su poder decisorio, acompañando después el desarrollo de las decisiones y de las modificaciones».

6.5. El proceso comunicativo del lobbying

El lobbying, en cuanto actividad estratégica de relaciones públicas, se traduce en un proceso de comunicación, al que le es aplicable el modelo aristotélico de Carrera, expuesto y desarrollado por Arceo, «el más completo para la investigación de la comunicación» según este autor con el que estamos de acuerdo.

Los componentes de la formulación aristotélica estudiada por Carrera se sintetizan en el cuadro de la página siguiente.

El profesor Arceo ha demostrado eficazmente que ese modelo es perfectamente aplicable a las relaciones públicas. Demostremos nosotros que el lobbying contiene «verdaderamente los componentes que constituyen la mencionada formulación aristotélica», es decir, reafirmemos y consolidemos que la estrategia de lobbying lo es de relaciones públicas. Nos guiaremos, claro está, por la importante aportación de Arceo e, indirectamente, de Carrera.

6.5.1. *Quién: la fuente o emisor de la comunicación*

Puede ser cualquier persona natural o jurídica, aunque por su naturaleza publirrelacionista, la verdadera fuente impulsora (el grupo de interés o la empresa) no aparece como tal ante el público receptor.

En las acciones de lobbying indirecto, es decir, en aquellas donde se actúa sobre la opinión pública a través de los medios de comunicación, aquélla observa las informaciones de éstos «como algo natural y periodísticamente puro», desconociendo la intervención del lobbista encargado de la estrategia o de la organización que la impulsa.

En las acciones de lobbying directo, basadas en la argumentación e información,

Elementos		Fuentes Aristotélicas Específicas		
N.º Formulación interrogativa	Formulación nominal	(1)	(2)	(3)
1 ¿quién?	*Emisor* o fuente	X	X	X
2 dice ¿qué?	*Mensaje* (su contenido)	X	X	X
3 ¿cómo?	*Forma* del mensaje		X	X
4 ¿por qué canal?	*Canal* (medio de transporte)			X
5 ¿a quién?	*Receptor*	X	X	X
6 ¿en qué situación?	*Situación del receptor*		X	
7 ¿para qué (objetivo de decisión)?	*Objetivos del receptor*		X	
8 ¿sobre qué?	*Referente* del mensaje y de la decisión del receptor	X	X	X
9 ¿para qué (objetivo de comunicación)?	*Objetivo de la fuente*		X	X
10 ¿frente a quién?	*Fuente adversaria*		X	
11 ¿contra qué?	*Mensaje contrario*		X	
12 ¿con qué efecto?	*Efectos*		X	

(1) Modelo de comunicación explícito en la *Retórica.*
(2) Modelo de comunicación persuasiva colectiva implícito en la *Retórica.*
(3) Modelo de las «particularidades de la acción» explícito en la *Ética Nicomaquea.*
Fuente: Carrera, 1978, citado por Arceo.

Figura 5. *Modelo aristotélico de Carrera para la comunicación persuasiva de masas.*

este «anonimato» es más difícil desde el momento que la institucionalización de la profesión en determinados foros (Estados Unidos o Unión Europea) o la propia naturaleza de los grupos de presión hacen identificable el carácter persuasivo de la fuente. En estos casos, el decisor público o legislador conoce quién es la organización que está detrás de la acción (caso de los grupos de presión que actúan directamente) o para qué organización trabaja el profesional del lobbying (porque es un representante e intermediario de intereses ajenos, inscrito en un registro público).

En cuanto a los usuarios del lobbying son, como veremos, generalmente grupos de presión, si bien las empresas también lo ejercen aisladamente, así como órganos de la Administración central, autonómica, territorial o local. Respecto a estas últimas, destaca el papel que juegan ante las instituciones de la Unión Europea. Diez comunidades autónomas españolas tienen abierta otras tantas representaciones en Bruselas cuya actividad es similar a la de los lobbies. Es más, un informe de la Comisión Delegada para Asuntos Autonómicos de finales de 1992 consideró «aceptables» estas oficinas si cumplen con los fines clásicos de los lobbies (se criticaba el ejercicio de algunas como órganos representativos de España ante la Unión, asumiendo competencias exclusivas del Ministerio de Asuntos Exteriores).

6.5.2. Qué dice: contenido del mensaje

El contenido del mensaje viene compuesto por «los argumentos sobre temas (el referente) directa o indirectamente relacionados con la entidad o persona que impulsa la acción o campaña, y que intenta llevar al receptor a conclusiones favorables para aquélla y/o desfavorables para la competencia directa o indirecta en un momento dado» (Arceo).

Lo que se comunica en una estrategia de lobbying tiene un carácter informativo, formativo y persuasivo. El carácter informativo de los mensajes lobbísticos son la condición necesaria para su legitimación y diferenciación de técnicas más oscuras y delictivas con las que se le ha solido confundir frecuentemente. Esa información lleva implícita la formación; y no sólo por razones etimológicas. Se trata de aportar y formar al decisor público en aquellos temas sobre los que debe decidir y sobre lo que, por su formación generalista o por carecer de los recursos argumentísticos necesarios en favor de nuestros intereses, su grado de conocimiento es insuficiente. Finalmente, se trata de cambiar o crear una opinión que provoque una actitud orientativa de una decisión pública. En otras palabras: se trata de influenciar mediante la persuasión, cuyo proceso estudiaremos al analizar el último factor del modelo aristotélico.

6.5.3. Cómo: forma del mensaje

En la acción de lobbying «los mensajes, dependiendo de los casos y circunstancias, presentarán una forma determinada para adecuarse al objeto persuasivo que se persigue *(creación o intervención sobre una decisión de los poderes públicos favorable a la organización)*; debido a la propia estructura argumental, por ejemplo, que aconseje presentar primero un aspecto negativo para la causa y después el aspecto positivo; por las peculiaridades del referente *(el interés aducido)*; por el estilo de dicho mensaje (serio, humorístico...); y, cuando la comunicación es a través de medios técnicos –y aún más concretamente por los *mass media*– debido a sus específicas características» (Arceo).

La capacidad persuasiva de un mensaje no depende exclusivamente de los argumentos manejados, sino también del orden de presentación de los mismos. En este sentido las opiniones de los investigadores de este campo difieren: para unos los argumentos expuestos en primer lugar son mejor recordados e influyen en los posteriores (efecto de primacía), mientras que para otra doctrina (posterior a la expuesta) la situación es la contraria (efecto de recencia). Rosnow y Robinson intentan dar una solución intermedia al señalar que el efecto de primacía se da en problemas con un alto grado de complejidad y controversia, que interesan al sujeto, o cuando le son familiares; mientras que la recencia se manifiesta cuando los problemas son simples, evidentes, interesan sólo moderadamente al sujeto y no le son familiares.

En lo referente a la definición del mensaje del lobbying, tres son los factores determinantes: reunir una información exhaustiva, sistematizarla y hacerla comprensible a los decisores públicos no especialistas.

6.5.4. Por qué canal: los medios y sus soportes

Los medios utilizados por el lobbying son los propios de cualquier forma de comunicación.

Desde los de la comunicación interpersonal utilizados en reuniones con decisores públicos hasta los relativos a los medios de comunicación de masas, la gama de medios y soportes que el lobbying utiliza es la más amplia posible.

En una palabra, son los mismos que puede utilizar cualquier actividad de relaciones públicas.

6.5.5. A quién: el receptor, los públicos, los stakeholders

El público receptor de los mensajes del lobbying es siempre externo a la organización y muy concreto: los poderes públicos. Por poderes públicos como receptores del lobbying entendemos a los miembros del los poderes legislativo y ejecutivo, éste último formado por un gobierno y una Administración pública (central, autonómica o territorial, local). No procede hablar de lobbying ante el poder judicial, ya que, si bien ciertas campañas sobre la opinión pública americana han pretendido influir en decisiones judiciales (el caso más famoso fue el de popular deportista de color O.J. Simpson), no es de recibo considerar lobbying legítimo y honesto ante un poder público caracterizado precisamente por su independencia y que resuelve los intereses en conflicto a través de cauces procesales de naturaleza jurídica y no comunicativa (no obstante, en los procesos con jurado, las técnicas utilizadas por los letrados son de naturaleza comunicativa y persuasiva, sin pretender, ni mucho menos designarlas como lobbying).

En este punto queremos poner de manifiesto que en las acciones de lobbying indirecto, los mensajes van dirigidos a los decisores públicos situados en la esfera de los poderes públicos, y no a la opinión pública. Esta no es el receptor de los mensajes en una estrategia de lobbying, ya que dicha estrategia persigue la formación de una opinión o su sensibilización de acuerdo con los intereses defendidos por el lobby; es decir, pretende crear un estado de opinión aliado y agregado a la organización, de indudable valor para la satisfacción de los objetivos que se persigan.

Uno de los conceptos que se puso en boga a partir de los años 70 en los Estados Unidos fue el de *stakeholder*; término que apareció por vez primera en 1963 en un memorándum interno del *Stanford Research Institut*. Se considera que un *stakeholder* es, en sentido amplio, cualquier grupo o individuo identificable que puede afectar la consecución de los objetivos de la organización –grupos de interés público, grupos de protesta, agencias gubernamentales, cámaras de comercio, competidores, sindicatos, trabajadores, segmentos de clientes, accionistas, etc.– o, más estrechamente, cualquier grupo o individuo del cual depende la organización para su supervivencia determinada –trabajadores, segmentos de clientes, ciertos proveedores, agencias gubernamentales clave, accionistas, algunas instituciones financieras, etc.– (Freeman y Reed). Algunos autores distinguen entre *stakeholders* internos y externos (Mitroff, Cavanagh o McGovern).

Por nuestra parte no vemos el por qué bautizar lo que hasta ahora hemos llamado «públicos» por un vocablo cuya traducción literal sería «depositario o titular de una apuesta» en el sentido de que hay algo «en juego» entre la empresa y estos públicos. Grunig y Hunt, de hecho, lo han propuesto. Después de afirmar, en 1984, que no consideraban la distinción, los dos profesores norteamericanos, diez años después, diseñan tres etapas de la gestión estratégica de las relaciones públicas:

- *Stakeholder stage*: investigación del entorno y de los comportamientos de la organización para identificar las consecuencias de las relaciones con los *stakeholders*.
- *Public stage*: los *stakeholders* se convierten en *público* cuando reconocen como problema una o varias de dichas consecuencias y hacen algo al respecto.
- *Issue stage*: los públicos organizan y generan temáticas, problemáticas o cuestiones (*issues*); luego las relaciones públicas deberían anticiparse a ellas y gestionar las respuestas a las mismas (*issues management*).

La diferencia es demasiado sutil, y más en su aplicación al objeto de nuestro estudio. En efecto, nuestra consideración de públicos en el proceso de las relaciones públicas, y por extensión en el de lobbying (concretado en los poderes públicos) incluye su posición estratégica en la consecución de los objetivos de la misión empresarial.

Si nos fijamos en las etapas descritas por Frederick, Davis y Post, citados por Lozano, para el análisis de los *stakeholders*, nos daremos cuenta de que sus aportaciones pueden ser de utilidad en la elaboración del mapa de los públicos. Estos autores establecen seis etapas en el proceso de identificación de los *stakeholders*, de su interés, de los cambios de sus percepciones y sus cuestiones, y de su equilibrio de influencias a lo largo del tiempo:

a) Elaborar el mapa de *stakeholders*, a partir de una lista los más completa y detallada posible de los grupos y de las personas que interaccionan con la empresa, que influyen en ella y que la afectan o que son afectados por ésta.

b) Hacer el mapa de las coaliciones de *stakeholders*, puesto que no hay que olvidar nunca que, en la práctica, los *stakeholders* no son un agregado, sino que también están o pueden estar interrelacionados entre sí.

c) Investigar cuál es la tipología del interés de cada *stakeholder*, en la medida en qué pueden tener importancia y significación diferentes para la empresa y que, por tanto, una vez constatados, los puede considerar distintamente.

d) Investigar cuál es el poder de cada *stakeholder*, relacionándolo con los intereses que ponen en juego en sus relaciones con la empresa.

e) Construir una matriz de las prioridades en relación con los *stakeholders*, habida cuenta que, una vez combinada toda la información, la empresa ha de decidir su línea de actuación.

f) Supervisar, a partir de las decisiones tomadas, si hay cambios en las coaliciones.

Esta aportación nos permitirá aplicar su método a cualquier análisis de los públicos de la empresa, llámense *stakeholders* o no, y es especialmente indicada (ver 7.1) en las estrategias de *public affairs* en general y, por extensión, a las del lobbying. Grunig y Hunt incluyen dentro de las actividades de las *public affairs*, *el stakeholder management*; es decir, la identificación de qué públicos tienen intereses en los temas públicos (*public issues*) previamente detectados, y el examen de su potencial para cooperar o competir en el proceso de políticas públicas, para luego elaborar la estrategia de relación con cada *stakeholder*. Entre los *stakeholders* se incluyen, evidentemente, los decisores públicos. Ahora bien, estamos totalmente de acuerdo con la reflexión de Lozano, quien, estudiando los *stakeholders* desde la perspectiva de la ética de la empresa, expresa que hay que considerar no sólo su dimensión analítica (elaboración del mapa públicos o *stakeholders*), sino, sobre todo en nuestro caso, su dimensión estratégica.

Desde un punto de vista analítico, escribe Lozano, hacer el mapa de los *stakeholders* no va más allá de una fase de percepción y análisis de cualquier situación y, por consiguiente, la perspectiva organizativa no se puede construir con la mera descripción de los *stakeholders*. Desde el punto de vista estratégico, la simple constatación de los *stakeholders* no nos proporciona el enfoque que se da en cada interrelación, que puede ser distinto en cada caso. La pregunta que se plantea entonces es doble: cuáles son nuestros *stakeholders* y qué relación queremos que sea la nuestra con ellos (Carroll). Se trata, en definitiva, de ver de qué manera los *stakeholders* están presentes en el complejo entramado de la toma de decisiones empresariales.

6.5.6. En qué situación o condición

Al hablar de situación o condición nos estamos refiriendo a aquélla que permite al receptor pasar de ser público en general a público objetivo de la acción. Este elemento del proceso de comunicación del lobbying es perfectamente identificable, ya que es este un proceso de comunicación de relaciones públicas aplicado a un sector específico en cuanto, sobre todo, al receptor de los mensajes: los poderes públicos. Sin embargo, no por ello debemos olvidar el consejo que, para las relaciones públicas en general, nos da Arceo: «el investigar y conocer con relativa fiabilidad la situación del público es condición nesesaria y fundamental para idear y lanzar una acción o campaña con visos de efectividad». El grado de influencia sobre los decisores públicos, y en especial de los funcionarios de la Administración, no es proporcional al de jerarquía, por lo que el conocimiento de su situación respecto a la práctica del lobbying es también requisito *sine qua non* para el éxito de la acción.

6.5.7. Para qué: objetivos concretos del receptor (objetivo de decisión)

Conocer los objetivos concretos del receptor en cuanto a su decisión respecto al referente del mensaje, es también condición necesaria de toda estrategia de lobbying.

Uno de los objetivos primordiales de los poderes públicos es la búsqueda y satisfacción del interés general, y ello es una verdad que debe regir todo ejercicio del lobbying, de tal manera que la conjugación del interés general con el particular defendido por el lobbista se convierta en la verdadera función de la actividad que nos ocupa. Es más, la referencia al interés común, como objeto de la demanda de los lobbistas, se ha convertido en práctica habitual del lobbying. Se trata, en definitiva, de vincular el argumento al interés público. A mayor grado de vinculación (incluso confusión) mejor planteamiento estratégico del lobbying. De esto hablamos en el siguiente apartado.

6.5.8. Sobre qué: el referente del mensaje

El tema sobre el que versa el mensaje lobbístico, el objeto de la argumentación, no debe confundirse en lobbying con la ley, reglamento o contenido de la decisión pública sobre la que se pretende influir. El referente es «la traducción bien preparada de los objetivos del público, de modo que esas referencias temáticas de los mensajes de la campaña sean justo las que desea recibir aquél» (Arceo).

En nuestro caso, el referente no sólo debe identificarse con los intereses que se defienden y hacerlos coincidir con el de los objetivos de los poderes públicos. Del referente depende que se cumpla una de las principales funciones sociales del lobbying: la armonía o, si es posible, la coincidencia entre el interés *particular* de la empresa o grupo de presión y el interés público del Estado representado aquí por los poderes públicos.

Tomemos el ejemplo de la multinacional del tabaco *Philip Morris* que, a principios de 1996, inció una campaña dirigida a la opinión pública europea para evitar el aumento de medidas restrictivas para los fumadores. Tal campaña se basó en la inserción en la prensa escrita de anuncios con mensajes del siguiente tenor:

- «El Teorema de Pitágoras contiene 24 palabras. El Principio de Arquímedes, 67. Los Diez Mandamientos, 179. La Declaración de Independencia de los Estados Unidos de América, 300. Y la legislación en Europa para regular dónde y cuándo se puede fumar, 24.942».
- o, subtitulando una foto donde se ven empleados de una empresa fumando en la calle ante sus puertas, «¿Qué clase de política es la que obliga a estas personas a estar en la calle?».
- o, «Si quiere fumar, ¿a quién debería preguntar?¿A alguien que está en la misma habitación? ¿O a alguien que no lo está?», en clara alusión al legislador.

El referente de esta serie de mensajes publicitarios es la defensa de la tolerancia y la igualdad como derechos fundamentales, en la que se basan los intereses de los fumadores (y de las tabaqueras). El interés privado se vincula, llegándose a confundir, al público.

6.5.9. Para qué: objetivos de la fuente (objetivo de comunicación)

Los objetivos de la fuente del mensaje lobbístico consisten en generar una credibilidad de los intereses defendidos para conseguir una actitud de los decisores públicos acorde con los mismos y concretados en la adopción, modificación, derogación de una norma jurídica o de un acto administrativo. Estos objetivos no pueden ignorar los del receptor.

6.5.10. Frente a quién: la fuente o fuentes adversarias

Las acciones de lobbying no suelen ser aisladas. Lo que interesa a unos puede perjudicar a otros. Defender un interés concreto suele ir en contra de los intereses de terceros. La lucha entre fumadores y no fumadores, o ecologistas y empresas químicas, no son más que ejemplos más notorios que otros muchos que acaecen en los foros de toma de decisiones. «Pero, en este punto –dice Arceo– de lo que se trata es de observar que las fuentes adversarias como tales (no sus mensajes) y sus respectivas imágenes para el público de que se trate en ese momento, son un elemento más del modelo de relaciones públicas. De este modo, existirá una competencia entre las imágenes y actitudes que un público pueda tener de las diversas fuentes de una misma categoría de producto o servicio, del área política, etc.» (de los intereses defendidos).

6.5.11. *Contra qué: los mensajes contrarios o antagónicos*

De lo dicho en el apartado anterior se desprende que las acciones de lobbying en competencia con intereses antagónicos deben basar parte de su estrategia a deteriorar las argumentaciones y la posible credibilidad de las fuentes competentes; y viceversa, por lo que el impulsor de una campaña de lobbying «tendrá que cuidar continuamente lo tocante a este punto para, si es el caso, corregir (sus) acciones y mensajes» (Arceo).

6.5.12. *Con qué efectos: efectos del mensaje*

Los efectos de las acciones de lobbying deben llevar a la consecución del objetivo previsto: persuadir al público (poderes públicos) de la legitimación e idoneidad de nuestros intereses, consiguiendo su adhesión concretada en la orientación deseada de la decisión pública.

El efecto de un mensaje social depende tanto del emisor como receptor. Éste trata la información, y la toma en cuenta de acuerdo con los factores analizados anteriormente. En un mensaje persuasivo como el del lobbying, el resultado final es un cambio de actitud. La comunicación social suele vehicular un mensaje *no solicitado* por el receptor, por lo que es necesario conquistar su atención.

Según Le Net, tres son los factores que intervienen en el proceso de persuasión:

a) La atención: ejerce el papel de un filtro que controla la naturaleza y la cualidad de la información recibida, con una doble función: (1) proteger al individuo contra un volumen exagerado de informaciones que no puede asimilar, y (2) seleccionar la información más interesante basándose en su capacidad de diversión, de enriquecimiento o de prevención.

b) La comprensión: es la etapa siguiente a la atención en el proceso persuasivo. Un mensaje no comprendido es un mensaje no recibido. Las condiciones de una buena comprensión son mayoritariamente de carácter técnico. Esta realidad es palpable en el lobbying, donde la ayuda de abogados y economistas se hace indispensable en la elaboración de los referentes del mensaje e, incluso, de los mensajes mismos.

c) La aceptación del mensaje: es la condición previa al cambio de actitud. La captación depende en gran parte del entorno. La influencia del entorno en la frecuencia de las manifestaciones de los hábitos se suele minusvalorar. Después de una campaña de información, y a pesar de las buenas intenciones manifestadas durante su desarrollo, si el entorno no se viene, reaparece de nuevo el hábito anterior.

Después de lo expuesto, nadie podrá negar que la estrategia de lobbying se fundamenta en un proceso de comunicación persuasiva colectiva, con aspectos de comunicación masiva (centrados en las acciones dirigidas a la opinión pública). Es hora ya de recordar y reivindicar las sabias palabras de Lester Milbrath: «**Todos los gobernantes elaboran una decisión a partir de lo que perciben y no de lo que es objetivamente cierto o real. Por consiguiente, la única manera de influenciar una decisión es actuar sobre las percepciones de quienes las toman. La comunicación será pues el único medio de cambiar o influenciar una decisión: el proceso de lobbying es un proceso enteramente de comunicación**».

6.6. Función del lobbying

Ya hemos dicho en la definición del lobbying que su función es crear una situación o intervenir sobre ella, transmitiendo una imagen favorable y la credibilidad de los intereses defendidos. Esa es su función técnica. Sin embargo, el ámbito de la decisión pública, por su naturaleza política, otorga al lobbying una función político-social concretada en la convivencia necesaria y legítima para todo sistema democrático entre el interés general y el interés particular.

En sus relaciones con los poderes públicos, es cuestión prioritaria para toda organización conseguir la credibilidad, la confianza y, en consecuencia, una imagen positiva de sus intereses. Se trata de ganarse la adhesión de los decisores públicos hacia los intereses defendidos basándose en una política de comunicación e información basada en la estrategia de la confianza: en las relaciones públicas. Los objetivos de las relaciones públicas se fundamentan en el binomio hacer saber/hacer adherir; pero siempre en el binomio y nunca en uno solo de estos conceptos; pues hacer adherir sin hacer saber es propaganda y hacer saber sin hacer adherir es información a secas.

La estrategia lobbying es la aplicación sectorial de la metodología y las técnicas de las relaciones públicas. Éstas determinan el contenido de aquél, y se convierten en su técnica; y los objetivos de la técnica se convierten en la función de la estrategia. Pero esa utilización de la estrategia de la confianza como técnica del lobbying se basa, y no nos cansaremos de repetirlo, en la transmisión de informaciones que legitimen nuestro mensaje, conciliando nuestro interés con el interés general. Una estrategia de lobbying busca satisfacer los intereses de los particulares que la ejercen, pero siempre con la función básica de no contrariar el interés general. Compatibilizando ambos intereses, no sólo triunfará la estrategia, sino que consolidará el papel del lobbying como instrumento necesario del sistema democrático.

Compatibilidad entre el interés general y los intereses particulares

El ejercicio del lobbying suele tener como resultado que el poder legislativo o el ejecutivo dicten normas o tomen medidas destinadas a toda la colectividad de individuos, motivadas por la acción de los grupos de presión y, por tanto, en beneficio de una determinada organización. Un ejemplo citado por los politólogos es el de la acción de los grupos representativos de los viticultores o productores de bebidas alcohólicas destinada a frenar o reducir las medidas gubernamentales contra el alcoholismo. Este hecho es sólo la punta del iceberg de la existencia de numerosas disposiciones cuyas motivaciones estriban en el «deseo de satisfacer reivindicaciones parciales», en palabras de Ch. Debbasch y J.-M. Pointier. Esto no quiere decir que el ejercicio de una presión sea requisito *sine qua non* para transformar en concurrentes y compatibles dos clases de intereses *a priori* opuestos.

Estos intereses pueden conjugarse, como veremos, desde un principio. En cualquier caso, toda normativa o decisión del poder público, en tanto en cuanto puede perjudicar intereses particulares de un determinado sector social y económico, también beneficia, seguramente, a otros. En el ejemplo anterior, todo aquello que perjudica a los productores de bebidas alcohólicas favorece a los grupos anti-alcoholismo.

Esta compatibilización puede ser consustancial con la naturaleza del grupo de presión. Es el caso de los grupos que defienden causas sociales, también conocidos como grupos de interés público. El lobbying que ejerzan estas organizaciones carecerá de esta función de integración. Sin embargo, las causas sociales suelen ser argumentos y banderas electorales de los partidos políticos. Por ello, no todos lo grupos de interés público defenderán intereses abanderados de los partidos gobernantes o con mayoría parlamentaria, sino que lo harán respecto de los grupos políticos minoritarios sin poder de decisión. Sería el caso de un grupo contrario al aborto en una sociedad laica. Estos casos se caracterizan por: (1) la dificultad de compatibilizar el interés del grupo con el poder, dada la politización de la causa defendida, contraria al ideario político del partido titular de la potestad normativa; (2) el interés público o causa social del grupo adquiere tintes de privacidad, actuando en la arena lobbística como si de un grupo sectorial se tratara, pese al derecho fundamental a la vida de las personas que se invoca. El problema estriba en que muchas veces bajo el nombre de interés público se esconden grupos de alcance mucho más limitado de lo que da a entender la causa defendida. Jordan expone el ejemplo de un grupo que busque conseguir mejoras para los minusválidos, más cercano a categorizarlo como «de interés público», pero cuando está gobernado y dirigido *por* los propios minusválidos se acerca más a un grupo sectorial o «de interés privado» que busca obtener beneficios para sus miembros reales y potenciales. El hecho de saber si un grupo pertenece a la categoría «interés público» o «sectorial» depende, en parte, de la capacidad de movilización. La cifra de miembros de la *Retirement Pensions Association* (asociación de jubilados) del Reino Unido pasó de 600.000 en 1971 a 33.000 en 1991, por lo que se la considera hoy más como un grupo sectorial (económico) que como un grupo de interés público.

Compatibilizar, pues, mediante la comunicación y la información, el interés general con los intereses particulares es, en muchos casos, una de las principales funciones del lobbying; de la misma manera que compatibilizar el interés de la empresa u organización con el interés común de sus públicos lo es de las relaciones públicas. No es ninguna coincidencia la aparición del vocablo «interés» para las dos funciones. Es una demostración más de la naturaleza publirelacionista de la estrategia comunicativa e informativa de lobbying.

7

Lobbying y otras actividades
e instituciones

7.1. Lobbying y *public affairs*

Los manuales de relaciones públicas suelen incluir el análisis de las técnicas de lobbying en el capítulo dedicado a las llamadas *public affairs* o «asuntos públicos», como se suele traducir. Cutlip, Center y Broom las consideran «el esfuerzo especializado de relaciones públicas destinado a crear y mantener relaciones con la comunidad y gubernamentales». Sin embargo, Grunig y Hunt entienden que hay actividades de las relaciones con la comunidad que no forman parte de las *public affairs*.

Así las cosas, son dos las parcelas de las relaciones públicas sobre las que se articulan las *public affairs*: (1) las relaciones gubernamentales y (2) las relaciones con la comunidad.

7.1.1. Las relaciones gubernamentales

Mack enfoca las relaciones con el gobierno como la aplicación de una o más técnicas de comunicación, por individuos u organizaciones, para afectar las decisiones del gobierno, a nivel local, estatal o internacional. De esta manera, el lobbying incluiría las siguientes formas de relaciones con el gobierno:

- Campañas de movilización pública (*grassroots lobbying*).
- Captación de fondos en campañas electorales (*fund-raising*).
- Alianzas con asociaciones comerciales o con otros grupos de interés.

No podemos estar de acuerdo con estas consideraciones. Las relaciones de una organización con los gestores públicos no se limitan a la influencia sobre sus decisiones. Aquéllas pueden presentarse como relaciones de colaboración en, por ejemplo, una campaña de sensibilización pública. La participación del las ONG y del Ministerio de Asuntos Sociales en las campañas de prevención del SIDA fueron un ejemplo de relaciones gubernamentales donde la finalidad no fue la modificación de ninguna norma jurídica.

El lobbying es una forma de relacionarse con el gobierno (en sentido amplio; los norteamericanos incluyen aquí al poder legislativo).

7.1.2. Las relaciones con la comunidad

El concepto de comunidad puede ser geográfico (individuos agrupados en una determinada área geográfica) o no (individuos agrupados entorno a un interés común, por ejemplo la comunidad científica). Los programas de relaciones con la comunidad se refieren al primero, por lo que podemos definirlas como aquella parcela de las relaciones públicas que pretende facilitar la comunicación entre una organización y sus públicos geográficamente localizados.

Su objetivo es pues el conseguir un ambiente comunitario favorable a quien las practica; es decir, un ambiente «constituido por la suma total de los factores sociales, económicos y políticos que estimulan el crecimiento del comercio y otras organizaciones» (Nielander).

Grunig y Hunt destacan dos tipos de actividades de las relaciones comunitarias:

- Las encaminadas a ayudar a los empleados y directivos a comunicarse con los líderes de la comunidad y sus residentes.
- Las de organización, como el apoyo a una remodelación urbanística, a escuelas o las aportaciones a organizaciones locales.

Los públicos de las relaciones con la comunidad son variados: los empleados y sus familias; los *mass media* y líderes de opinión locales; políticos y funcionarios locales; organizaciones cívicas, comerciales o de servicios; grupos de interés local, y los ciudadanos en general.

7.1.3. El public issues management

Después de todo lo expuesto, nos parece muy afortunada la definición de Leyer: «las *public affairs* son el acercamiento estratégico a situaciones que constituyen tanto una oportunidad para la comapñía como un peligro para ella, y que están conectadas con cambios sociales y políticos, formación de la opinión pública y toma de decisiones políticas».

Esta conexión con los cambios socio-políticos hizo aparecer a principios de 1975, como contenido aplicable a las actividades de las *public affairs*, el concepto,

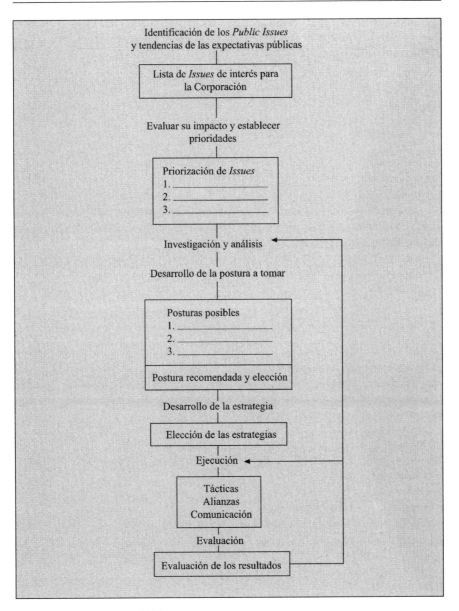

Fuente: Grunig y Hunt, 1984

Figura 6. *Organigrama del Public Issues Management*

de capital importancia en lobbying, de *public issues management* (algo aí como la «gestión de temas públicos»). Un ejemplo de programa de *issues management* es el de la empresa americana ALCOA, cuyo proceso empezaba entrevistando a representantes de grupos de interés como la Cámara de Comercio o *Common Cause*, para determinar qué temas pensaban que se incluirían en el debate público. Las entrevistas desembocaron en una lista de 149 temas como la financiación de la seguridad social, liberalización del gas natural o la *Clean Air Act* (ley medioambiental). Se priorizaron los *issues*. Los 15 primeros se enviaron a comités de expertos que los investigaron y recomendaron cómo actuar frente a ellos. Estas recomendaciones se remitieron a los directivos de ALCOA que iban utilizando la información sobre las políticas públicas, junto con la económica y tecnológica, a la hora de tomar sus decisiones.

A la hora de gestionar los *public issues*, la organización puede adoptar, según Bucholz, cuatro posturas ante la política gubernamental sobre aquellos temas que puedan afectarla:

- La postura reactiva: luchar contra el cambio generado en la temática pública.
- Acomodativa: adaptarse al cambio.
- Proactiva: influenciar el cambio.
- Interactiva: ajustarse al cambio.

Para actuar ante las cuestiones de la agenda pública, las empresas deben responder proactiva e interactivamente. Bucholz señala que la respuesta interactiva es la mejor para el éxito del *public issues management*. En efecto, la empresa que analice y priorice los temas públicos que puedan afectarla y desarrolle aproximaciones constructivas a los mismos, se implicará con mayor éxito en el debate público. Como veremos más adelante, una de las principales funciones del profesional del lobbying es el examen y control de estos *public issues*, pues de ellos nacerán futuras leyes o reglamentaciones que podrán afectar a los intereses que representa. Su seguimiento se convierte en un instrumento básico para situarse en el estadio inicial de la formulación de una decisión, es decir en la fase donde su grado de amoldamiento a intereses particulares es más alto.

El profesor Lutzker situa la duración de un proceso de *public issues management* en unos 12 años, de acuerdo con las coordenadas de la figura 7.

El *public issues management* (o *issues management* a secas) puede así definirse como la función de las *public affairs* que incluye la identificación y acción sistemática referentes a una política pública inminente o emergente en materias que afecten a una organización. Algún autor ha propuesto una traducción poco afortunada: «administración del conflicto de contingencia» (Hayes).

El *public issues management* se está convirtiendo y será en un futuro uno de los pilares básicos de la estrategia de *public affairs* y, por extensión, del lobbying, ya

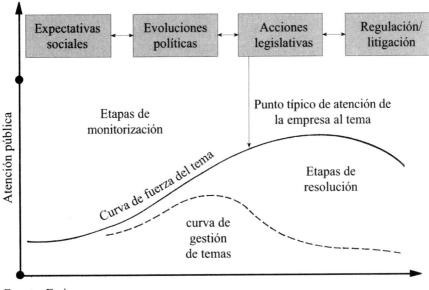

Fuente: Ewing

Figura 7. *Ciclo de vida de un tema estratégico (strategic issue)*

sea por su utilización directa en las estrategias de estos o por la conjugación de ambas formas de gestión.

7.1.4. Uso profesional del término public affairs

El concepto de *public affairs* se ha utilizado eufemísticamente por bastantes agencias gubernamentales y empresas americanas a la hora de designar a sus departamentos de relaciones públicas. Un estudio realizado por Jack O'Dwyers en 1976 indicaba que de las 500 principales compañías de Estados Unidos (según la revista Fortune) el 13% utilizaba el término *public affairs* para designar a su departamento de relaciones públicas, el 22% usaba *comunicación corporativa* y sólo el 24 % designaba a sus departamentos como de *relaciones públicas*. El resto usaba el resultado de mezclar las anteriores u otras como comunicación institucional (por cierto, muy en voga en nuestro país).

7.1.5. Lobbying y compromiso social de las organizaciones

En conclusión, el lobbying es una actividad más de las *public affairs* y, en concreto, de las llamadas relaciones gubernamentales, aunque es también cierto que algunos autores suelen separar éstas de aquel, de tal forma que aquéllas incluirían las actividades de lobbying, relaciones gubernamentales y con la comunidad como tres ramas del mismo árbol. No obstante, las *public affairs* no son el resultado sumatorio de éstas, como si fueran independientes entre ellas. El éxito de una estrategia de lobbying dependerá del nivel de adecuación de la política global e integrada de *public affairs* de la organización. Y en este punto juega un papel crucial el compromiso social de la organización, como vía generadora de credibilidad en determinado asunto público. El compromiso social se basa en el escrupuloso cumplimiento de las obligaciones cívicas de la empresa que, a su vez, genera una buena imagen pública. Si a esta imagen le añadimos un discurso claro, diáfano, transparente y coherente, conseguiremos la credibilidad necesaria en el debate público, dando un gigantesco paso ante el eventual lobbying que hubiésemos de desarrollar en caso de proyectos legislativos contrarios a nuestros intereses. Es más, la responsabilidad social de la empresa, ejercida escrupulosamente, es una forma pasiva de lobbying: generando una imagen responsable estamos tácita y continuamente influyendo sobre nuestros públicos en beneficio de nuestros intereses. Un ejemplo de lo expuesto es el de la empresa Tetra Pak Iberia. En cumplimiento de su misión: «suministrar sistemas de envase que garanticen la seguridad del producto y la comodidad del consumidor a precios competitivos, con el mensaje ambiental posible», es decir «un envase debe ahorrar más de lo que cuesta», Tetra Pak Iberia, en el ejercicio su política de búsqueda de la credibilidad a través de la actuación cívica, ha desarrollado acciones como: patrocinar programas de educación ambiental dirigidos al profesorado; participación junto con autoridades públicas en programas de recogida de residuos; promoción del establecimiento en el Estado español de una planta de reciclado para sus envases; implementación en su fábrica de un sistema de gestión ambiental; formación ambiental a su personal. Al mismo tiempo, participa activamente en el debate público sobre el envasado: proporcionando información sobre los envases a los públicos predefinidos –ciudadanos, industria, autoridades, líderes de opinión (ONG, periodistas, comunidad científica, comunidad escolar); formando parte de asociaciones industriales activas en ese debate; organizando seminarios para sus clientes; editando una *newsletter* sobre asuntos ambientales; integrando su actividad de *public affairs* en su comunicación corporativa. En una palabra: unas *public affairs* ejemplares [1].

---

1. Los datos sobre Tetra Pak Iberia fueron ofrecidos por su director para asuntos de medio ambiente, Jaime Santafé, en una conferencia pronunciada en el Instituto de Empresa de Madrid el 23 de mayo de 1996.

Algunos estudiosos, partiendo de la hipótesis de considerar las relaciones entre empresa y sociedad como un sistema interactivo, proponen la distinción entre compromisos primarios y compromisos secundarios. Frederick, Davis y Post, a los que ya recurrimos (a través de Lozano) al hablar de los *stakeholders*, señalan que los primarios incluyen todas las relaciones directas necesarias para que la empresa alcance la misión más importante de producir bienes y servicios para la sociedad; mientras que los secundarios son el resultado de impactos causados por la misión o la función primaria de la empresa. Así, distinguen entre *stakeholders* primarios: trabajadores, accionistas, acreedores, proveedores, clientes, competidores y distribuidores, y *stakeholders* secundarios: comunidades locales, gobiernos (estatal, regional y local), gobiernos extranjeros, movimientos sociales, medios de comunicación, grupos de soporte a las empresas, público en general, etc.

El lobbying, entendido como estrategia empresarial, responde pues al compromiso social secundario de las organizaciones, es decir, al derivado de las implicaciones y consecuencias de sus actividades ordinarias. Por consiguiente, la estrategia de lobbying sólo puede concebirse teniendo en cuenta la dimensión social de la empresa; es decir, entendiendo la dimensión organizativa no sólo como un hecho estructural, sino también estructurador de relaciones y compromisos responsablemente sociales.

Por cierto, no tiene nada que ver el compromiso social de las empresas con el llamado «marketing social», que no es más que la usurpación terminológica para definir aquella actividad de las relaciones públicas, muy utilizada en lobbying, que pretende la sensibilización de la opinión pública hacia una idea o causa.

7.2. Lobbying y megamarketing

La paternidad del término «megamarketing» se la debemos al profesor estadounidense Philip Kotler, quien lo define como «la aplicación estratégicamente coordinada de los conocimientos económicos, psicológicos, políticos y de relaciones públicas para obtener la cooperación de distintas partes con objeto de entrar y/o operar en un mercado dado», nacional o internacional. Kotler compara el marketing corriente (MC) con el megamarketing (MM) en los siguientes aspectos, de acuerdo con el método expuesto por Santesmases:

Objetivos.
MC: Satisfacer la demanda del consumidor.
MM: Conseguir el acceso al mercado con el fin de satisfacer, crear o alterar la demanda del consumidor.

Partes implicadas.
MC: Consumidores, distribuidores, detallistas, suministradores, bancos.
MM: Los anteriores más legisladores, Administraciones públicas, sindicatos, grupos de presión, etc.

Instrumentos del marketing.
MC: Las cuatro P (*Product, Price, Place, Promotion*) más la investigación de mercados.
MM: Estímulos positivos (oficiales y no oficiales) y negativos (amenazas).

Período de referencia.
MC: Corto
MM: Mucho más largo

Costes de la inversión.
MC: Bajos
MM: Mucho más altos

Personal involucrado.
MC: Ejecutivos
MM: Ejecutivos, más directivos, más funcionarios, más abogados, más relaciones públicas.

Como indica Romagni, la actualidad del megamarketing tiene su razón de ser en la cada vez mas acuciante necesidad de las empresas de hacer lobbying, aun gozando de precio competitivo, productos de calidad, comunicación excelente y exitosa red de distribución. Se trata de ejercitar el lobbying económico. Ante mercados, normalmente internacionales, a la vez cerrados por los operadores y abiertos por una creciente competencia deseosa de penetrarlos, la empresa preocupada por su desarrollo debe acceder a ellos. Lo cual implica contactos con representantes estatales o gubernamentales, sindicatos y/o consumidores. La empresa líder será aquella que sabrá ganarse la confianza, la comprensión y, por tanto, el apoyo de prescriptores políticos, económicos o sociales, a través de una estrategia de presión e influencia.

El megamarketing, según Romagni, «conduce a una triple evolución:

• el descenso de las barreras estancas entre lo económico y lo político;
• la integración del entorno en los parámetros vitales de la empresa;
• la emergencia de contra-poderes que favorecen la eclosión de un *management* claro y abierto».

7.3. Lobbying y *think tanks*

Castillo (1997) entiende por *think tanks* («tanques de pensamiento» o, todavía mejor, «laboratorios de ideas») aquellas «organizaciones compuestas de intelectuales y analistas diversos, que reciben contratos o encargos (ya sean de organizaciones públicas o privadas), para analizar ideas y proyectos, y proponer formas de aplicación a las diferentes actividades gubernamentales y/o industriales».

Actualmente se cuentan entre unas 1.200 y 1.300 en los Estados Unidos. Su actual impulso es debido a una serie de factores como el final de la guerra fría, el derrumbe del comunismo, los conflictos étnicos europeos, el paro y la pobreza generados por la crisis económica internacional o el colapso de los sistemas de sanidad pública y privada.

El término *think tank* apareció a partir de la II Guerra Mundial y se consolidó durante la posguerra, usándose para describir a las organizaciones de investigación militar.

Según Weiss, citado por Castillo, sus características básicas son:

a) Son organizaciones con vocación de permanencia y con una estructura, organización y personal personalizado.

b) No tienen responsabilidades directas en las operaciones de carácter gubernamental.

c) Sus *staffs* profesionales tienen cualificaciones especiales; destacando, entre otras, la capacidad metodológica, análisis estadístico, análisis decisional, trabajo de campo, análisis de riesgos, análisis argumentativo o análisis histórico, junto con un cierto conocimiento de las realidades políticas y de las más estrictamente gubernamentales.

d) Son organizaciones de carácter eminentemente político y su máximo objetivo es el de mejorar el proceso y contenido de las políticas públicas. Su trabajo está dirigido a estudiar problemas sociales para proponer soluciones políticas.

e) Su *output* principal se centra en el análisis de las situaciones existentes y en el asesoramiento a cualquier persona y organismos públicos a través de la realización de numerosa documentación plasmada en *papers* y libros.

f) Las diferentes unidades de análisis político tienen un especial interés en comunicar el resultado de sus trabajos a todos aquellos sujetos que están imbricados y participan en la elaboración de las políticas públicas.

A pesar de su vinculación a la política, los *think tanks* afirman que son apartidistas, aunque en la práctica su colaboración política es indudable. No pagan impuestos y deben cumplir con el objetivo de dedicarse al estudio, a la educación y a la investigación.

Es evidente que estos grupos de interés no tienen por objetivo ejercitar acciones de lobbying, aunque sí juegan un papel importante en el desarrollo de su estrategia. Como se indicará más adelante, el asesoramiento de *think tanks* es una de las técnicas básicas de alguna de las etapas del proceso del lobbying; especialmente en el análisis de la situación (o, en palabras de Lutzker, etapa de pre-concienciación) previo a la construcción de un apoyo público, y en la fase de influencia sobre la legislación.

La influencia de los *think tanks* en las decisiones públicas americanas es un hecho. «A su debido tiempo, observan Ernest y Elisabeth Wittenberg, un alto porcentaje de los *outputs* de los mayores *think tanks* influencia la política gubernamental». Sus informes y libros son analizados en los principales medios de comunicación social y sus investigadores participan en numerosos debates televisados. Esta presencia en los medios les acerca aún más a la acción de los lobbies. De hecho, los *mass media* son sus principales instrumentos de influencia. En 1993, la jefa de la sección latinoamericana de la CNN en Washington afirmó al diario El País (27.6.93) que «sin nosotros no tendrían tanto poder». Cuando el presidente Bill Clinton habló en ese mismo año de los bombardeos selectivos en Bosnia, lo primero que hicieron los medios de comunicación fue pedir la opinión de los *think tanks*, que sentenciaron que la idea era funesta y militarmente incoherente. Los resultados no se hicieron esperar, dado que el debate público se inició a partir de ahí: el Congreso y los militares adoptaron posturas en contra, y el Presidente dio marcha atrás. Otro ejemplo relacionado con el presidente Clinton: cuando accedió a la presidencia, lo primero que hizo fue pedir a los *think tanks* informes y recomendaciones sobre la situación económica y los homosexuales en las Fuerzas Armadas. También fichó a Alice Rivlin, prestigiosa economista de la *Brookings Institution* (fundado en 1927, de tendencia liberal, es el *think tank* más antiguo de Washington, uno de los más prestigiosos y financieramente estables) como directora adjunta de la Oficina del Presupuesto (hay que destacar la importancia del puesto, habida cuenta de que una de las prioridades de Bill Clinton era la lucha contra el gigantesco déficit público), y a Elisa Harris, experta en proliferación de armamento del mismo *think tank*, miembro del Consejo de Seguridad Nacional.

Entre los miembros y principales analistas de los *think tanks* encontramos, al igual que las agencias o despachos dedicados al lobbying, ex-altos funcionarios de la administración estadounidense. Así, en el *Center for Strategic and International Studies* (cuya misión principal es «proporcionar una perspectiva estratégica a los políticos anticipada en el tiempo y apartidista») destacan analistas como Henry Kissinger (ex-secretario de Estado), Zbigniew Brzezinski (ex-consejero de Seguridad de la Casa Blanca) o James R. Schlessinger (ex-secretario de Defensa).

La semejanza con los lobbies no termina aquí. La *Heritage Foundation*, «buque insignia del movimiento intelectual conservador....se parece más a un lobby que a un *think tank*, ya que realiza trabajos políticos para solucionar los problemas a corto y no a largo plazo», indica Castillo. Stuart Butler, uno de sus más destacados miembros dice que « las ideas se ejecutan entre el año y los 18 meses. Trabajamos desarrollando necesidades. Las identificamos, las desarrollamos, las transmitimos a la administración y pasamos al siguiente punto de la agenda».

Los *think tanks* son financieramente autónomos. Los principales cuentan con importantes recursos procedentes de antiguas donaciones, fundaciones, corporaciones y aportaciones voluntarias. Los cinco o seis mayores ingresan conjuntamente al año más de 200 millones de dólares y llegan al millar los analistas e investigadores que trabajan para ellos. En 1992, la *Brookings Institution* ingresó 20 millones de dólares y contaba con 50 investigadores.

Las conexiones internacionales de los *think tanks* norteamericanos no limitan su utilidad en una estrategia de lobbying únicamente en los Estados Unidos, sino que la amplían también, y sobre todo, en Europa y el Sudeste Asiático.

7.4. Lobbying, *Political Action Committee* y *fundraising*

El sistema electoral norteamericano permite un sistema de financiación privada de los candidatos, tanto en las elecciones legislativas como en las presidenciales, que tiñen de sospecha la acción de determinados grupos de presión y empresas. La búsqueda de financiación privada, que, para ciertos observadores, es el precio por la prestación de unos servicios, futuros o pasados, de protección o defensa de demandas privadas, forma parte de las actividades de los lobbistas norteamericanos, como una función más de su intermediación entre los intereses particulares y los representantes políticos. Esta «captación de fondos», conocida como *fundraising*, se articula a través de las más diversas acciones cuya máxima expresión son los *Political Action Committees* (PAC) o «comités de acción política».

Un PAC es todo «comité, asociación u organización que acepta contribuciones o invierte dinero para influenciar o intentar la nominación o la elección de una o varias personas a una función pública electiva federal o de un Estado» (Sentencia del Tribunal Supremo de los Estados Unidos de América, de 18 de marzo de 1985). Estos comités colectan dinero de sus miembros, empleados o accionistas de empresas. Las donaciones de los PAC no pueden superar los 5.000 dólares para un comité local o para un candidato a la elección presidencial o legislativa y 15.000 dólares para el comité nacional de un partido.

Creados por los sindicatos en 1944 para derogar las disposiciones de la *Smith-Connely Act* que les prohibía ayudar económicamente a candidatos a la elección federal, el 32 % representaba en 1988 los intereses de sociedades, el 24 % los de asociaciones y sólo el 20% eran *Labor PACs* que representaban los intereses de los trabajadores. Estas cifras demuestran «la importancia que el mundo de los negocios confiere a las contribuciones partidistas como mecanismo de acción sobre los poderes públicos», apunta Castillo, quien nos detalla las restricciones que, ante su gran proliferación, ha establecido el Congreso en cuanto a su creación y actividad:

a) Todos los PAC creados por una misma empresa o sindicato están considerados, en cuanto a las contribuciones que pueda realizar, como un único comité.
b) Los PAC de empresas sólo pueden solicitar dinero a la alta jerarquía accionarial: accionistas, directores y cuadros superiores de la empresa.
c) Los sindicatos que posean PAC sólo pueden pedir el ingreso de dinero a sus afiliados.

Para hacerse la idea del auge de estas organizaciones, su número pasó de 608 en 1974 a 4.578 en 1988. Respecto a su contribución financiera a los candidatos, ésta fue de 102, 3 millones de dólares en 1984 contra los 8,5 millones del año 1972. Entre el 1 de enero de 1987 y el 31 de marzo de 1988 recogieron 213 millones de dólares. En 1984, su ayuda representó el 36,5 % del total de la financiación de las elecciones a la Cámara de Representantes y el 18,8 % del Senado.

La principal causa de esta evolución es la sentencia *Bucley vs. Valeo* del Tribunal Supremo estadounidense de 30 de enero de 1976, que estimó que no existe límite alguno a los gastos personales o familiares de un candidato, ya que, de lo contrario, se atentaría contra la libertad de expresión definida en la primera enmienda de la Constitución americana. Para los magistrados, «en una sociedad de masas, prácticamente todos los medios destinados a expresar una idea necesitan un gasto pecuniario».

Las características de las aportaciones de los PAC han sido analizadas por Sigmund y Royz, citados por Castillo:

a) Habida cuenta de la personalización de las campañas electorales, los beneficiarios son los candidatos de los partidos políticos y no tanto los propios partidos.
b) Estas donaciones no se rigen por criterios estrictos de pureza ideológica, ya que comités que representan a grupos de presión empresarial realizan contribuciones a candidatos demócratas, mientras que los sindicatos, aunque con menor frecuencia, lo hacen a republicanos.
c) Los candidatos que se presentan a la reelección reciben más dinero que los que lo hacen por primera vez, por lo que estas donaciones constituyen una especie de recompensa por los servicios prestados.
d) Los candidatos con cargo importante (presidente de una comisión parlamentaria, por ejemplo) son los principales beneficiarios de los PAC. En 1984, los recursos procedentes de PAC constituyeron más de la mitad de la financiación de las campañas de 20 de los 27 presidentes de comisiones y dirigentes de la Cámara de Representantes.

Los partidos políticos y candidatos norteamericanos necesitan el dinero de los

PAC, y viceversa. En efecto, como todo grupo de presión, necesitan estar al corriente de los candidatos a los que pretenden apoyar, de los trabajos parlamentarios, así como mantener relaciones permanentes con los dirigentes políticos. Sin embargo, los PAC no constituyen la principal fuente de financiación política: los profesionales de lobbying americano organizan y participan continuamente en colectas de fondos (*fundraising*) con la única finalidad de obtener posteriormente un acceso privilegiado a los miembros del Congreso. Esta recogida de dinero se manifiesta de diferentes formas (todas ellas onerosas): encuentros de carácter social (desayunos *de trabajo*, cenas, conciertos, etc.) que el político honra con su presencia, visitas de empresas, honorarios por la realización de discursos o conferencias, etc. Muchos congresistas han solicitado los servicios de lobbistas para la organización de tales campañas de *fundraising*. En Washington, sólo 300 lobbistas de los 20.000 contados se dedican a tal actividad. Sin embargo, la mayoría considera que semejante experiencia es una etapa necesaria en su carrera. Existen agencias especializadas en la organización de tales eventos en colaboración con los PAC. La organización de estos actos es una de las actividades propias de las relaciones públicas, pero no dirigida a los poderes públicos, sino a un sector de la comunidad potencialmente dispuesto a colaborar económicamente en la campaña electoral. Estas acciones pueden ser instrumentalmente útiles para relacionarse con los futuros creadores de decisiones públicas, pero técnicamente no son lobbying. En lobbying, la *moneda de cambio* para conseguir la creación, modificación o derogación de una ley o reglamento no es el dinero. Es la información y el saber comunicarla.

El que no entendamos como lobbying ni la acción de los PAC ni el *fundraising*, no supone que no sean competencia del ejercicio de la profesión del lobbista. Existe una doctrina que opina que la colecta y utilización de fondos para las campañas por los lobbistas puede llegar a estimular la actividad política sin que constituya corrupción. Sus argumentaciones, recogidas por Julien, son:

- cada lobbista contribuye en una proporción muy baja a la campaña de un parlamentario;
- si el número de lobbistas es elevado, la acción de cada uno de ellos se diluye;
- los lobbistas representan a menudo intereses opuestos, dando lugar a acciones contradictorias.

Un ejemplo ilustrativo de esta argumentación es el del grupo de presión de las armas de fuego, uno de los más potentes de los Estados Unidos. En 1980, entre los veinte primeros PAC, se encontraba el del *Gun Owners of America* (en 11ª posición) y el del *National Rifle Asociation* (19º). A pesar de la fortísima presión de la opinión pública americana sensible al número de atentados cometidos con ese tipo de arma y que creía que una normativa estricta sobre su venta reduciría la criminalidad, la campaña de lobbying de esos dos grupos de presión sustentados por los fabricantes

—Mrs. James S. Brady—

"Help me fight the National Rifle Association."

"Five years ago, John Hinckley pulled a $29 revolver from his pocket and opened fire on a Washington street. He shot the President. He also shot my husband.

I'm not asking for your sympathy. I'm asking for your help.

I've learned from my own experience that, alone, there's only so much you can do to stop handgun violence. But that together, we can confront the mightiest gun lobby—the N.R.A.— and win.

I've only to look at my husband Jim to remember that awful day... the unending TV coverage of the handgun firing over and over... the nightmare panic and fear.

It's an absolute miracle nobody was killed. After all, twenty thousand Americans are killed by handguns every year. Thousands more—men, women, even children—are maimed for life.

Like me, I know you support *stronger* handgun control laws. So does the vast majority of Americans. But the National Rifle Association can spend so much in elections that Congress is afraid to pass an effective national handgun law.

It's time to change that. Before it's too late for another family like mine... a family like yours.

I joined Handgun Control, Inc. because they're willing to take on the N.R.A. Right now we're campaigning for a national waiting period and background check on handgun purchases.

If such simple, basic measures had been on the books five years ago, John Hinckley would never have walked out of that Texas pawnshop with the handgun which came within an inch of killing Ronald Reagan. He lied on his purchase application. Given time, the police could have caught the lie and put him in jail.

Of course, John Hinckley's not the only one. Police report that thousands of known criminals buy handguns right over the counter in this country. We have to stop them.

So, please, pick up a pen. Fill out the coupon. Add a check for as much as you can afford, and mail it to me today.

It's time we kept handguns out of the wrong hands. It's time to break the National Rifle Association's grip on Congress and start making our cities and neighborhoods safe again.

Thank you and God bless you."

"Together we can win."

Dear Sarah,

It's time to break the N.R.A.'s grip on Congress once and for all. Here's my contribution to Handgun Control, Inc., the million-strong nonprofit citizens' group you help direct:

☐ $15 ☐ $25 ☐ $35 ☐ $50 ☐ $100 or $_____
☐ Tell me more about how I can help.

NAME

ADDRESS

CITY   STATE   ZIP   HBDC

HANDGUN CONTROL

1400 K Street, N.W., Washington, D.C. 20005, (202) 898-0792.

Fuente: Julien
Figura 8

de armas consiguió impedir la votación de una ley reguladora de la venta de armas. Para oponerse a esa gigantesca campaña, se creó un nuevo PAC, el *Handgun Control of America* que inició una estrategia de lobbying con mensajes del tenor: «Ayudadnos....como yo, sois partidarios de una reglamentación más eficaz de la venta de armas. La mayoría de norteamericanos piensa lo mismo; pero la *National Rifle Association* dispone de tales sumas para financiar las elecciones que el Congreso no osa adoptar una ley de control eficaz» (ver figura 8).

Algunos han visto en la financiación de las campañas la ventaja de que los elegidos están mucho más pendientes de los intereses de sus comunidades y que el Congreso cumple mucho mejor con su labor de contrapeso del poder ejecutivo. En efecto, en el sistema político estadounidense, es impensable, por ejemplo, que un congresista demócrata de un condado maderero del Estado de Washington respalde una iniciativa ecológica del presidente Clinton que suponga una amenaza para la industria de la madera. Así como sería perfectamente concebible que un congresista republicano de un condado pobre del Estado de Alabama respaldase una propuesta demócrata de más fondos públicos para la construcción de escuelas en áreas de ingresos bajos.

Aunque el dinero constituya un medio de acceso a los decisores públicos, requisito previo al ejercicio del lobbying, la ética, más que nunca, se impone. Si eso es cierto, más lo es la necesidad de que una normativa sobre la profesión de lobbista distinga perfectamente entre la frontera de la corrupción y de la información. Mientras esta regulación no exista, la suspicacia triunfará, y la imagen del lobbying saldrá perjudicada. Pero esto es arena de otro costal, el de la regulación del lobbying que trataremos en la recta final de este trabajo. Mientras, valgan las palabras de Farnel: «el lobbista deber anticiparse y comprender las limitaciones éticas de cada país pero, igualmente, de cada empresa de la cual puede ser un día el encargado de ocuparse de atajar los conflictos de intereses. Sólo así su trabajo será percibido como útil y valorizante. Ya es hora de que lobbying y dinero no sean asociados en términos peyorativos».

8

Sujetos del lobbying

Ya hemos hecho referencia a que la comunicación de lobbying puede hacerse indirectamente por profesionales (sujetos ejecutores) o bien directamente por los grupos de presión o las empresas (sujetos promotores y ejecutores a la vez), que dirigirán su acción a los poderes públicos (sujetos receptores).

8.1. Los grupos de presión

8.1.1. Concepto y características

Un grupo de presión o de interés es una organización, distinta de los partidos políticos, constituida para la defensa de intereses comunes a sus miembros y que ejerce, regular u ocasionalmente, una presión directa o indirecta (a través de los partidos políticos o la opinión pública) sobre los poderes públicos para obtener decisiones conformes a aquellos intereses.

Algunos autores prefieren utilizar el término «grupo de interés» al entender que la presencia del vocablo «presión» otorga connotaciones peyorativas. No obstante son términos distintos. Como apunta Linares, citado por Castillo, «los grupos de interés son agrupaciones individuales formadas entorno a intereses particulares comunes, que tienen como finalidad substancial la asociación para la defensa de esos intereses; cuando estos grupos presionan en defensa de sus intereses particulares sobre el Estado, los partidos, la opinión pública o sus propios miembros, se convierten en grupo de presión. De aquí que todos los grupos de presión son grupos de interés, pero no todos los grupos de interés son grupos de presión».

Tres son pues los elementos principales de todo grupo de presión: que esté organizado, la existencia de unos intereses a defender y el ejercicio de una presión sobre los poderes públicos.

8.1.2. Taxonomía de los grupos de presión

Veamos ahora una clasificación de los grupos de presión que será de utilidad en nuestro estudio. Para ello seguiremos la expuesta por Castillo, que los clasifica de acuerdo con las siguientes variables: naturaleza de los intereses defendidos, naturaleza de los grupos, tipo de organización, lugar que ocupa la presión en su actividad y ámbito de actuación.

8.1.2.1. NATURALEZA DE LOS INTERESES DEFENDIDOS

a) Grupos que defienden intereses materiales. Su acción principal es conseguir ventajas materiales para sus miembros o la protección de situaciones adquiridas. Dentro de esta categoría se engloban las confederaciones patronales, asociaciones de propietarios agrícolas, sindicatos y asociaciones de profesiones liberales. Suelen ser sujetos promotores y ejecutores del lobbying.

b) Grupos que defienden intereses morales e ideas. Su razón de ser estriba en la protección desinteresada de posturas espirituales o morales, en la promoción de causas o la afirmación de pensamientos. Los llamados movimientos sociales suelen enmarcarse en esta categoría, junto con organizaciones confesionales o ideológicas, grupos de miembros de una misma condición sociodemográfica o social (feministas, antiguos combatientes, tercera edad), grupos defensores del interés público de carácter general o de interés único (los *single-issue groups* caracterizados por la defensa de una posición particular ante un asunto concreto: aborto, pena de muerte, consumismo, o la búsqueda de la verdad en el asesinato del Presidente Kennedy como el *Citizens for Truth about the Kennedy Assssination*), o los ya conocidos *think tanks*.

A pesar de la distinción, en la práctica la disociación interés moral/interés material es difícil, pues son numerosos los casos en que bajo la apariencia de intereses morales se defienden intereses materiales.

8.1.2.2. NATURALEZA DE LOS GRUPOS

a) Grupos privados. No tienen relación orgánica alguna con el Estado. Acaparan mayoritariamente las acciones de lobbying.

b) Grupos públicos o de interés institucional. Dependen orgánicamente del funcionamiento interno del Estado. Destacan en esta categorización empresas públicas, federaciones de municipios y regiones e incluso de las propias Administraciones públicas, especialmente las altamente descentralizadas. Algún autor ha llegado a exponer, en un esfuerzo de focalización importante, las técnicas de lobbying realizadas por el Presidente de los Estados Unidos sobre el Congreso de ese país.

Estos grupos tienen cada vez más protagonismo en las acciones de lobbying en la Unión Europea somo aliados de las federaciones empresariales o de las propias empresas nacionales del Estado de cobertura del grupo público. En este sentido destacan la representación de los Landers alemanes y de algunas Comunidades Autónomas españolas, como el *Patronat Catalá Pro Europa* de la Generalitat de Catalunya que agrupa a instituciones representativas del mundo político, económico, académico y local catalán.

En los Estados Unidos se dan numerosas acciones de lobbying de los Estados federados ante el Gobierno federal (*intergovernmental lobbying*) propias del sistema federalista de aquel país.

8.1.2.3. Tipo de organización interna

a) Grupos federados. Son organizaciones formadas de otras organizaciones o una organización cuyos centros de decisión están descentralizados. Como atinadamente observa Castillo, estas organizaciones «intentan mimetizar la singular organización y estructura del sistema político donde actúan, con la intención de conseguir el más alto grado de éxito en las acciones que realizan. De esta manera pueden insertarse adecuadamente en el organigrama político e incidir sobre los sujetos y las instancias más adecuadas». La CEOE es un ejemplo de este tipo de grupos.

b) Grupos unitarios. Son asociaciones cuyos miembros pertenecen a la misma directamente, sin ser socio de una asociación o ente intermedio.

Hay que hacer notar la proporcionalidad del grado de cohesión interna con la intensidad de las acciones llevadas a cabo por el grupo.

Asimismo, en España, las técnicas utilizadas por los grupos de presión dependen de la organización política. J. A. Rodríguez, citado por Castillo, escribe que la actuación de los grupos de presión en España es distinta según el nivel de centralización sobre el que se actúe. Si se actúa a nivel estatal la intervención se dirige más a los altos cargos de la Administración (42%) que al Gobierno (37%), mientras que si se actúa a nivel autonómico, la diligencia se produce sobre los Gobiernos autonómicos (49%) y no sobre la Administración (36%).

8.1.2.4. Lugar ocupado por la presión en la acción del grupo

El politólogo francés Maurice Duverger distingue entre:

a) Grupos exclusivos. Se ocupan únicamente de actuar en el dominio público, es decir de hacer presión sobre los poderes públicos. Como ejemplo, cita los lobbies (en el sentido técnico del término) que actuan en Washington, cuya misión es intervenir ante congresistas, altos funcionarios y secretarios de estado.
b) Grupos parciales. La presión no es más que una parte de su actividad, por lo que en esta tipología podrían incluirse la práctica totalidad de los grupos de interés.

En lo que a nosotros atañe, hay que hacer mención a lo expuesto por Duverger cuando alude a la dificultad práctica de esta distinción. «Ciertos grupos exclusivos, dice, no son en realidad más que organismos técnicos, que actúan por cuenta de otros grupos que son parciales. Los lobbies... son cada vez más organizaciones especializadas, que alquilan sus servicios a cualquier grupo, siempre que se les pague... La verdadera presión proviene de los que utilizan los lobbies, no de los propios lobbies».

8.1.2.5. Ámbito territorial de actuación

a) Grupos que intervienen a nivel nacional. Sus actuaciones se desarrollan en un único Estado.
b) Grupos que intervienen a nivel internacional. Tiene intereses en diversos Estados y pueden actuar directamente o apoyados en un determinado Estado, normalmente el de su procedencia. Tienen gran importancia las Organizaciones No Gubernamentales (ONG) que son una de las grandes protagonistas del lobbying indirecto a través de sus presiones sobre la opinión pública nacional y, sobre todo, internacional.

La proliferación de las actuaciones internacionales de los grupos de presión reafirma la necesidad de la intervención de lobbistas profesionales para evitar el fracaso de las mismas por falta de información. Castillo narra el ejemplo de Joseph Blachtford, del lobby *O'Connor and Hannan*, referido a un producto extranjero, cuya operación no prosperó por la aparición de un congresista en defensa de un producto semejante fabricado en los Estados Unidos. Este hecho se habría podido evitar con un lobby competente que previamente hubiese informado al congresista de las virtudes del producto extranjero.

Otro ejemplo revelador de la importancia de la utilización de lobbistas en las acciones a nivel internacional fue el lobbying ejercido por la agencia de relaciones públicas *Hill and Knowlton* de Nueva York, en representación del *Bureau National Interprofessionel du Cognac* (BNIC), de la región de Cognac en Francia. En diciembre de 1986, la administración Reagan anunció el proyecto de imponer tarifas aduaneras del 200% *ad valorem* sobre importaciones europeas selectas hacia finales de enero de 1987, para compensar a los granjeros norteamericanos por la pérdida de un mercado de cereales de 400 millones de dólares causada por la entrada de España y Portugal en la Comunidad Económica Europea (hoy Unión Europea) a principios de dicho año. De todos los productos, el más seriamente perjudicado sería el coñac, ya que las nuevas tarifas aumentarían en más del doble su precio medio en los Estados Unidos, eliminando con ello virtualmente al primer mercado de la región de Cognac. Junto con su oficina en Washington, *Hill and Knowlton* de Nueva York preparó una estrategia de lobbying dirigida a la opinión pública americana y, sobre todo, al gobierno americano a través de entrevistas personales de los representantes y aliados del BNIC con altos cargos de la Oficina del Representante del Comercio de los Estados Unidos y de las Secretarías de Estado, de Comercio y de Agricultura. En esa estrategia el mensaje era evitar una guerra comercial entre la Comunidad Europea y los Estados Unidos que sería desastrosa para ambas partes. El éxito fue total, pues el proyecto de legislación nunca cristalizó.

Los lobbies que representan intereses extranjeros en los Estados Unidos, llamados *foreign agents*, deben registrarse en el Ministerio de Justicia (*Justice Department*), obligación derivada de una vieja ley de 1938. Son más de mil los *foreing agents* que pretenden influenciar a la opinión pública o a los responsables políticos en favor de clientes como Francia, Alemania, Japón o Kuwait. Estos lobbies no practican la táctica del acoso tradicionalmente atribuido a los grupos de presión. Su papel es el de analizar las decisiones políticas y las leyes proyectadas en Washington que interesan a sus clientes.

8.1.3. Principales grupos de presión en la Unión Europea

Aunque no es el objeto de estas páginas elaborar una lista con los nombres e intereses objeto de los principales grupos de presión, no queremos dejar de mencionar los más relevantes a nivel europeo. Por tres razones fundamentales:

a) La creciente relevancia de la normativa comunitaria de implementación en los estados miembros.

b) El reconocimiento del lobbying por las instituciones europeas, que lo convierten en el principal escenario de su práctica para cualquier lobbista nacional de un Estado miembro, y, por consiguiente.

c) El impresionante número de federaciones, confederaciones, organizaciones y demás grupos de interés con sede en Bruselas: 500 federaciones internacionales y europeas que representan a 5.000 miembros, 50 oficinas de representación de autoridades regionales y locales, y más de 200 empresas con representación directa. En total, unos 3.000 grupos de interés, protagonistas del lobbying comunitario y aliados potenciales en cualquier actividad lobbística.

Los principales grupos de presión que actúan ante las autoridades comunitarias son, muy sintéticamente y a efectos enunciativos:

- La *Unión de Confederaciones Industriales y de Empresas de Europa* (UNICE), principal portavoz de las empresas ante los poderes públicos comunitarios que interviene en los campos económico, industrial, comercial, jurídico y social.
- La influyente *Confederación Europea de Sindicatos* (CES), representativa de los trabajadores, a través de los sindicatos miembros.
- La *Confederación Europea de Cuadros* (CEC), que agrupa a los dirigentes y cuadros empresariales intermedios.
- La potente COPA, *Comité de Organizaciones Profesionales Agrícolas*, representativa de los intereses de los agricultores y ganaderos.
- El BEUC, *Bureau européen des Unions des Consomateurs*, grupo de interés para la defensa de los consumidores y usuarios europeos, que agrupa las uniones de consumidores de los estados miembros.
- La *European Round Table of Industrialist*, auténtico *think tank* comunitario, que reúne a los máximos dirigentes empresariales (unos 50 en la actualidad), constituyendo una instancia de propuestas ante la Comisión. Ha destacado el papel de impulsión jugado para la instauración de una política de grandes redes transeuropeas.

8.2. La empresa

La empresa, independientemente considerada, puede ser perfectamente sujeto de una acción de lobbying sin necesidad de integrarse para ello en su correspondiente asociación sectorial.

Esa actuación en solitario depende normalmente de la magnitud y peso social de la entidad, por lo que suele ser más patrimonio de las grandes empresas que de las PYMES (sólo el 2% de los lobbistas que ejercen en Bruselas actúan por cuenta de las PYMES).

La guía *The European Public Affairs Directory* de 1997, directorio de los formadores de opinión de Bruselas, recoge 511 corporaciones con directores de asuntos públicos (*public affairs*) y lobbying con sede permanente en la capital de la Unión Europea. Desde *Air France* a *Westinhouse*, de *Danone* a *Crédit Lyonnais*, o del *Bank of Tokyo* a *Rank Xerox*, todas las grandes compañías de los principales sectores económicos están representadas por su responsable en asuntos públicos.

Al igual que otras organizaciones, la empresa interviene ante los poderes públicos, ya sea a través de los grupos de presión de los que forma parte, o directamente a través de sus propios servicios o contratando una agencia de lobby. Los poderes públicos constituyen un público más de la empresa, con unas facultades que pueden influir en su marcha y progreso.

El proceso de elaboración de políticas públicas es, para Farnel, «el catalizador por excelencia de la mayor parte de las aspiraciones sociales». Lo que le convierte en fuente privilegiada de información estratégica para la empresa.

En opinión de Lutzker, las formas en que los poderes públicos pueden influir en la empresa son las siguientes:

- *Prohibiendo.* Ejemplo: venta de drogas, aborto, etc.
- *Sancionando económica o socialmente.* Ejemplo: gravando impositivamente la

	SITUACIÓN DE DESTINO						
	A	B	C	D	E	F	G
SITUACIÓN DE ORIGEN							
PROHIBIR: A	0	6	5	4	3	2	1
SANCIÓN NEGATIVA: B	0	0	6	5	4	3	2
REGULAR/CONTROLAR: C	0	0	0	6	5	4	3
LIBERALIZAR: D	0	0	0	0	6	5	4
PROMOVER: E	0	0	0	0	0	6	5
SANCIÓN POSITIVA: F	0	0	0	0	0	0	6
IMPONER: G	0	0	0	0	0	0	0

Coeficientes de efectividad del lobbying:

0 = el lobbying no procede

1 = utilizar el lobbying como herramienta de paso a la siguiente situación es abocarlo al fracaso

2 = el lobbying es prácticamente imposible

3 = el lobbying sin garantías generales de éxito

4 = conseguir el cambio de situación es difícil y, sin el recurso al lobbying, imposible

5 = el lobbying puede conseguir el cambio de situación, con grandes dosis de profesionalidad

6 = terreno idóneo para el lobbying

Figura 9. *Cómo puede el Estado influir en una empresa y su influencia en la eficacia del lobbying*

venta de tabaco; prohibiendo fumar en lugares públicos; estableciendo arance-
les de importación a determinados productos.
- *Regulando o controlando*. Ejemplo: el ejercicio de ciertas profesiones requiere
una colegiación; licencias de exportación.
- *Liberalizando*.
- *Promoviendo*. Ejemplo: el uso del preservativo.
- *Aventajando*. Ejemplo: beneficios fiscales a determinadas actividades.
- *Imponiendo*. Ejemplo: el uso obligatorio del cinturón de seguridad.

Todos estos tipos de la acción del poder sobre las empresas manifiestan la existencia de una relación entre ambos, constituyendo el lobbying el instrumento ideal para
modificar la naturaleza de la acción, permitiendo imponer lo que se promovía, o sancionar impositivamente lo que se prohibía. La estrategia de lobbying siempre será
unidireccional de arriba a abajo y gradual de acuerdo con el cuadro de la figura 9.

No obstante, las relaciones de las empresas con los poderes públicos no pueden
reducirse al lobbying. Como ya hemos indicado, estas relaciones se conocen como
public affairs, y no sólo constituye un aspecto de éstas, sino que va más allá: las utiliza con una finalidad concreta, modificar, orientar o crear una decisión de los poderes públicos. Estas relaciones suelen percibirse como conflictivas y determinadas
por la influencia, cuando, sin embargo, pueden adquirir «la forma de una colaboración fundada sobre la necesidad por ambas partes de acceder a informaciones obje-
tivas. En gran medida, es de la calidad y de la continuidad de esta colaboración que
depende la credibilidad de la empresa en tanto que colaboradora de los poderes públicos. Esta mayor o menor credibilidad, establecida en otras circunstancias, afec-
tará posteriormente al grado de receptividad de los argumentos que hará valer con
ocasión de una estrategia destinada esta vez a promover intereses propios» (Farnel).
En una palabra, el grado de efectividad del lobbying será proporcional al de su integración en un programa permanente de *public affairs*.

El lobbying, como el marketing o la producción, forma así (o debería formar) parte de la estraegia global de la empresa. Sus dirigentes deben decidir si lo practican.
Si se deciden a hacerlo, la cuestión es a quién confiarlo: a un colaborador, a una
agencia (lobby) o a un grupo de presión de su sector. Sea cual sea la solución, corresponde al empresario el ser capaz de evaluarlo.

8.3. Los lobbies y los lobbistas

8.3.1. Conceptos y tipologías

Entendemos por lobbies las agencias, despachos o gabinetes que se dedican al
ejercicio del lobbying a cambio de una contraprestación, normalmente pecuniaria.

La *Lobbying Disclosure Act* de 1995, al definir la *lobbying firm* (agencia de lobbying) dice que «significa la persona o entidad que tiene uno o más empleados que son lobbistas en nombre de un cliente distinto de esta persona o entidad. El término también incluye al lobbista autónomo».

Castillo los conceptúa como «aquellas empresas especializadas en la presión política, pero sin defender intereses propios, sino que son intermediarios de otros intereses, es decir, se manifiestan como empresas que gestionan intereses ajenos a través de una mercancía simbólica (la influencia)».

Técnicamente, son los lobbies los verdaderos sujetos ejecutores de la estrategia de lobbying, ya sea como agencia independiente o como departamento integrado en el organigrama de la empresa o grupo de presión.

Washington y Bruselas, capitales mundiales del lobbying, agrupan a la mayoría de estas agencias. En la capital americana 20.000 personas están directa o indirectamente relacionadas con el lobbying, aunque sólo están registrados oficialmente en el departamento de Justicia unos 6.000. El resto son colaboradores o agentes de estos. En la capital de la Unión Europea 3.000 grupos de interés, 100 asesorías de relaciones públicas y 100 bufetes de abogados especialistas en Derecho comunitario, que emplean entre todos a unos 10.000 profesionales, influencian la legislación comunitaria. Por otra parte, la presencia de lobbies en Estrasburgo está creciendo a marchas forzadas debido al papel cada día más decisivo del Parlamento Europeo en el sistema legislativo comunitario. El diputado socialista holandés Alman Metten, citado por J. Nonon y M. Clamen, afirma que hay más de 3.000 lobbistas en el Parlamento Europeo frente a los 300 de principios de los 90. Este político recibe una media de dos cartas diarias de lobbistas.

Los lobbies están compuestos por lobbistas que son las personas que, autónomamente o por cuenta ajena, ejecutan acciones de lobbying. Son los intermediarios políticos entre la organización y los poderes públicos.

Respecto a los tipos de empresas o grupos sociales que alquilan los servicios de

Ventas (millones $)	% lobby-agents	Oficina en Washington
1-100	98	85
101-250	77	63
251-500	32	17
501-1000	16	3

Fuente: Robert H. Salisbury; *The Paradox of Interest Groups in Washington-More Groups*, en Anthony King; *The New American Political System*, *The American Enterprise Institute*, Washington, 1990. Citado por Castillo.

Figura 10. *Relación ventas/forma de actuación en Estados Unidos.*

un lobby, Castillo cita a Salisbury, quien afirma «que las empresas con pocos ingresos recurren a los servicios y talento de los lobbistas, ya que no tienen el suficiente poder económico para situar una oficina propia dedicada al ejercicio de influir». El anterior cuadro es ilustrativo al respecto.

Los lobbies están formados por profesionales de procedencia diversa, destacando ex miembros del Gobierno o del Parlamento, abogados, expertos financieros y relaciones públicas.

Los antiguos decisores políticos, ya sean ex ministros, exparlamentarios o exaltos funcionarios, que conocen como nadie los entresijos de la toma de decisiones públicas, son las personas indicadas para el contacto con los legisladores, normalmente ex compañeros de gobernabilidad. Aportan pues experiencia, contactos y conocimientos. Los ex altos funcionarios, por haber estado cerca del poder, son los que mejor pueden vender, en palabras de Julien, «este combinado de acceso, influencia y consejo que tan bien define la función del perfecto lobbista». En los Estados Unidos, sus responsabilidades en las agencias federales (donde establecen relaciones privilegiadas con la industria que deben controlar) o en los *intergovernmental lobbies* (donde adquieren una valiosísima e inigualable experiencia) les convierten en el objetivo prioritario de contratación por los lobbies que intervienen principal o exclusivamente ante la administración. En cuanto a los antiguos miembros del Parlamento, su perfecto conocimiento del funcionamiento parlamentario, de los argumentos que en su día recibieron de los lobbistas, y de los temas que trataron en profundidad en las comisiones a las que estaban destinados, constituyen sus activos más valiosos para la estrategia de lobbying.

La presencia de abogados responde a su experiencia en el proceso legislativo y en la elaboración de las normas. No hay que olvidar que los lobbies han sido considerados como poderes legislativos en la sombra. No sólo se debe conocer el proceso de elaboración de las normas jurídicas sino que el trato con los decisores y los expedientes suelen contener propuestas alternativas de legislación favorables a los intereses representados. Se trata, al fin y al cabo, de facilitar al máximo la tarea al legislador.

La presencia de expertos en comunicación y relaciones públicas es evidente después de lo que estamos manifestando continuamente en estas páginas.

Finalmente, los expertos financieros son cada vez más necesarios para elaborar los dossiers a presentar ante los decisores públicos, ya que el interés defendido es principalmente material.

Según quien esté al frente de los lobbies, podemos establecer las siguientes categorías: despachos de abogados, agencias de relaciones públicas y lobbies dirigidos por ex altos funcionarios.

8.3.1.1. DESPACHOS DE ABOGADOS

Son los lobbies predominantes en Washington.

No obstante su presencia en Bruselas y Estrasburgo es cada día mayor. En Bruselas, abundan principalmente los bufetes anglosajones (*lawyers*) que representan la mitad del mercado y se caracterizan por su macro-estructura en contraposición con los despachos españoles, franceses o italianos, de estructura más modesta, pero que están recortando día a día las cuotas de mercado de los anglosajones.

La impresionante máquina normativa que es la Unión Europea requiere acciones de una alto contenido jurídico. En toda acción de lobbying, la dimensión jurídica es esencial, convirtiendo a los abogados en «los auxiliares naturales del lobbying» (Lamarque, 1994). Sin embargo, en el ejercicio del lobbying, el papel del jurista va ligado al del comunicador. Baste recordar las palabras del abogado y lobbista parisino Pierre Servan-Schreiber quien en un coloquio organizado por la *Association Française de Relations Publiques* (AFREP) el 11 de enero de 1991, manifestaba: «El papel del Derecho es patente en el lobbying. El papel del jurista es absolutamente indispensable. Pero un jurista no puede llevar a cabo una campaña de lobbying solo: debe llamar a un lobbista de comunicación e, inversamente, el lobbista debe adquirir el reflejo de llamarle porque hay que conocer la norma y sus efectos. Para mí, el lobbying es la defensa y la representación de intereses de una persona privada ante autoridades administrativas o políticas que pueden ser llevadas a tomar decisiones que van a modificar el entorno económico, jurídico o financiero en el cual evoluciona el cliente de manera que pueda serle favorable o no. Es pues la profesión del abogado, pero fuera del poder judicial, y ante las autoridades del poder legislativo o ejecutivo. Hay complementariedad entre los lobbistas y los juristas: pero sólo los lobbistas pueden decidir cuáles son los mejores instrumentos de comunicación de un mensaje y cuál será el grado de publicidad que habrá de darse a ese mensaje».

La presencia de este tipo de lobby es también muy importante en Washington; aunque insufiente, dado el importante papel de las relaciones públicas en la estrategia empresarial norteamericana. Ello provoca la especial significación, como veremos, de las agencias de relaciones públicas en las acciones estadounidenses de lobbying, ya sea colaborando con los despachos o dependiendo jurídicamente de ellos. El número de abogados-lobbistas no ha cesado de incrementar desde 1970 (ver figura 11). Este crecimiento ha generado una fuerte competencia basada en agresivas campañas de marketing. Al respecto, explica Berry (1997), que en 1992, en plenas elecciones presidenciales, cuando parecía que Bill Clinton tenía posibilidades de convertirse en Presidente de los Estados Unidos, la oficina en Washington del bufete de abogados Manatt, Phelsps, Phillips & Kantor, invitó a sus clientes reales y potenciales a un acto electoral con la intención, se les dijo, de conocer los entresijos de la campaña de Clinton. El encuentro fue coordinado por Cahrles Mannatt, antiguo presidente del *Democratic National Committee*. Una de las interven-

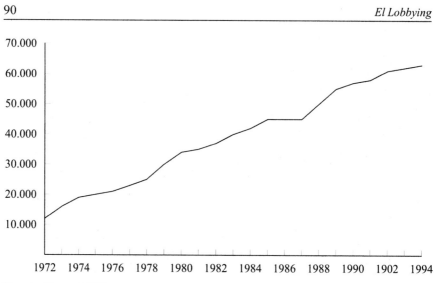

Fuente: Berry, 1997.

Figura 11. *Evolución del número de abogados en Washington*

ciones públicas fue la de Mickey Kantor, socio del bufete y uno de los hombres principales de la campaña de Clinton, quien habló de las prioridades de la probable futura administración Clinton. El mensaje fue clarísimo: el bufete Mannat podría hacer mucho por sus clientes. Kantor fue nombrado luego Representante de Comercio en la Casa Blanca; una razón de más para que corporaciones y asociaciones comerciales con intereses nacionales y, sobre todo, internacionales contrataran sus servicios.

El bufete más conocido en Washington por sus proezas en lobbying es Patton, Boggs & Blow. Cuenta con 180 abogados y 1.500 clientes. La mayoría de estos acuden a sus servicios para solicitar algo del gobierno federal.

8.3.1.2. AGENCIAS DE RELACIONES PÚBLICAS

Predominan en los Estados Unidos y en los países occidentales donde la actividad no está aún arraigada. Sus acciones se dirigen principalmente a la opinión pública a través de campañas de relaciones públicas y *grassroots lobbying*. En nuestro país, según el anuario *Hollys Europe* de 1994, directorio de los principales despachos de relaciones públicas del continente, ofrecían en ese año acciones de lobbying parlamentario las siguientes agencias:

• Instituto de la Comunicación Pública S.A. (Madrid)
• Mediatique, S.A. (Madrid)
• Punchi, S.A. (Madrid)
• Urzaiz & Asociados (Madrid)

Mientras que los servicios de *public affairs* eran ofrecidos, además de por estas cuatro agencias, por:

• Alpha Grupo de Comunicación Científica (Barcelona)
• Burson-Masteller (Madrid, Barcelona, Sevilla)
• Cucurny RP (Barcelona)
• Augusto Ferrer, RRPP y Comunicación (Barcelona)
• Gabinete M-3 (Asturias)
• Radiotepress S.A. (Madrid)
• Suárez Alba, Consultores de Comunicación (Vitoria)
• Ulled & Asociados S.A. (Barcelona)

Sin embargo, la realidad es que hoy sólo hay una agencia española cuyo objeto social sea exclusivamente el ejercicio del lobbying. Es decir, sólo existe un lobby en España, la empresa *Plaza de las Cortes*, en Madrid, dirigida por José Luis Sanchis.

La ventaja de los gabinetes de relaciones públicas sobre los despachos de abogados es la mayor oferta de servicios a sus clientes. Una agencia importante tendrá especialistas en lobbying, publicidad y relaciones con los medios de comunicación. Algunas llegan a formar a ejecutivos de empresa en cuanto a la efectividad de su mensaje de cara a una entrevista en televisión. Viendo esta tendencia, algunos despachos de abogados han llegado a crear una empresa filial de relaciones públicas y lobbying; es el caso, por ejemplo, de una de las más prestigiosas firmas de abogados de Washington, *Arnold & Porter*, titulares de la agencia *Apco Associates*.

En el ámbito de la Unión Europea, las principales consultorías de relaciones públicas son delegaciones de las grandes compañías americanas, adquiriendo en Bruselas la notoriedad que les faltaba en los Estados miembros, hasta el punto de «convertirse en interlocutores habituales de los servicios comunitarios» (Lamarque, 1994).

8.3.1.3. LOBBIES DIRIGIDOS POR EXPOLÍTICOS O EXALTOS FUNCIONARIOS

Son los predominantes en los Estados Unidos. Son los más utilizados por países extranjeros en la representación de sus intereses en Norteamérica. Clark Clifford, antiguo ministro de Defensa del presidente Johnson, o William Rogers, Secretario

	Derecho	Lobbying en Washington	«Grass-roots lobbying»	Creación de coaliciones	Relaciones públicas	Estrategia de medios	Publicidad	Producción artística y de medios	Marketing directo	Consultoría económica	Consultoría de gestión	Consultoría política	«Fundraising» político	Encuestas de opinión	Vigilancia de temas o «issues»	Organización de eventos
Arnold & Porter, law: Apco Associates, lobbying and consulting subsydiary; the Secura Group, financial consulting affiliate	•	•	•	•	•	•	•			•	•		•		•	•
Black Manafort Stone & Kelly Public Affairs Co., lobying: Campaign Consultants Inc. (formerly Black, Manafort, Stone & Atwater), political consultants; National Media Inc., media production and placement		•	•	•	•	•	•	•	•	•	•	•	•		•	•
Burston-Marsteller, public relations (parent company — Young & Rubicam Inc., advertising agency): Rogers Merchandising, direct-marketing subsidiary; Cohn & Wolfe Inc., PR subsidiary		•	•	•	•	•	•	•	•	•				•	•	•
Hill & Knowlton Inc., public relations (parent company — JWT Group, advertising): Strategic Information Research Corp., opinion polling subsidiary		•	•	•	•	•		•	•	•	•	•	•		•	•
The Kamber Group, communications		•	•	•	•	•	•	•	•	•		•	•		•	•
Ogilvy & Mather Public Affairs (paretn company — the Ogilvy Group, advertising): Targeted Communications, direct-mail affiliate; Carls E. Walker Associates Inc., partly owned lobbying affiliate		•	•	•	•	•	•	•	•	•	•	•		•	•	•

Fuente: Brut Solomon, «Clout Merchants», National Journal, 21 de marzo de 1987, citado por Berry, 1997.

Figura 12. *Servicios ofrecidos por las principales agencias de Washington.*

de Estado de Richard Nixon, son un ejemplo de lo apuntado. Debemos decir que este tipo de lobby se presenta en Washington como un despacho de abogados, dada la formación jurídica de sus titulares.

8.3.1.4. HONORARIOS Y MAGNITUD

La remuneración por los servicios de lobbying es un elemento esencial de los lobbies que los diferencia del concepto técnico de grupo de presión. Los honorarios de estas agencias pueden fijarse anualmente o bien para casos concretos y varían según el tipo de contratación. En Washington, por ejemplo, los honorarios mensuales de los lobbistas más prestigiosos no bajan de 300.000 dólares (o hasta 400 dólares /hora). Una encuesta llevada a cabo por Jeffrey M. Berry (1977) ante 84 lobbistas norteamericanos dio el siguiente resultado:

Voluntarios, sin salario	2 % (2)
Menos de $5.000	7 % (6)
$ 5.000 - $ 9.999	19 % (16)
$ 10.000 - $ 14.999	20 % (17)
$ 15.000 - $ 19.999	27 % (23)
$ 20.000 - $ 24.999	12 % (10)
$ 25.000 ó más	12 % (10)
	99% (84)
Fuente: Jeffrey M. Berry (1977)	

Figura 13. Honorarios de los lobbistas

En cambio, en Nueva York, las tarifas de los lobbistas que actúan ante el Estado de Nueva York, son menores:

Wilson, Elder, Moskowitz, Edelman & Dicker	2.517.901
Davidoff & Malitto	2.279.442
Hinman, Straub, Pigors & Manning, P.C.	1.870.826
Featherstonhaugh, Conway, Wiley & Clyne, LLP	1.433.322
Coppola, Ryan & McHugh	1.134.187
Fuente: *New York Temporary State Comission on Lobbying* (17 de febrero de 1997); http://www.state.ny.us/lobby/annreport/app_a.html.	

Figura 14. Ranking de lobbies de Nueva York por remuneración total en 1996
     (en dólares)

En Francia, los honorarios oscilan entre los 10.000 y los 15.000 francos por día, girando los presupuestos de una campaña alrededor de los 400.000 francos (unos 10 millones de pesetas).

En Bruselas, las modalidades más clásicas de remuneración son los honorarios establecidos según las actividades realizadas por días de trabajo (más gastos de desplazamientos), y el abono mensual o anual. La fijación de los honorarios según lo realizado varía dependiendo de si se trata de un lobbista *senior* (el director o titular del lobby: entre 200.000 y 350.000 pesetas/día), un interviniente (suele ser un cuadro intermedio: entre 125.000 y 225.000 pesetas/día) y un junior (asistentes: entorno a las 75.000.-pts/día). Para el caso de convenir, independientemente del tiempo, unos honorarios fijos para el seguimiento de un asunto concreto ante las autoridades comunitarias, estos suelen rondar entre los 2'5 y los 8 millones de pesetas. Sin embargo, según el grado de dificultad del asunto, estas cantidades pueden elevarse hasta los 25 millones de pesetas. En España, estas dos modalidades de remuneración se traducen actualmente (1998) en 50.000/60.000.-pts/hora o 250.000/400.000.-pts/día.

Señalemos que los lobbies tienen una obligación en cuanto a los medios y no en cuanto a los resultados. Sin embargo, la práctica americana de pactar una modificación del 30% de los honorarios dependiendo del éxito o fracaso de la acción se está extendiendo en Europa. Es decir, en caso de fracaso, el lobby o lobbista cobra el 70% de los honorarios fijados, mientras que si se consigue la finalidad de la acción, el lobby cobrará el 130%.

Una encuesta elaborada por Lamarque (1996) sobre una muestra de las cuarenta mayores agencias de comunicación y relaciones públicas francesas, evidenció, respecto al tamaño de los lobbies, y considerando sólo los trabajadores a tiempo completo, que la agencia más pequeña emplea 5 personas, que la más importante emplea 80, y que la media está en 12.

8.3.2. Naturaleza y función de los lobbies

La confusión terminológica que el uso social hace entre «lobby» y grupos de presión, es tanto más aberrante cuanto analizamos la naturaleza de los lobbies. «Si el lobby es realmente una organización puramente técnica –afirma Duverger–, semejante a un gabinete de abogados o a una agencia de publicidad que alquilan sus servicios a cualquiera, sin preocuparse de las orientaciones políticas especiales de los que les piden intervenir cerca de las administraciones públicas y del gobierno, no se tratará de un grupo de presión propiamente dicho, sino de una organización comercial que sirve a los grupos de presión como medio de acción».

Los lobbies ofrecen un servicio basado en la interdisciplinariedad, combinando la asistencia jurídica, la técnica, la estratégica y la comunicativa, hasta el punto de que el relaciones públicas francés, y pionero en el país vecino, Bernard Le Grelle determinó los componentes de todo lobbying: «20% de derecho, 20% de política, 20% de economía, 20% de diplomacia y 20% de comunicación».

En cuanto a sus funciones, un despacho asesoría en lobbying debe ofrecer principalmente:

a) Su experiencia en la elaboración de los expedientes.

b) Poner a disposición del cliente el conjunto de sus relaciones.

c) Asegurar una función de vigilancia o seguimiento legislativo o reglamentario respecto a las decisiones públicas que puedan afectar a sus clientes.

8.3.3. Características de los lobbistas

8.3.3.1. EDAD

Jeffrey M. Berry (1977) establece el siguiente cuadro comparativo de la edad de los lobbistas norteamericanos entre su estudio (muestra: 91) y el realizado por Lester W. Milbrath (muestra: 102).

Edad	Berry	Milbrath
20-29	26%	1%
30-39	36%	8%
40-49	19%	37%
50-59	12%	34%
60 y más	7%	20%
Fuente: Jeffrey M. Berry, 1977.		

Figura 15. Edad de los lobbistas

Sostiene Castillo que, de acuerdo con el perfil que debe reunir un buen lobbista, es más creíble la investigación de Milbrath que sitúa a la mayoría en una edad superior a los 40 años. Sin embargo, hay que tener presente que la muestra sobre la que trabajó Milbrath, a diferencia de la de Berry, constaba sólo de lobbistas que actuaban ante el Congreso y el Senado, y no incluyó a aquellos cuya acción se dirigía también o exclusivamente al poder ejecutivo y a la Administración pública de los Estados Unidos. El lobbying ante el legislativo requiere unos conocimientos más amplios del entresijo parlamentario, por lo que suele recaer, como hemos visto, en antiguos congresistas y senadores, de edad superior a los 40 años.

La media de edad del dirigente de un lobby francés, según la encuesta de Lamarque citada anteriormente, es de 45 años.

8.3.3.2. Experiencia

Siguiendo con el estudio de Berry (1977), que esta vez compara sus resultados con los de Zeigler y Baer (1969), los años de experiencia de los lobbistas norteamericanos se detalla en el siguiente cuadro, haciendo constar que la muestra de los segundos, como la de Milbrath respecto de la edad, sólo contempla a los lobbistas que actúan ante el Congreso y el Senado, lo que justifica la diferencia de los resultados de ambas investigaciones.

		Berry		Zeigel y Baer	
Menos de 1 año	22%		21%	«bajo»
1-2 años	43%	65%			
3-5 años	24%		41%	«medio»
6-10 años	1%	25%			
11-20 años	9%		38%	«alto»
21 o más años	1%	10%			
	100%	(M = 91)	100%	(M = 638)	

Fuente: Berry, 1977.
Figura 16. *Años de experiencia de los lobbistas.*

Independientemente de las investigaciones de estos autores norteamericanos, de los 9.000 lobbistas relacionados en 1988 en el Washington representative directory , el 40% figuran inscritos desde 1960 y el 25 % desde 1970. El 88% reconoce un aumento de su actividad en los últimos años, debido al creciente intervencionismo gubernamental, a la reforma del Congreso (que ha multiplicado las fuentes de poder y por tanto el número de personas de contacto), a la renovación de la clase política y a la mayor participación de los ciudadanos (a través de las asociaciones) en la vida pública.

8.3.3.3. Estudios

Berry (1977), presenta el siguiente cuadro comparativo también con el trabajo de Milbrath.

	Berry	Milbrath
Escuela secundaria	2%	11%[a]
Estudios empresariales	9%	13%
Licenciados	23%	11%
Licenciados con grado	25%	15%
Doctores	5%	7%
Derecho	35%	43%
	99%[b] (M = 91)	100% (M = 105)

a: incluye a 5 sin estudios secundarios
b: margen de error

Fuente: Berry, 1977.
Figura 17. *Educación de los lobbistas.*

El lobbista francés, por su parte, está formado principalmente en periodismo y ciencias de la comunicación, aunque cada vez son más los licenciados en derecho contratados por las agencias del país vecino (Lamarque, 1996).

8.3.3.4. Profesión de procedencia

Procediendo generalmente los lobbistas de otras profesiones, Berry y Milbrath nos ofrecen los siguientes resultados respecto al trabajo de origen (ver figura 18).

La encuesta de Lamarque (1996) revela que el recorrido profesional de los dirigentes de los lobbies franceses es heterogéneo. Antes de crear su agencia o de dirigirla, todos los encuestados adquirieron una sólida experiencia profesional que les ha permitido tejer una red de relaciones en diversos ámbitos, económico o político, necesario para el ejercicio de la profesión. Pocos son, sin embargo, los provinientes de la política propiamente dicha o del alto funcionariado.

	Berry	Milbrath	
	Profesión de origen	Trabajo más reciente	Trabajo más reciente
Derecho	16%	11%	8%
Empresa	9%	11%	17%
Gobierno	26%	26%	57%
Periodismo	10%	2%	1%
Enseñanza	6%	4%	–
Religión	5%	4%	–
Trabajo en grupos de interés	7%	14%	2%
Profesionales liberales	9%	14%	–
Otros	11%	12%	15%
	99% (M=91)	98%	100% (M=106)

Fuente: Berry, 1977.
Figura 18. Profesión de procedencia.

8.3.3.5. IDEOLOGÍA

La ideología de los lobbistas norteamericanos se resume en el siguiente cuadro, también elaborado por Berry:

Conservador	10%
Moderado	4%
Liberal	47%
Centro Izquierda	18%
Radical	9%
N.S.	8%
N.C.	4%
	100% (M = 91)

Fuente: Berry, 1977.
Figura 19. *Ideología de los lobbistas (según autodeclaración)*

8.3.3.6. SATISFACCIÓN LABORAL

El grado de satisfacción laboral de los 91 lobbistas contactados por Berry para su estudio es elevado. Aunque, como hemos visto, los lobbistas no se han formado específicamente para ejercer esta profesión, disfrutan en su mayoría con ella. Obtienen una gran satisfacción de haber conseguido el éxito de su or-

	Edad					
Futuro	*20-29*	*30-39*	*40-49*	*50-59*	*60+*	*Total*
Seguir en la profesión	21% (5)	54% (18)	53% (9)	100% (11)	83% (5)	53% (48)
Futuro indeciso aunque satisfechos	37% (9)	21% (7)	35% (6)	—	—	24% (22)
Dejar la profesión	21% (5)	6% (2)	6% (1)	—	—	9% (8)
Indecisos	21% (5)	18% (6)	6% (1)	—	17% (1)	21% (13)
Total	100% (24)	99% (33)	100% (17)	100% (11)	100% (6)	100% (M=91)

Fuente: Berry, 1977.
Figura 20. *Planes de futuro de los lobbistas*

ganización, de interactuar con otras personas y les motiva el desafío que implica preparar y defender un argumento que apoya el punto de vista de su cliente (ver figura 20).

8.3.4. Perfil del buen lobbista

Uno de los temas estrella de la escasa literatura dedicada al lobbying es el del perfil que debe reunir un buen profesional del lobbying. Como si de un esfuerzo por intentar eliminar el concepto peyorativo de estos profesionales se tratara, la doctrina suele destacar aptitudes más innatas que aprehensibles. Nada más lejos de la realidad. Veamos cuáles son algunos de los rasgos formulados, antes de ofrecer nuestra opinión.

Julien, después de poner el acento en que el lobbista es, ante todo, especialista de la comunicación, esto es un nexo de unión entre el poder y sus mandatarios, destaca entre sus atributos, los siguientes:

1. Tener sentido político.
2. Saber informarse.
3. Ser creíble.
4. Ser un consejero para el político.
5. Saber argumentar.
6. Crear la mejor imagen del grupo de presión a través de las relaciones públicas.

El lobbista estadounidense Donald E. deKieffer establece los siguientes «diez mandamientos» de todo buen profesional:

1. Conocer los hechos y expresarlos con exactitud.
2. Conocer a la oposición y la causa política defendida.
3. Corregir inmediatamente los errores.
4. Planificar, coordinar y hacer el seguimiento de cada contacto.
5. Evitar fanatismos y entusiasmos.
6. Fomentar las alianzas.
7. Conocer el proceso legislativo.
8. Ser parco con el dinero.
9. No ser susceptible.
10. Ganar.

Para el lobbista francés Frank J. Farnel, las reglas de oro que debe seguir todo lobbista a nivel europeo son:

1. Evitar toda connotación política.
2. Aplicar las reglas de la *coalition building* (establecer alianzas).
3. Redactar textos cortos y comprensibles.
4. Adoptar posiciones europeas comunes.
5. Convertirse en una fuerza de proposición en el marco de las redacciones de textos legislativos.
6. Mantener un diálogo permanente con la Administración.
7. Trabajar a largo plazo.

El perfil del buen lobbista se concreta, para Van Heuverswyn y Schwybroek, en ocho características:

1. Conocer el funcionamiento del sistema político y del mundo de los negocios.
2. Tener el don de lenguas y el sentido de las relaciones públicas.
3. Conocer la importancia de la imagen de la empresa y esforzarse por mejorarla.
4. Saber comunicar.
5. Saber cómo intervenir a diferentes niveles (ejemplo: cuándo poner en contacto a un presidente o director general con un Ministro).
6. Tener las cualidades de un diplomático.
7. Tener una agenda de direcciones llena y utilizable.
8. Ser íntegro. Es el punto más importante: el lobbista no compra ni vende.

Finalmente, Castillo también nos ofrece un decálogo que resume las funciones a realizar por un buen lobbista para llevar a cabo su función satisfactoriamente:

1. Ha de aconsejar, inspirar, realizar y coordinar las actividades de los grupos u organizaciones que represente, sobre los diferentes poderes del Estado: legislativo, ejecutivo y judicial, además de sobre la opinión pública.
2. La relación con las personas, que componen los objetivos a trabajar, ha de ser profunda, amistosa, privada, fecunda, sobre todo con los personajes clave. También ha de tener una amplia red de informadores.
3. Sus contactos han de permitirle que toda puerta le esté abierta y el acceso sea rápido y fácil.
4. Debe saber y poder defender, en el momento más conveniente, a sus representantes en el proceso legislativo, emitir los juicios más adecuados, oportunos y precisos, así como saber sacar provecho de las circunstancias. Utilizar siempre la verdad, ya que si los argumentos y los datos que se ofrecen a los interlocutores no son válidos, toda futura intervención estará destinada al fracaso.
5. Ha de tener claro en todo momento, y de forma rápida y juiciosa, las técnicas susceptibles de aplicar para poder producir en cada caso, los mejores y óptimos resultados.

6. Debe de actuar como inspirador e, incluso, como el autor de un gran número de peticiones, cartas y telegramas en serie que lleguen a los decisores públicos, así como conocer el momento más oportuno para realizarlos (*grassroots*).

7. Erudición suficiente para saber aconsejar adecuadamente sobre la cantidad y la calidad de presión a ejercer sobre un determinado actor político. A veces, es mucho más beneficiosa una intervención sutil y oportuna que una estrepitosa y extemporánea.

8. Sus conocimientos de las técnicas de las relaciones públicas, la información y la publicidad han de ser máximos para mejorar la imagen de sus representantes. La facilidad de acceso a los medios de comunicación social ha de permitir que se publiquen informaciones, lo más favorables posibles, a los intereses que representa.

9. Inspirador de publicaciones e informaciones favorables sobre sus mejores interlocutores y aliados en el proceso político.

10. Organizar giras de conferencias, visitas, etc., de los hombres públicos a cargo de los grupos interesados, para incrementar el grado de conocimiento de los primeros sobre los segundos.

Para apreciar lo que un lobbista es y debe ser, expongamos los relatos usurpados a Berry (1997) de lobbistas norteamericanos respecto a cuál es su agenda de trabajo; esto es un día en la vida de un lobbista. Uno de ellos, responsable de la cuenta de una asociación profesional, dice:

"Soy de aquellos que no va a trabajar más tarde de las 7:45. La primera hora la dedico a leer los periódicos –*Washington Post, Wall Street Journal* y *New York Times*–, publicaciones de asociaciones comerciales y el *Congresional Record*. La siguiente actividad es reunirme con el *staff* del lobby para planificar el trabajo. En ese momento (por la mañana) hay una o más audiencias públicas (*hearings*) en el Congreso. Después de comer suelo reunirme de nuevo con el *staff* o me dedico a presionar (*to lobby*) a un determinado parlamentario. Vuelvo a las 4:00 para tratar con el *staff* lo que haya sucedido durante mi ausencia y si se ha cumplido con toda la agenda del día. Sobre las 5:30 suelo ir a alguna recepción o a buscar fondos en representación de nuestro grupo. Estos actos me permiten intercambiar historias y posturas con otros lobbistas concernidos por el mismo asunto que nosotros. Suelo volver a casa sobre las 8:00."

Otro lobbista de empresa describe su jornada laboral como sigue:

"Tomo el *Washington Post*, el *New York Times*, el *Wall Street Journal* y el *Bureau of National Affairs' Tax Reporter* y leo sus noticias referidas a los impuestos. Luego puedo tener reuniones en el Congreso. Llamo al Capitolio o a otros lobbistas para obtener información sobre modificaciones o actualizaciones en la legislación que estamos siguiendo. Puedo tener que preparar las intervenciones de mis testigos en los *hearings*, o reunirme con otros lobbistas aliados en la misma causa e intercambiar información. Después suelo comer con algún lobbista o alguien del Congreso, con el que normalmente hablamos sobre nuestro trabajo. Posteriormente puedo asistir a un *hearing*, escribir cartas enviando o pidiendo información. Hablo con mi empresa ubicada en Chicago y les indico las modificaciones o actualizaciones de la legislación correspondiente o hablamos de la información que hay que hacer llegar a los parlamentarios. Luego contesto las llamadas telefónicas. A última hora atiendo a los *fundraisers* («captadores de fondos»)."

Finalmente, el lobbista de una pequeño grupo de presión relata así su rutina:

"No creo tener un día típico. Normalmente trabajo de las 8:00 hasta las 6:00. La primera media hora paso el tiempo leyendo los periódicos. Invierto mucho tiempo telefoneando para averiguar lo que ocurre en el Congreso. Sobre las 9:30 o las 10.00 asisto a los *hearings* o a los *mark-up (ver 8.4.1.2)* que me ocupan prácticamente toda la mañana. Como deprisa y normalmente me quedo en el Congreso ejerciendo lobbying visitando a los asistentes *(ver 8.4.1.2)*. A estas visitas suele venir de vez en cuando el presidente de mi grupo. A media tarde vuelvo a mi oficina. Devuelvo las llamadas y averiguo si durante mi ausencia se han producido nuevos acontecimientos. Luego leo el *Congressional Record*, contesto el correo, redacto informes...lo suficiente para ponerme al día."

Si analizamos estas tres experiencias de lobbistas parlamentarios, su día a día tiene ciertos puntos en común a pesar de trabajar para organizaciones de distinta naturaleza. Esta comunidad de labores puede resumirse en los siguientes atributos:

1. Estar informados.
2. Hacer sentir su presencia en los foros (en este caso legislativos).
3. Encontrarse con otros profesionales representativos de posibles aliados en la acción que llevan a cabo.

Sin menospreciar ninguna de las aportaciones en este tema expuestas, antes lo contrario, queremos ofrecer nuestra opinión.

Determinar el perfil del lobbista consistirá en establecer las cualidades que debe poseer. Sin embargo, el trabajo del lobbista no es individual. Como hemos visto, el lobbying es interdisciplinar, por lo que, de acuerdo con el cliente afectado por la normativa que justifique su intervención, requerirá el complemento de expertos en derecho, economía o, incluso, en materias más técnicas. El lobbista no puede ser un sabelotodo, debe saber, por encima de todo, digerir y transmitir las informaciones suministradas por sus colaboradores y clientes. Por consiguiente, podemos dividir el perfil del lobbistas en las siguientes cualidades.

• Cualidades comunicativas.
• Cualidades estratégicas.
• Cualidades de formación.

8.3.4.1. CUALIDADES DE COMUNICACIÓN

Si el lobbying es comunicación e información, el lobbista ha de ser un experto comunicador.
Estas cualidades se dividen a su vez, en las siguientes:

1. Profesional de las relaciones públicas.
2. Negociador y diplomático.
3. Argumentador y persuasivo (debe dominar los recursos lingüísticos).
4. Conocedor de las técnicas publicitarias.

8.3.4.2. CUALIDADES ESTRATÉGICAS

1. La ética, por encima de todo. Saber distinguir cuando el interés particular es contrario al interés público. No todas las causas tienen que ser objeto de presión; exclusivamente las legítimas. Sólo así ayudará a prestigiar la profesión y a situarla donde merece.
2. Conocer al dedillo los procesos de toma de decisiones existentes en los foros ante los que actúa.
3. Estar informado al máximo de las intenciones, proyectos, actores, temáticas que forman parte de esos foros. Tener una red de informadores es una buena técnica.
4. Conocer quién es el interlocutor válido en cada momento, y mantener con él o ellos una relación profesional honesta, privada y, a poder ser, amistosa.
5. Empatía: es una comprensión clara de las ideas y sentimientos de otra persona (en este caso el gestor público o político). La empatía supone escuchar atentamente, formular preguntas, dejar a un lado los propios juicios de valor y utilizar la imaginación para comprender el punto de vista del otro, sus opiniones, sentimientos, motivaciones y situación. Gozar de esta cualidad, es decir, saber ponerse en el lugar del decisor público, tanto a nivel actitudinal como aptitudinal, será de gran ayuda en el ejercicio de la profesión.

6. Saber cuándo, cómo y ante quién o quiénes intervenir.
7. Contar con la colaboración de expertos en las materias que sean objeto de su acción.
8. Creer en el interés representado.
9. Saber diagnosticar cuándo la empresa u organización necesita ejercer lobbying.
10. Informar con la verdad por delante.
11. Conocer y saber utilizar perfectamente las técnicas de relaciones públicas para crear, modificar o desarrollar la imagen de la postura defendida.
12. Saber cuándo actuar en coalición o aisladamente
13. Saber perder. Muchas acciones de lobbying se desarrollan en confrontación con otras al servicio de intereses opuestos. Este conflicto de intereses se resolverá con la legislación o reglamentación sobre la que se actúa. Normalmente, el resultado beneficiará a unos y perjudicará a otros.

8.3.4.3. CUALIDADES DE FORMACIÓN.

El aprendizaje del lobbying no forma parte de los planes de estudio universitarios. En nuestro país, sólo la Universidad de Girona, dentro del Título de Graduado en Comunicación y Relaciones Públicas, contempla una asignatura dedicada al tema que nos ocupa. El ejemplo es único en Europa. Sin embargo, últimamente, algunas instituciones como el Instituto de Empresa de Madrid y la Universidad Complutense (ésta bajo la dirección del profesor Solano) han organizado conferencias y cursillos monográficos sobre el tema. Ya vimos como los lobbistas procedían de altos cargos, abogados, periodistas y relaciones públicas. En todo caso, y sin ánimo de pretender que el lobbista domine todos esos aspectos, entendemos que, por orden de importancia, la formación del buen lobbista debería ser:

1. Relaciones públicas y comunicación en general. Es el fundamento, la base: el lobbying, lo estamos viendo, es un proceso de comunicación específico de las relaciones públicas.
2. Derecho. Las enseñanzas jurídicas son también esenciales. No sólo por ser las normas jurídicas el objeto de la función del lobbyng, sino porque el lobbista es un legislador en la sombra, que debe aportar «leyes» alternativas a las que se estén tramitando que beneficien los intereses representados. Aunque, como hemos indicado al referirnos a las cualidades estratégicas, el lobbista debe asegurarse la colaboración de abogados o licenciados en derecho para su actuación. No obstante, una doble formación publirelacionista y jurídica sería la ideal.
3. Ciencias políticas y de la Administración. Aunque los estudios de Derecho ya incluyen globalmente las enseñanzas referentes a la estructura, organización y

funcionamiento de los poderes legislativo y ejecutivo, las carreras relacionadas con el estudio de la política y la Administración del Estado son de gran utilidad para aquel que ante ellos pretende ejercer.

Esta propuesta de formación teórica, de preferible combinación, tiene su traducción en la experiencia que deba poseer el lobbista antes de empezar a ejercer como
tal. En este sentido, no hace falta decir que el mejor *training* será el realizado en
agencias que se dediquen a esa actividad, la mayoría, en nuestro país, de relaciones
públicas. Sin embargo, quien esto suscribe no puede estarse de recomendar a quien
esté verdaderamente interesado, intente por todos los medios desplazarse a Bruselas
o a Estrasburgo para encontrar la posibilidad de practicar en los cientos de despachos y organizaciones profesionales y sectoriales cuya actividad es únicamente
lobbística, ante una *Administración comunitaria* generadora de la mayor parte de la
normativa que se aplica en sus Estados miembros.

8.4. El público receptor (I): los poderes públicos

Son los destinatarios de toda estrategia de lobbying, precisando que, de los tres
poderes clásicos (legislativo, ejecutivo y judicial) éste último no puede ser receptor
de influencias institucionalizadas por los grupos de presión si no es por los caminos
propios de sistema jurídico-procesal

El lobbying pretende participar en la toma de decisiones de los poderes legislativo
(lobbying parlamentario) y ejecutivo (lobbying administrativo), a nivel supranacio-
nal (Unión Europea), nacional o local (Asambleas de las Comunidades Autónomas
del Estado español, *Landers* alemanes, Corporaciones locales, etc.). Expongamos
ahora el funcionamiento de estos procesos en nuestro país, en la Unión Europea y
también en los Estados Unidos, habida cuenta de que el lobbying es genuinamente
americano, por lo que del análisis de su práctica al otro lado del Atlántico pueden ex-
traerse sabias enseñanzas.

8.4.1. El procedimiento legislativo

Es el poder originario en la comunicación del lobbying. Se ha llegado ha decir
que el lobbying puro es el realizado ante los parlamentarios, mientras que el ejecutado para participar en las decisiones del ejecutivo o de la Administración pública es
más propio de las *public affairs*. El progresivo debilitamiento del poder legislativo
estadounidense iniciado a mediados de este siglo, la creación de la Comunidad
Económica Europea con su peculiar procedimiento legislativo, la proporción favorable a las normas derivadas de la potestad normativa de los gobiernos respecto a las

derivadas de los parlamentos occidentales, o, en al caso de España, el hecho de que sea el Gobierno el primero en ejercer la inciativa legislativa, frustran cualquier opinión limitadora del lobbying a su vertiente parlamentaria.

8.4.1.1. EL PROCEDIMIENTO LEGISLATIVO ESPAÑOL

La Constitución de 1978 establece un sistema parlamentario bicameral. Las Cortes Generales (también llamadas Parlamento Nacional) se dividen en el Congreso de los Diputados (Cámara baja) y el Senado (Cámara alta). Si bien ambas Cámaras asumen la representación del pueblo español, este bicameralismo no supone una equiparación completa entre Congreso y Senado. Al contrario, la primacía del primero se manifiesta en las facultades que le otorga la Constitución: aprobación de las leyes y de los presupuestos generales del Estado, el control de la acción del Gobierno, etc., esto es las funciones más importantes del Estado. Mientras que las enmiendas o vetos que pueda aprobar el senado respecto a los textos legislativos pueden ser confirmados o rechazados por el Congreso, quien dispone de la última palabra. La función legislativa del Congreso es la primera. Consiste en la aprobación de las leyes o normas que integran el primer eslabón jerárquico del Derecho.

El derecho a iniciar el procedimiento conducente a la aprobación de las leyes (iniciativa legislativa) está reconocido por la Constitución al Gobierno, al Congreso de los Diputados, al Senado, a las Asambleas de las Comunidades Autónomas y a la reunión de no menos de 500.000 ciudadanos con sujeción a lo dispuesto en una ley orgánica. Esta última iniciativa, a pesar de su dificultad práctica, es de gran importancia en la estrategia lobbística, en especial en el *grassroots lobbying* fundamentado en la movilización de las bases.

La iniciativa se ejerce siempre ante el Congreso de los Diputados, si bien cabe la formulación de proyectos de ley ante el Senado, aunque, tras la toma en consideración, la proposición de ley correspondiente debe remitirse al Congreso para que inicie su tramitación.

Tras la presentación de un proyecto o proposición de ley se produce la publicación oficial en el Boletín Oficial de las Cortes Generales. Cuando la iniciativa se deba a los Diputados, a las Asambleas de las Comunidades Autónomas o a los ciudadanos, debe remitirse el texto al Gobierno a efectos de que manifieste su criterio respecto a la toma en consideración. Esta toma en consideración consiste en un debate y votación sobre su oportunidad y principios. Es, luego, un filtro previo para eliminar todas aquellas iniciativas que no resulten procedentes en sus líneas básicas para la mayoría de la Cámara baja. De este trámite quedan excluidos los proyectos del Gobierno y las proposiciones de ley que se reciban en el Senado. Si el Gobierno no responde razonadamente en el plazo de treinta días desde la remisión de una proposición de ley, la proposición podrá incluirse en el orden del día para su toma en consideración.

Conviene en este momento hacer un brevísimo alto en nuestro camino expositivo para recordar las diferencias entre un proyecto de ley y una proposición de ley. Nos remitimos para ello a los establecido en el Reglamento del Congreso de los Diputados.

«Los proyectos de ley remitidos por el Gobierno irán acompañados de una exposición de motivos y de los antecedentes necesarios para poder pronunciarse sobre ellos. La Mesa del Congreso ordenará su publicación, la apertura del plazo de presentación de enmiendas y el envío a la Comisión correspondiente» (artículo 109).

«Las proposiciones de ley del Congreso podrán ser adoptadas a iniciativa de: 1.º Un diputado con la firma de otros catorce miembros de la Cámara; 2.º Un Grupo Parlamentario con la sola firma de su portavoz.

Ejercitada la iniciativa, la Mesa del Congreso ordenará la publicación de la proposición de ley y su remisión al Gobierno para que manifieste su criterio respecto a la toma en consideración, así como su conformidad o no a la tramitación si implicara aumento de los créditos o disminución de los ingresos presupuestarios» (artículo 126, aprt. 1 y 2).

Al tiempo que se publica un proyecto de ley presentado por el Gobierno, o tras su toma en consideración (para el caso de las proposiciones de ley), se abre un plazo de 15 días para presentar enmiendas, ya sea a la totalidad del texto (sólo las pueden presentar los Grupos Parlamentarios) o parciales.

Terminado el plazo de presentación de enmiendas, puede producirse un primer debate en sesión plenaria si se presentan enmiendas a la totalidad del texto. Este primer debate es eventual, ya que sólo tiene lugar cuando se formula una de esas enmiendas a la totalidad que, de aprobarse, dan a entender que se ha rechazado el proyecto o proposición. Si se desestiman una o varias enmiendas a la totalidad, que es lo mas común, se devuelve el texto a la Comisión competente para que prosiga su tramitación.

Tras la presentación de enmiendas o el eventual debate sobre la totalidad, la Comisión competente según la naturaleza del texto (el número de Comisiones suele coincidir con el de los Ministerios del Gobierno) designa a la Ponencia, órgano técnico, generalmente de composición plural, que se reúne a puerta cerrada para estudiar las distintas enmiendas formuladas y emitir un informe sobre las mismas, dirigido a la Comisión. Esta fase es de particular importancia porque es donde los Diputados y Grupos Parlamentarios realizan una consideración más detenida del proyecto o proposición de ley.

Concluido el informe de la Ponencia, comienza el debate –en privado y artículo por artículo– en Comisión. Solamente pueden participar sus miembros y los Diputados que hubieran presentado enmiendas. Los medios de comunicación acreditados también pueden asistir. Una vez finalizado el debate, la Comisión emite un dictamen con el texto que propone. Los grupos parlamentarios cuyas enmiendas no hubieran prosperado pueden mantenerlas para su discusión en el Pleno de la Cámara.

Después de la intervención de la Comisión, y una vez incluido en el orden del día, se abre una discusión sobre el texto y las enmiendas mantenidas en el Pleno del Congreso. Si es aprobado, se remite al Senado para su tramitación en la Cámara alta.

El Senado puede aprobar vetos (enmiendas a la totalidad) o enmiendas al articulado. Unos y otros deben someterse a la aprobación ulterior del Congreso de los Diputados, que decide así sobre el texto definitivo directamente en sesión plenaria, sin volver a pasar por el trámite del estudio en Comisión.

Existen, por otro lado, ciertos procedimientos legislativos especiales como los relativos a los proyectos y proposiciones de Ley Orgánica, cuya aprobación requiere la mayoría absoluta del Congreso para su aprobación. Son Leyes Orgánicas las relativas al desarrollo de derechos fundamentales y libertades públicas (el papel de los grupos de presión en este tipo de normas puede ser muy relevante), las que aprueban los Estatutos de Autonomía y el régimen electoral general y demás previstas en la Constitución (art. 81.1).

Finalmente, otro procedimiento especial es la competencia legislativa plena de las comisiones, en cuya virtud se delega en estos órganos la facultad de aprobar directamente los proyectos legislativos sin necesidad de la intervención normal del Pleno. En estos casos, tras la aprobación del texto por las Comisiones, es remitido al Senado. Este procedimiento se suele emplear para los textos de carácter técnico (donde el papel de información técnica del lobbying puede ser fundamental) o de importancia secundaria (a menor contenido político, mayores posibilidades de cumplimiento de los objetivos y la finalidad del lobbying).

8.4.1.2. EL PROCEDIMIENTO LEGISLATIVO EN LOS ESTADOS UNIDOS DE AMÉRICA

Avisamos al lector que en este apartado no sólo analizaremos el proceso de decisión del Congreso de los Estados Unidos, sino que, cuando sea oportuno, indicaremos la eficacia de la intervención del lobbying en la fase correspondiente, ya que las diferencias entre el sistema político norteamericano y el nuestro o el de la Unión Europea y la lejanía del marco de actuación así lo aconsejan.

8.4.1.2.1. ESTRUCTURA PARLAMENTARIA

Tocqueville se sorprendió de la «propensión (de los norteamericanos) a formar asociaciones o grupos de presión desde que dos o más individuos descubrían que tenían un interés en común». Este hecho diferenciador respecto a las sociedad europea está en la base de la creación y posterior desarrollo del lobbying en los Estados Unidos. Este carácter pionero de los ciudadanos norteamericanos, semilla del lobbismo de ese país, y el peculiar sistema político en cuanto a la defensa de los intereses afecta, han generado el florecimiento, legitimación y aceptación de la profesión que nos ocupa.

De esta manera, y antes de analizar el proceso legislativo propiamente dicho, conviene decir algo del sistema de partidos. ¿Por qué siempre acaban luchando por el poder dos partidos: el Republicano y el Demócrata? Históricamente la opinión pública americana se dividió en dos en los principales temas públicos: la esclavitud, la federación, el mantenimiento de la Unión. Además, la población estaba dividida en dos grupos: la clase rural y la de los negocios. Todo ello prefigura el bipartidismo.

Por otra parte, siguiendo a Burgess, estos partidos políticos no son partidos de ideología, sino que reflejan una divergencia de métodos de aproximación a problemas y no una oposición de principio. Tendríamos que hablar de conservadores y liberales en lugar de republicanos y demócratas. Nada está más próximo a los republicanos conservadores de extrema derecha que los demócratas sudistas (que votaron masivamente a Reagan en 1980 y 1984 y a Bush en 1988). Este pragmatismo del bipartidismo permite que a la hora de defender los intereses de sus votantes o de sus conciudadanos en un determinado Estado de la Unión, los políticos norteamericanos se unan por encima de su *color* político (que, como hemos apuntado, es prácticamente inexistente). Los políticos de Texas siempre defenderán al lobby que represente los intereses de los productores de cereales tejanos, independientemente de su carácter *republicano* o *demócrata* (esta situación se reproduce en el Parlamento Europeo, como revelaremos más abajo). «De hecho, observa Watson, los miembros del Congreso son criaturas de dos mundos. Uno de ellos (Washington, D.C.) es el escenario de dos de sus funciones principales: legislar y supervisar las dependencias del ejecutivo del gobierno federal. El otro (su región natal) es aquel donde realiza sus funciones de información y servicio a los miembros de su distrito». Este peculiar estilo de vida, determinado por las exigencias de estos dos mundos, se manifiesta en la agenda, publicada por el mismo autor, donde se observará la entrevista correspondiente con el lobbista de turno (figura 21).

Centrándonos ya en el poder legislativo, en los Estados Unidos es el Congreso quien lo ostenta. Éste se compone de dos Cámaras: el Senado y la Cámara de Representantes, y está regido por dos características básicas: el principio de la antigüedad y el papel todopoderoso de las comisiones y las subcomisiones. La influencia sobre el Congreso pasa por la comisiones, pues es en ellas donde se decide el destino de una ley. Se accede a ser miembro de una comisión por antigüedad.

Como puede observarse en el cuadro elaborado por Burgess (figura 22), las comisiones:

• Se dividen en cuatro grandes categorías.
• Su misión está perfectamente definida.
• Intervienen en diferentes fases del proceso legislativo.

6:45 A.M.	Levantarse, leer el *Washington Post.*
8:00 A.M.	Desayuno con el embajador británico.
9:00 A.M.	Leer la correspondencia y dictar las respuestas.
10:00 A.M.	Entrevista en la oficina con un *lobbyst* para discutir la legislación oficial
12:00 A.M.	Asistir a los debates en la sala de la Cámara.

MEDIODÍA

1:00 P.M.	Almuerzo en la oficina. Leer los periódicos del estado y locales.
2:00 P.M.	Entrevista con el economista de Harvard John Kenneth Galbraith para discutir el asunto de los créditos difíciles y la política económica.
2:45 P.M.	Escuchar los debates en la sala del Congreso.
3:30 P.M.	Junta con un miembro del *House Appropiations Committee* en relación con las obras públicas en el distrito electoral.
5:00 P.M.	Firmar las dictadas por la mañana. Leer la correspondencia de la tarde. Recibir a electores.
6:15 P.M.	Regreso a casa.
7:15 P.M.	Cena.
8:00 P.M.	Leer otro periódico del distrito electoral. Leer informes, discursos, revistas. Clasificar el material para discursos futuros.
11:00 P.M.	Leer un capítulo de un libro.
11:45 P.M.	Hora de dormir.

Fuente: Watson

Figura 21. Un día en la agenda de un representante: Clem Miller, de California

Para hacerse una idea, la proporción del tiempo de trabajo de un parlamentario en la sesión plenaria de la Cámara de los Representantes y en una comisión y/o subcomisión es de 1 a 5 en favor de estas últimas. Es en su seno donde tiene lugar lo esencial de los debates parlamentarios, siendo, luego, el lugar donde los congresistas forman sus opiniones. El trabajo del lobbista americano en esta fase preparatoria de las leyes es fundamental. El lobbying directo se inicia mayoritariamente en una comisión o subcomisión, ya que la adopción de una medida por una de

Momento de intervención en la comisión durante la elaboración de un proyecto de ley	1) Investigación de un tema necesariamente a un proyecto de ley. Ejemplo: *House Un. American Activities Investigating Committee*	2) Investigación sobre un problema puntual	3) Estudio de los proyectos de ley
1) Antes o aparte del depósito de un proyecto de ley	Pueden igualmente trabajar aparte del proceso legislativo	Comisiones temporales *(special o ad hoc committees)*	*Investigating committees* (comisiones de investigación) son igualmente temporales
2) Durante el proceso legislativo	*Joint Committees* (incluye igual número de miembros de las dos cámaras)		Comisiones permanentes *standing committees* Subcomisiones permanentes temporales
3) Después de la votación de una ley por las dos cámaras y si el texto ha sido votado en términos idénticos			*Conference Committees* Comisión cuya finalidad es llegar a un compromiso si la Cámara y el Senado no se han puesto de acuerdo sobre un texto. Se componen del mismo número de miembros de las dos cámaras, elegidos en las comisiones permanentes que examinaron el proyecto y nombrados por los presidentes de ambas cámaras

Comisiones del Senado

Comisiones de la Cámara de Representantes

Comisiones de ambas Cámaras

Fuente: Burgess.

Figura 22. *Las comisiones del Congreso de los Estados Unidos*

ellas es condición necesaria para su adopción por el Congreso. Excepto para temas muy controvertidos, las decisiones de las comisiones son casi siempre aprobadas por la asamblea plenaria. Por ello, observa Julien, «el lobbista avispado aporta a la comisión y a sus miembros informaciones técnicas sobre el asunto, las argumentaciones, a veces incluso un texto preciso del proyecto de ley o de una enmienda, una lista de intervinientes en las audiencias públicas (*hearings*) y los nombres de los partidarios eventuales de su proyecto». Será a este nivel donde se establecerán las condiciones de trabajo y las relaciones idóneas entre el lobbista y el Congreso de los Estados Unidos.

Tanto el Senado como la Cámara de Representantes tienen sus propias comisiones y subcomisiones. El primero incluye 16 comisiones permanentes y la segunda 22.

La evolución del Congreso ha supuesto el crecimiento y especialización de sus actividades, lo que ha generado su descentralización, concretada en el aumento del grado de autonomía de las subcomisiones. Su papel en la Cámara de Representantes es más notorio que en el Senado, pues los senadores han privilegiado a las comisiones como lugar de trabajo. Aquélla ha ido dotando progresivamente a las subcomisiones de recursos humanos y financieros, al mismo tiempo que delegando su autoridad a sus presidentes en el cumplimiento del trabajo legislativo. Un ejemplo significativo, citado por Julien, es el de la comisión de agricultura de la Cámara de Representantes. En 1973 (fecha en que la Cámara adoptó la Declaración de Derechos de las subcomisiones) esta comisión adoptó la decisión de transmitir automáticamente los proyectos de ley a sus subcomisiones competentes. Desde entonces, son estas últimas las que organizan los debates públicos y redactan los proyectos de ley. Actualmente, el 90% de las *hearings* se organizan en las subcomisiones. La comisión siempre tiene la posibilidad de ignorar o enmendar sus proyectos, pero esto se produce excepcionalmente. En el 96º Congreso (1979-1981) –las sesiones parlamentarias duran dos años: la sociedad americana está continuamente en campaña electoral– el 90% de los proyectos enviados a las sesión plenaria de la Cámara de Representantes se elaboraron en las subcomisiones (en el Senado, sólo el 40%); mientras que en el 91º (1969-1971) solo los fueron el 35'7 %. Así mismo, en esa legislatura, el 56'1% de las reuniones y el 90'7 % de las *hearings* se celebraron en las subcomisiones, contra el 47'9 % y el 77 %, respectivamente, de 1969-1971. «Los Congresos de finales del siglo XX son, pues, los de las subcomisiones», afirma Longuet. Esta es la razón principal por la que los lobbistas destacados en la Cámara de Representantes han desplazado progresivamente su centro de actividades de las comisiones a las subcomisiones.

Otra figura de la estructura parlamentaria del Congreso de los Estados Unidos, de capital importancia para el ejercicio del lobbying, es la de los asistentes parlamentarios (*staffers*). Estos colaboradores han proliferado con la multiplicación de las actividades del Congreso. Los datos ofrecidos por Julien son esclarecedores: entre 1960

PONENTES	CONGRESOS (LEGISLATURAS)		
	1959-1960	1969-1970	1977-1978
	86°	91°	95°
Cámara de Representantes			
(en porcentaje)			
• Presidentes de comisiones	54,1	40,0	28,4
• Presidentes de subcomisiones	30,3	49,0	66,8
• Otros representantes	15,6	11,0	4,8
Total proyectos	*492*	*588*	*796*
Senado (en porcentaje)			
• Presidentes de comisiones	15,3	14,3	13,6
• Presidentes de subcomisiones	30,6	26,8	21,9
• Líderes de la mayoría	12,7	23,2	45,2
• Otros senadores	41,4	35,7	19,3
Total proyectos	*353*	*414*	*640*
Fuente: Congressional Record			

Figura 23. *Ponentes de proyectos de ley en el Pleno del Congreso de EE.UU.*

y 1980, el número de asistentes personales de los congresistas pasó de 3.800 a 13.000, y el de los asistentes de comisiones y subcomisiones, de 1.340 a 3.030.

Hay que distinguir entre los asistentes personales de los congresistas (*personal staff*) y los asistentes de comisiones y subcomisiones, aunque, como apunta el analista citado, es tarea complicada, pues sirven a las mismas personas, a los mismos intereses y realizan a veces funciones similares.

Los asistentes de los congresistas están dirigidos por un jefe de gabinete, que ocupa un lugar estratégico. Dirige al resto de asistentes y organiza la agenda del congresista. Su papel es más político que el resto de asistentes, siendo el hombre de confianza del parlamentario. El equipo o gabinete de asistentes incluye a un encargado de relaciones con la prensa. El resto, llamados «asistentes legislativos», tiene su sector concreto de actividad (relaciones con los electores, política interior, política exterior) y buscan constantemente estar informados al detalle de las posturas de los grupos de presión y de las repercusiones que pueden tener sobre el congresista. Así pues, en ese ánimo de reunir el máximo de información, son ellos quienes reciben a los lobbistas y aconsejan al congresista. Su papel es pues fundamental en toda estrategia de lobbying parlamentario.

Los presidentes de las comisiones tienen sus propios asistentes y los de sus comisiones y subcomisiones. El equipo de asistentes de comisiones y subcomisiones son dirigidos por un jefe de equipo (*Chief of staff*), asistido por un asesor jurídico y asistentes legislativos especializados (*legislative assistant*). Su relación con la administración y los grupos de presión concernidos por los temas propios de la comisión es constante, con la finalidad de recoger sus opiniones respecto a las leyes que se pretendan adoptar. Organizan las *hearings*, invitan a los testigos y preparan las actas de las comisiones. Como aconseja el autor francés al que seguimos, «es en sus relaciones con los asistentes legislativos de las comisiones y subcomisiones cuando los lobbistas deberán ser concretos, precisos y explícitos, ya que en ese momento están en presencia de los redactores de las leyes y estos desean conocer todas las opiniones antes de finalizar un texto».

El lugar que ocupan en el engranaje del Congreso les convierte en uno de sus personajes más controvertidos. Si por una parte contribuyen de manera innegable a la mejor preparación de los expedientes y a un conocimiento profundo de los problemas técnicos que conlleva la elaboración de las leyes, por otro acrecientan la parcelización del poder al interponerse entre los electores y los congresistas. Cuando el senador Talmadge cedió la presidencia de la comisión de agricultura al senador Helms, le dio el siguiente consejo: «no dote jamás a sus subcomisiones de asistentes; perderá su control».

Otro personaje fundamental a tener en cuenta por el lobbista parlamentario en los Estados Unidos es el *leader* del Congreso. Los *leaders* de la mayoría parlamentaria y el de la oposición se reparten todos los poderes.

En la Cámara de Representantes se suma a este reparto el *speaker*, que la preside. A su vez , y de aquí la importancia que tiene en el lobbying estadounidense, designa a los miembros de la *Rules Committee* (Comisión de Reglas) cuya principal función es decidir en qué condiciones se examinarán los proyectos de ley en las sesiones públicas (en el Senado esta función corresponde al *leader* de la mayoría). El *speaker* ejerce una influencia preponderante sobre el calendario de la asamblea.

8.4.1.2.2. *Proceso legislativo y lobbying*

Entrando de lleno, ahora sí, en el proceso legislativo, el reglamento del Congreso de los Estados Unidos es complejo y traza un arduo camino para cualquier proyecto con miras a convertirse en ley. La «carrera de obstáculos» legislativa, la denomina Watson. La figura 24 pretende mostrar las diferentes etapas cruciales por las que debe pasar un proyecto antes de convertirse en ley.

¿Cuáles son las etapas básicas para el lobbista en el proceso de votación de una ley en el Congreso estadounidense?

La principal es la de las *hearings* o audiencias públicas. Longuet nos aporta la siguiente estadística: las técnicas más frecuentemente utilizadas por los lobbistas de Washington son la participación en las *hearings* (99%), el contacto oficial con los funcionarios (98%), el contacto oficioso con los funcionarios (95%).

CÁMARA DE REPRESENTANTES	SENADO
Depósito de un proyecto en la oficina del presidente de una de las dos cámaras: la proposición debe presentarse por uno de los miembros	
La Cámara tiene el monopolio de las leyes fiscales	
El Proyecto es remitido a la comisión competente por el *speaker* y por el presidente del Senado	
	Estudio del proyecto por la comisión: 1. Puede aplazarlo definitivamente 2. Puede bloquear el proyecto al abstenerse de examinarlo 3. Puede discutirlo en tres etapas: · hearings (audiencia pública); · sesión a puerta cerrada; · redacción del informe: * desfavorable = el proyecto suspendido * favorable con o sin enmienda
House Rules Committee Comisión permanente de 15 miembros que fija el orden del día y de discusión de los proyectos. La *Rule* especifica el procedimiento a seguir: duración del debate, posibilidad o rechazo de enmiendas.	El proyecto informado se inscribe en: a) *Calendar of business* (leyes); b) *Executive calendar* (tratados y nominaciones)
Rule otorgado: La Cámara tiene una hora para debatir y adoptar el proyecto (si es rechazado, desaparece). Luego el proyecto se incluye en el orden del día.	*Rule rechazado:* La Cámara puede desbloquear la situación: 1. Votando por mayoría una petición de descargo de la comisión; 2. Aplicando la regla de los 21 días: la Cámara puede actuar si el Rules Committee no ha hecho nada durante 21 días.	El debate es ilimitado. La votación puede evitarse con la práctica del filibustero que puede romperse por una moción de cierre o clausura del debate *(cloture rule)* presentada por una mayoría de 60 senadores (dos tercios).
Debate limitado por *rule* o moción previa que cierra el debate. Cada representante tiene 5 minutos para hablar. La Cámara puede constituirse en *Committee of the Whole*.	
Votación del proyecto bajo idéntica forma por las dos Cámaras (en caso contrario se constituye el *Conference Committee*).	
El texto se transmite al Presidente de los Estados Unidos que puede firmarlo o ejercer su derecho de veto: * veto propiamente dicho: corresponde a una decisión explícita del Presidente; * veto implícito *(pocket veto)*: si, en el plazo de 10 días siguientes al cierre de una sesión del Congreso, el Presidente no se pronuncia sobre el proyecto que se le ha presentado, la ley no se promulga y el procedimiento legislativo debe reiniciarse.	

Fuente: Burgess

Figura 24. *El voto de una ley en el Congreso de los Estados Unidos*

Estas audiencias (de duración ilimitada) permiten a todos los miembros de la comisión y de la subcomisión (ya hemos indicado que las *hearings* de las subcomisiones debaten el 90 % de las leyes que se aprueban) escuchar a testigos tales como el iniciador del proyecto, los representantes de la administración, los especialistas en el tema de debate y los grupos de presión. Su finalidad es la de ofrecer a los parlamentarios las informaciones necesarias para juzgar con fundamentos el texto y las consecuencias de su adopción. Esta finalidad se confunde con la función del lobbying, de ahí el cariño que ponen los lobbistas en la preparación de las intervenciones y argumentaciones de sus clientes (los grupos de presión o, incluso, la propia Administración americana). Estas intervenciones se dividen en dos fases: una exposición oral y una sesión de preguntas. La exposición oral ha de ser muy concisa y expresar con precisión las tesis favorables o desfavorables al proyecto de ley, ya que su duración es de 5 minutos. Esta limitación se ve compensada por la posibilidad de que los grupos de presión complementen su discurso argumental con un informe más amplio que se remite simultáneamente a la comisión o subcomisión y a los asistentes (especialmente a la prensa para la preparación de sus artículos). Tanto las intervenciones como los informes se publican íntegramente en el diario del Congreso, el *Federal Register*). Los grupos de presión no intervienen únicamente a través de sus miembros o directivos, sino que pueden hacerlo a través de expertos en el tema tratado, políticos, economistas, etc. Ello debido a que después de la presentación oral, los miembros de la comisión o subcomisión interrogan a los intervinientes.

Julien nos dice que es raro que un proyecto de ley sea examinado sin que se haya determinado su *hearing*. Son los presidentes de las comisiones o subcomisiones quienes deciden la fecha de su celebración. Es por tanto primordial para el grupo de presión que defiende un proyecto de ley que influya sobre los presidentes para que daten su audiencia lo más rápidamente posible, preferentemente al inicio de la legislatura, pues al final de ésta suele ocurrir que la falta de tiempo impida considerar proyectos no estudiados en las comisiones o subcomisiones. Así, la táctica de los grupos opositores al proyecto consiste en retrasar su inclusión en el calendario de las *hearings*. «En ese caso, dice el autor mencionado, el único medio para los defensores del proyecto para que sea considerado por los legisladores es el recurso a la técnica del *árbol de Navidad*. Ésta consiste en *colgar* al final de la legislatura, bajo la forma de enmienda, su proyecto a otra ley cuya aprobación es imperativa (la de finanzas, por ejemplo). Esta técnica da lugar a múltiples mercadeos entre los congresistas y puede conducir a la aprobación de proyectos inesperados. Este período frenético en el que el ritmo legislativo se acelera es importante para los lobbistas. Requiere una gran vigilancia de su parte, ya que los compromisos de última hora son a menudo imprevistos y difíciles de controlar en la medida en que son negociados entre congresistas en las sesiones, sin contacto directo con los lobbistas que dependen sólo de la buena voluntad y de la disponibilidad de los asistentes parlamentarios para mantener el contacto».

Al terminar las audiencias públicas se convoca a la comisión o subcomisión a una sesión de al menos un tercio de sus miembros, llamada *mark-up*, generalmente pública, y en la que sus componentes deliberan sobre el proyecto de ley, adoptan las enmiendas y votan, en el caso de las subcomisiones:

a) Enviar el proyecto a la comisión competente con el visto bueno (con o sin enmienda).

b) Enviar el proyecto a la comisión sin el visto bueno, sugiriéndole que lo rechace.

Los proyectos enviados a la comisión vuelven a someterse a un *mark-up*. Igualmente los que se debatieron directamente en ella y no en una subcomisión.

Una vez aprobado el proyecto de ley, la comisión elabora un informe que describe el objetivo y alcance del texto, las razones de su aceptación y un análisis detallado de su articulado. En él, los congresistas exponen cómo debe ser interpretada y aplicada la ley por el gobierno. Los lobbistas intentan a veces añadir precisiones que no constan en la propia ley pero que pueden tener un alcance determinante para los intereses que representan, ya que podrán figurar, eventualmente, en los textos reglamentarios que desarrollen la futura ley.

El papel del lobbista no finaliza aquí. Una vez aprobadas por las comisiones, las proposiciones de ley se inscriben para su debate en la asamblea plenaria. Pero la *Rules Committee* (en el Senado, el *leader* de la mayoría) puede modificarlas de acuerdo con su importancia, su urgencia y su cohesión con el programa adoptado por la mayoría al inicio de la legislatura. Es entonces cuando los presidentes de las asambleas y de las comisiones y los leaders de la mayoría juegan un papel fundamental, pues son consultados antes de tomar esta decisión que puede afectar a un texto que, rechazado al final de la legislatura, no será votado por falta de tiempo. Los lobbistas siguen teniendo un cierto papel en esta penúltima fase del proceso legislativo, tal y como vimos al analizar su relación con los *leaders* y sus equipos.

Una vez aprobados los proyectos de ley por las dos Cámaras, bajo forma rigurosamente idéntica, se remiten al Presidente de los Estados Unidos para que los apruebe o los vete. Sin embargo, un desequilibrio de mayorías entre Congreso y Senado puede provocar que una de las dos asambleas apruebe un proyecto que la otra ha rechazado. En ese caso, una o ambas Cámaras pueden convocar una comisión mixta paritaria (*conference committee*) compuesta por idéntico número de representantes y senadores, que se reunirá con la finalidad de conciliar los puntos de desacuerdo entre ambas. Es la última oportunidad de los lobbistas para influenciar la decisión final.

Si la *conference committee* conviene una versión común del proyecto, éste debe votarse de nuevo en las dos asambleas plenarias. Si no, se devuelve el texto para ser reexaminado por ambas asambleas.

8.4.2. Formas, principios y reglas básicos del lobbying ante el poder legislativo español

El sistema parlamentario español no es precisamente el escenario ideal para el ejercicio legítimo y completo del lobbying. No sólo por su propio funcionamiento, sino que el problema deriva de un sistema electoral con distritos plurinominales y listas cerradas que hacen que el elector no recuerde los nombres de los diputados de la papeleta que optó depositar en la urna. De ahí que algunos autores ya hayan lanzado propuestas en orden a potenciar los lazos comunicativos entre el parlamento español y la sociedad. Entre estos destaca Santaolalla, quien en una atinada monografía propone que «puede ser positivo el incremento de las audiencias públicas o *hearings* a los ciudadanos afectados por proyectos legislativos y otros asuntos pendientes de decisión parlamentaria ante las Comisiones respectivas. Se trataría, no ya de los contactos informales con los grupos parlamentarios, sino de institucionalizarlos en el marco mencionado. En Estados Unidos tal procedimiento goza de un gran predicamento, pues proyecta sobre la opinión pública los trabajos de su Congreso con un efecto multiplicador, favorece la integración social ya que todos los sectores, aun los lesionados por alguna medida, se saben escuchados, e incrementa la legitimidad democrática de las decisiones del Legislativo». O, como ha señalado Terrón, «no se trata...de convertir a las corporaciones o asociaciones en nuevos sujetos parlamentarios pero sí de articular su presencia y parecer en las cuestiones por las que se ven concernidos sin que ello suponga un desplazamiento en la toma de decisiones ni en su responsabilidad. En realidad esta presencia se produce ya con anterioridad en el ámbito del Ejecutivo y en relación con el anteproyecto de ley y no encuentro ninguna razón para no admitir en ella la Cámara dando lugar así a un encuentro tripartito que daría lugar por parte de los parlamentarios a un mejor conocimiento de la materia sobre la que se legisla y a los intereses en ella implicados. Resulta en este sentido sarcástico que una de las razones que, *soto voce*, con mayor frecuencia se invocan para rechazar las enmiendas presentadas por la oposición sea la de que determinada regulación ha sido previamente acordada con los interesados sin que el diputado o grupo enmendante tenga conocimiento alguno de los términos en que el supuesto acuerdo se ha alcanzado».

Analizaremos al estudiar la regulación del lobbying en España cómo ha existido algún intento por conseguir normativizar esta actuación. Sin embargo la situación actual refleja, para el profesor Molins (el más destacado analista de los grupos de presión en nuestro país), tres formas de relación de los grupos de interés con la función legislativa del Parlamento, de acuerdo con el tipo de legislación que sea objeto de tramitación parlamentaria.

El primer tipo de actuación de los grupos está relacionada con la legislación derivada de la concertación social, esto es, los acuerdos entre sindicatos y empresarios. Si el grado de consenso conseguido entre los actores sociales y el Gobierno es elevado, la tendencia es que la discusión parlamentaria sea puesta «en sordina», pasando desapercibida en los medios de comunicación social y, por consiguiente, en la opinión pública. Este tipo de relación es muy perjudicial para el establecimiento de los lógicos canales de colaboración, participación y comunicación entre las fuerzas sociales y el Parlamento, siendo el reflejo de un cierto monopolio gubernamental en relación con la sociedad. Al respecto, dice Santaolalla que es alarmante que en estos casos se deje a las Cortes generales como convidados de piedra en el proceso de decisión de cuestiones que están constitucionalmente reservadas a las mismas, como son algunas magnitudes de los Presupuestos Generales del estado, mientras que los actores sociales y el Gobierno discuten o pactan al respecto. Sin embargo, si se deja de lado a algún grupo significativo, éste traslada inmediatamente la confrontación al espacio público.

El segundo grupo establecido por Molins, lo constituyen aquellas legislaciones de amplio contenido regulativo provenientes, en su mayor parte, de la transposición de la legislación comunitaria y, normalmente, de contenido sectorial o subsectorial. En estos supuestos, el Ejecutivo desarrolla una fase de consulta con los grupos de interés afectados por la legislación antes de presentar un texto definitivo para la tramitación parlamentaria. El traslado a la opinión pública se produce por falta de acuerdo substancial entre las partes, mediante una intensa campaña ante los medios de comunicación que refleje el posicionamiento de los sectores afectados. Como ejemplo, expone el docente catalán el de la discusión parlamentaria de la Ley del Seguro Privado y, en concreto, la actuación del colectivo representativo de las compañías aseguradoras.

La tercera forma de relación grupos-Parlamento se da en aquellos proyectos normativos que afectan a grupos con perfiles muy definidos, pero minoritarios en cuanto a posibles afectados y donde están involucrados intereses económicos contrapuestos. Esta modalidad de relación es la más favorable a producir los elementos necesarios para poner en práctica una acción de lobbying. El ejemplo de Molins, referido a la tramitación de la Ley de Propiedad Intelectual, pone en evidencia la variedad de técnicas de lobbying y contralobbying utilizadas por las organizaciones representativas de los autores (escritores, cantantes, cineastas, etc.) de un lado, y los fabricantes e importadores de productos electrónicos (fotocopiadoras, vídeos, etc.) por otro.

La falta de instrumentos procesales de participación durante la tramitación, no impide, pues, que se ejerza lobbying en el parlamento español. Para ello proponemos los siguientes principios o factores a tener en cuenta por el lobbista en nuestro país:

1. La disciplina de partido, muy férrea en nuestros partidos políticos, es difícil de romper en favor de unas demandas, no ya sectoriales, sino territoriales. El parlamentario español, salvo excepciones, pasa de presentarse como el represen-

tante de los electores de su circunscripción (durante la campaña electoral) a ser un mandatario de su partido en el ejercicio político y ejecución del programa electoral (una vez elegido). Los miembros del Congreso pertenecientes a la mayoría no suelen oponerse a la política del Gobierno o de su partido, excepto en casos especiales en los que se vea afectada su circunscripción o en las situaciones en las que hayan organizado un bloque o facción de opinión generoso (Astorqui).

2. El poder del Parlamento depende de la mayoría con que cuente el Gobierno. Una coalición gobernante o apoyos pactados de gobierno, sin mayorías absolutas, dan más juego a la participación de los intereses privados en la elaboración legislativa, al no depender exclusivamente del criterio o concepción del interés público por un único partido político mayoritario.

3. La práctica del lobbying parlamentario difícilmente puede tener éxito sin la correspondiente acción ante los órganos del Ejecutivo correspondientes. La iniciativa legislativa está compartida, pero protagonizada, por el Gobierno. Además, cuanto más primario sea el estado de creación de una ley, será más sensible a presiones externas y más influenciable. El grado de eficacia del lobbying es, en general, inversamente proporcional al grado de elaboración de una norma jurídica.

4. En un sistema como el nuestro, donde el predominio de los grupos parlamentarios sobre los diputados «cercanos en muchos casos a una situación de impotencia» (Santaolalla), generada por su dependencia y sumisión a aquéllos, las enmiendas a un proyecto pueden ser un vehículo idóneo de las demandas de los grupos de interés. Las enmiendas pueden ser propuestas por los parlamentarios individualmente. Numerosas estrategias de lobbying tienen su razón de ser en un determinado artículo o precepto recogido en el proyecto legislativo y no en su globalidad. Las enmiendas al articulado podrán ser de supresión, modificación o adición. En los dos últimos supuestos, la enmienda deberá contener el texto concreto que se proponga (art.110.4 del Reglamento del Congreso). No obstante, la presentación de enmiendas por un diputado no es libre, ya que debe llevar la firma de conocimiento del portavoz del Grupo parlamentario, si bien su omisión puede subsanarse antes del comienzo de la discusión en Comisión. Este trámite, junto con el de votos particulares, es tan o más importante en el Senado.

5. Hay que contar con que no todas las votaciones son el reflejo de los votos del gobierno contra los de la oposición, y viceversa. Son numerosas las normativas aprobadas por los dos grupos mayoritarios de la Cámara. No obstante, es preferible que el parlamentario o parlamentarios objetivo del lobbying no sean favorables a nuestros argumentos a que estén en contra. Este principio es básico si el lobbying pretende orientar a su favor la postura del legislador a través de las enmiendas transaccionales previstas en artículo 118.3 del Reglamento

del Congreso de los Diputados. Éstas tienden a conseguir una aproximación entre las posiciones diversas y a dotar, por tanto, al precepto enmendado de un consenso más amplio. Su uso está siendo amplio y, en Comisión, su admisión es automática: «la Mesa podrá admitir a trámite nuevas enmiendas que se presenten en este momento por escrito por un miembro de la Comisión siempre que tiendan a alcanzar un acuerdo por aproximación entre las enmiendas ya formuladas y el texto del artículo» (art.114.3 del Reglamento del Congreso), pero en el Pleno del Congreso es necesario además que «ningún grupo parlamentario se oponga a su admisión y ésta comporte la retirada de las enmiendas respecto de las que se transige» (art.118.3).

6. Las técnicas del lobbying parlamentario son mayoritariamente el contacto directo con los diputados y/o senadores y las acciones de sensibilización de la opinión pública frente a las demandas de la empresa u organización. No existen las audiencias públicas en el sistema español, salvo contadas excepciones.

7. Una correcta política de relaciones con los medios de comunicación acreditados en el Parlamento es un instrumento de investigación fundamental para el seguimiento de los debates de las Comisiones no secretas.

8. Habida cuenta de la complejidad de algunas leyes, los diputados aceptan, normalmente casi sin modificaciones, las propuestas de los grupos de presión sobre materias muy específicas y de escaso contenido político (Castillo). No hay que olvidar que la formación de los diputados no suele ser acorde con los asuntos que su grupo parlamentario o partido político le ha encargado competencias parlamentarias, por lo que agradece toda la información que el lobbying le pueda aportar.

9. Para una buena comunicación de la postura defendida, los consejos siguientes pueden ser de utilidad:

- establecer una mutua relación cordial con los legisladores
- conocer los efectos y las limitaciones de las diferentes técnicas de contacto, haciendo uso de las que mejor convengan a la situación (encuentros, llamadas telefónicas, cartas, telegramas, etc.)
- evitar solicitar varios encuentros con los diputados para un mismo tema con diferentes interlocutores del grupo de presión o la organización
- ser educado, pero firme, evitando enfrentamientos
- perseguir un compromiso del diputado; teniendo en cuenta que su falta de voluntad para ese compromiso no supone oposición al interés defendido. Un parlamentario puede tener razones legítimas para dudar de nuestras demandas, las cuales pueden estar relacionadas con la oposición, debiendo, por ejemplo, discutir la cuestión con otros grupos involucrados
- dejar la puerta abierta a un posible cambio de opinión futura del legislador, si éste se opone a las demandas de la organización

- constancia; es decir, los encuentros y reuniones con los parlamentarios deberían ir seguidos de cartas de agradecimiento y/o resumen de nuestra postura. Si se es requerido para proveer más información, hay que hacerlo rápidamente. Cuando se escriba, hay que ser sincero, evitando: (a) copiar una carta pro-forma y (b) abarcar diversos temas en una sola carta.
- agradecer al parlamentario su respuesta o voto favorable, mediante una tarjeta o llamada telefónica.

10. No podemos dejar de referirnos a los llamados «grupos de estudios» o «intergrupos parlamentarios», aunque su implantación en España es mínima. Muy arraigados en Francia, y cada vez más presentes en el parlamento europeo, son asociaciones voluntarias de carácter oficioso y creadas a instancia individual de los diputados para reunirse entorno a una temática común: enseñanza, mecenazgo, caza, seguridad vial, termalismo, etc. En términos de lobbying, la creación de un grupo permite a un lobby identificar a los parlamentarios más dispuestos de entrada a defender sus preocupaciones (Lamarque).

11. Por último, y desde el punto de vista temporal, en las semanas anteriores a la aprobación de los presupuestos generales del Estados, y muy concretamente durante el mes de septiembre, aumenta considerablemente la actividad lobbística, en aras de ver reflejados en la contabilidad nacional las consecuencias económico-financieras de las demandas objecto del lobbying.

8.4.3. La toma de decisiones del poder ejecutivo

Si la naturaleza del lobbying es originaria y tradicionalmente parlamentaria, no es menos cierto el constante aumento de la participación de la Administración en la gestación de las normativas legislativas, independientemente de las reglamentarias y ejecutivas que le son propias. Así, en un sistema político, dice Castillo, en el cual el proceso elaborador y generador de proyectos legislativos se inicia, cada vez de forma más significativa, en los servicios gubernamentales, los grupos de presión (y el resto de organizaciones) antes de actuar sobre el poder legislativo, intentan incidir y actuar cuando se está realizando el proceso creador con la intención de que aparezca un apoyo del personal administrativo a sus demandas y la consecuente inclusión de éstas en los proyectos ejecutivos. Si a esto le añadimos el sistema de economía de mercado, comprobaremos que la Administración no puede prescindir de la colaboración con los empresarios privados. Diversos factores convierten en necesaria esta colaboración: el mantenimiento o aumento del nivel de empleo, la realización de inversiones privadas en concurso con las públicas, el funcionamiento del sistema de crédito con su influencia sobre la oferta monetaria, etc. Ahora bien, dicho trabajo conjunto suele limitarse a las grandes empresas y principalmente con los Ministerios económicos (Economía, Hacienda, Agricultura, Industria, Comercio y Obras Públicas o Fomento).

La colaboración se concreta, entre otras formas, en la creación de comisiones en las que los altos cargos consultan a los dirigentes empresariales antes de tomar alguna decisión de especial trascendencia. Lo hemos apuntado en estas páginas: los burócratas profesionales, por muy brillante que haya sido su formación teórica, suelen desconocer las condiciones concretas del mercado (Baena).

8.4.3.1. EL PODER EJECUTIVO ESPAÑOL

Nos centraremos exclusivamente en la Administración central, por dos razones de peso: (1) la extensión de este estudio desbordaría las previsiones si nos adentráramos en un análisis de la estructura de todas y cada una de las Administraciones autonómicas, de la Administración local, o de la periférica del Estado, y (2) la estructura de las Comunidades Autónomas suele asemejarse a la del Gobierno central en cuanto a la asignación de responsabilidades en la elaboración de una norma administrativa o proyecto de ley, ya sea en fase embrionaria o avanzada.

El poder ejecutivo reside en el Gobierno en los sistemas parlamentaristas. Y la Administración Pública es un aparato organizativo a las órdenes del Gobierno dispuesto para la satisfacción de los intereses públicos (Cosculluela).

Antes de adentrarnos en las potestades legislativas del Gobierno y Administración central española, la cual dirige (artículo 97 de la Constitución), veamos cuál es su estructura orgánica y qué potestades son de interés para el lobbista.

8.4.3.1.1. LA ORGANIZACIÓN ADMINISTRATIVA ESPAÑOLA

El Consejo de Ministros

Es el órgano colegiado que se compone «del Presidente, de los Vicepresidentes en su caso, de los Ministros y de los demás miembros que establezca la ley» (art. 98.1 de la Constitución).

Su función legislativa se traduce en:

1. Titularidad de la potestad reglamentaria.
2. Proponer al Jefe del Estado la aprobación de los reglamentos ejecutivos de las leyes, previo dictamen del Consejo de Estado.

Las Comisiones Delegadas del Gobierno

Son órganos colegiados e integrados por varios Ministros, el Presidente y los Vicepresidentes.

A)   *Órganos colegiados*

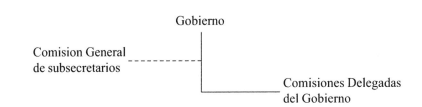

B)   *Órganos unipersonales*

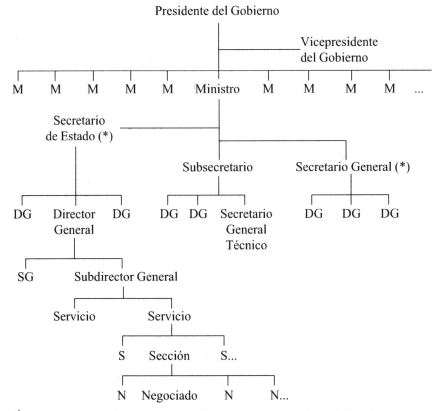

* Órganos no necesarios, que no han sido creados en todos los Ministerios.
Fuente: Cosculluela

Figura 25. *Estructura general de la Admnistración central del Estado*

Los miembros de las Comisiones Delegadas son aquellos Ministros especialmente relacionados con las materias a que se refieren. El Presidente del Gobierno podrá convocar a las reuniones de las Comisiones Delegadas a otros miembros del Gobierno, a altos cargos de la Administración y, excepcionalmente, a aquellas personas que puedan prestar una contribución singular al asunto de que se trate (art. 5 del Real Decreto 3234/1981). Este último punto es importante a tener en cuenta en la estrategia de lobbying administrativo.

La Comisión Delegada del Gobierno para Asuntos Económicos ha sido la más relevante y eficaz desde el punto de vista práctico. Su presidencia corresponde al Vicepresidente Segundo del Gobierno (art. 2 del Real Decreto 759/1996, de 5 de mayo). Sus atribuciones son:

1. La coordinación entre los Ministerios que en ellas se integran.
2. La preparación y estudio de aquellos asuntos que, afectando a varios Ministerios, exijan la elaboración de una propuesta conjunta previa a la resolución del Consejo de Ministros.
3. Resolver los asuntos que, afectando a más de un Ministerio de la Comisión respectiva, no requieran, atendida su importancia, ser elevados a la decisión del Consejo de Ministros, a juicio del Presidente del Gobierno, o no correspondan a dicho Consejo por precepto legal o reglamentario.
4. Cuantas otras atribuciones les confieran las disposiciones.

Por consiguiente, ciertos asuntos pueden *ahorrarse* la última instancia del Consejo de Ministros, y obtener su formalización definitiva en la Comisión Delegada correspondiente.

El Presidente del Gobierno

El Presidente del Gobierno ostenta la representación del mismo. Dirige la acción del Gobierno y coordina la actuación de sus miembros. Convoca y preside las reuniones del Consejo de Ministros, refrenda en su caso los actos del Rey y somete, para su sanción, las leyes aprobadas por las Cortes Generales.

El Vicepresidente del Gobierno

Dado su perfil substancialmente político, esta institución no ha sido extensamente regulada. De hecho, suelen señalarse sus funciones al hilo de cada nombramiento.

Así, por ejemplo, el vigente Real Decreto 759/1996, de 5 de mayo, de creación de Vicepresidencias del Gobierno, establece las siguientes funciones:

1. De la Vicepresidencia Primera: la presidencia, por delegación del Presidente, de la Comisión General de Secretarios de Estado y Subsecretarios y de la Comisión Delegada del Gobierno para Política Autonómica.

2. De la Vicepresidencia Segunda: la presidencia, por delegación del Presidente, de la Comisión Delegada del Gobierno para Asuntos Económicos.

Los Ministros

Los Ministros, apunta el profesor Entrena, son «los más importantes órganos individuales de la Administración central de competencia especial... los cuales, salvo en el caso de que sean ministros *sin cartera*, se encuentran al frente de cada una de las grandes ramas en que se divide este sector de la Administración que llevan el nombre de Ministerios o Departamentos Ministeriales».

Su función legislativa se concreta en preparar y presentar al Gobierno los proyectos de Ley y de Decreto, así como ejercer la potestad reglamentaria en las materias propias de su Departamento.

De entre sus funciones ejecutivas conviene destacar, a los efectos de nuestro estudio, la de firmar en nombre del Estado los contratos relativos a asuntos propios de su Departamento.

Los Secretarios de Estado

Son órganos centrales de la Administración estatal, dotados de competencia especial y más reducida que la de los Ministros; puesto que no se proyecta sobre toda la esfera de atribuciones del Departamento al que están adscritos, sino tan sólo sobre aquellas unidades que se les adscriban (Entrena). Pero esta institución sólo existe allí donde se hace precisa y sólo en relación con determinadas áreas propias de la competencia de un Ministerio.

Sus atribuciones son confusas pues no existe normativa al respecto y hay que estar a lo que disponga la correspondiente a la estructura orgánica de cada Ministerio. A pesar de esto, ejercen, respecto a las unidades a ellos adscritas y bajo la dirección del Ministro respectivo, las mismas atribuciones que corresponden a éste, con la excepción, entre otras, de la función legislativa.

Los Gabinetes

El artículo 12 del Real decreto 839/1996, de 10 de mayo, dispone:

1. Los Gabinetes de los Vicepresidentes del Gobierno estarán integrados por un Director, con rango de Subsecretario, un Director de Información, con rango de Director General, y por los asesores, con rango de Subdirector General, que determine el Consejo de Ministros, dentro de las consignaciones presupuestarias. Los Vicepresidentes del Gobierno que ostenten simultáneamente la titularidad de un Departamento ministerial, no contarán con el Gabinete a que se refiere el apartado siguiente.

2. Los Gabinetes de los Ministros estarán formados por un Director, con rango de Director General, y por un máximo de siete asesores, con rango de Subdirector General.
3. Los Gabinetes de los Secretarios de Estado estarán formados por un Director y un máximo de tres asesores, todos ellos con nivel orgánico de Subdirector General.
4. Los puestos correspondientes a las oficinas o unidades de prensa o relaciones sociales podrán ser cubiertas, dentro de las consignaciones presupuestarias, por personal eventual que se regirá, en todo lo relativo a su nombramiento y cese, por las mismas disposiciones aplicables al personal de los Gabinetes de los Ministros».

Este entramado de asesores constituye un escenario a tener muy en cuenta por el lobbista, pues son las personas más próximas e influyentes en el titular del órgano del que dependen. Destaca Baena la importancia estratégica de los Directores o Jefes de Gabinete por cuanto que: (1) son los encargados de las tareas de estudio y elaboración de los documentos que el Ministro o los demás órganos hacen suyas; (2) son ellos quienes los preparan y redactan; (3) conocen las relaciones del Ministro con el resto de la Administración, y, sobre todo, (4) son quienes filtran la relación que tienen los titulares de los demás órganos con el Ministro. En definitiva, una pieza clave en el proceso de creación normativa.

Los Subsecretarios

El Subsecretario es el jefe superior del Departamento después del Ministro, salvo en los casos en que exista un Secretario de Estado.

Sus atribuciones son:

1. Actuar como órgano de comunicación con los demás Departamentos y con los organismos y entidades que tengan relación con el Ministerio.
2. Desempeñar la jefatura de todo el personal del Departamento.
3. La inspección de los centros y dependencias y organismos afectos al Departamento.

Una consecuencia de su función de comunicación y de asistencia al Ministro es la tarea asignada a la Comisión General de Subsecretarios, que prepara la deliberación y decisión de los asuntos que se someten al Consejo de Ministros; factor que realza el terreno de los Subsecretarios en el marco de actuación del lobbying. En efecto, el enorme volumen, ha señalado Baena, de asuntos que son competencia del Consejo de Ministros y la necesidad de debatir ampliamente aquellos de mayor importancia política, han llevado a que regularmente se reúna, pocos días antes que el Consejo, la Comisión General de Subsecretarios para preparar las deliberaciones.

La sesión de la Comisión de Subsecretarios se inicia con su convocatoria por el Subsecretario del Ministerio de la Presidencia que ostenta la Secretaria de la Comisión (art. 4.5.a del Real Decreto 1891/1996, de 2 de agosto). Cursada la convocatoria, se envían por los Departamentos ministeriales el índice de asuntos que desean incorporar en el orden del día. La actual estructura orgánica de la Administración general del Estado español acuerda la distribución del orden del día de la Comisión, del Consejo de Ministros y de las Comisiones Delegadas del Gobierno, a la Dirección General del Secretariado del Gobierno, cuya relevancia procesal resulta innegable como trataremos en el apartado siguiente. En la práctica, se convoca a los Secretarios de Estado, que, salvo el de la Comunicación, no suelen acudir. En su lugar asisten los Subsecretarios (uno por Departamento). Las decisiones que suelen adoptarse sobre un asunto pueden ser: (1) la aprobación; (2) su elevación al Consejo de Ministros, ya sea por la importancia política del tema, bien por su rango formal (como es el caso de los anteproyectos de ley), o por no llegarse a un acuerdo entre los Subsecretarios y ser urgente la materia deliberada; y (3) la no aprobación del asunto o proyecto, bien por no considerarlo suficientemente preparado, bien por considerar necesarias conversaciones entre los Ministerios. En este ultimo caso, dice Baena, si las divergencias no son de gran entidad es posible que se encomiende a los interesados a celebrar esas conversaciones antes de la inmediata sesión del Consejo de Ministros para que el proyecto pueda darse por formalmente aprobado en la Comisión. En todas estas conversaciones intervienen activamente los órganos del Ministerio de la Presidencia. Las deliberaciones se reflejan posteriormente en el acta de la sesión, previa información, sin entrar en el fondo de los acuerdos adoptados por las Comisiones Delegadas, en especial la de Asuntos Económicos. De lo expuesto se deduce que el ejercicio del lobbying sobre un asunto cuya decisión final dependa de la aprobación de la Comisión citada o del Consejo de Ministros debe centrarse antes de este estadio procesal, puesto que, una vez fijado el orden del día del Consejo de Ministros, si no es por la presión que pueda ejercer uno de sus miembros, la suerte ya está echada.

A modo de ejemplo de la presencia de estos órganos en la estructura administrativa española, el actual organigrama del Ministerio de la Presidencia, establecido por el Real Decreto 1891/1996, contiene dos Secretarías de Estado y una Subsecretaría, las tres como órganos superiores del Departamento: las Secretarías de Estado de Relaciones con las Cortes y de la Comunicación, y la Subsecretaría de la Presidencia, con sus respectivas Direcciones Generales dependiendo de ellas.

Entre las funciones de la Secretaría de Estado de Relaciones con las Cortes destaca la del estudio, seguimiento y coordinación en fase parlamentaria del programa legislativo del Gobierno, que se desarrolla por la Dirección General de Relaciones con las Cortes, por los que éste órgano puede ser una interesantísima fuente de información para el lobbista.

Los Directores Generales

Son los jefes inmediatos de las unidades operativas del Departamento y, salvo que exista un Secretario de Estado, el segundo eslabón de la ordenación jerárquica. En nuestro Derecho, ha recordado Entrena, tienen carácter político, si bien se observa modernamente una evidente tendencia a su tecnificación, lo que se traduce en un mayor conocimiento del sector de competencia asignado, que requiere del lobbista el suministro de una información más completa y argumentada ante un técnico en la materia. Los Directores Generales *políticos*, menos duchos en las materias que se les asignan, pueden ser más influenciables basándose en criterios argumentales más formales que no substanciales.

Sus atribuciones son:

1. Dirigir y gestionar los servicios y resolver los asuntos del Departamento que sean de su incumbencia.
2. Establecer el régimen interno de las oficinas dependientes de ellos.
3. Vigilar y fiscalizar todas las dependencias a su cargo.

Se les confieren, de este modo, todas las facultades decisorias, dentro de su ámbito competencial, salvo aquellas que, por su trascendencia, sean de la competencia del Ministro. Respecto a estas últimas, les corresponde la elaboración de la propuesta de decisión y su elevación al Ministro. El Ministro, a su vez, puede delegar en el Director General atribuciones propias. Así pues, las Direcciones Generales vienen a constituir el centro de gravedad de la organización operativa –esto es, aquellos órganos con atribuciones directas sobre la materia o materias de la competencia del Departamento– de los Ministerios (Morell).

El papel de estos órganos en la gestación de la normativa administrativa es cada día más importante, ya que son normalmente las asesorías jurídicas a ellas adscritas las encargadas de elaborar los anteproyectos normativos. Y no son pocas las veces en que la redacción salida de la asesoría jurídica es la que se aprueba, sin ninguna modificación, definitivamente. El conocimiento de la organización y personal de la Dirección General correspondiente, sea de la Administración central o de la autonómica, es requisito *sine qua non* para todo lobbista que se precie de serlo.

A título de muestra, veamos cuáles son las funciones de la Dirección General de Política de la Pequeña y Mediana Empresa, adscrita a la Secretaría de Estado de Comercio, Turismo y de la Pequeña y Mediana Empresa, del Ministerio de Economía y Hacienda. Las define el art. 20 del Real decreto 1884/1996, de 2 agosto:

a) La elaboración de propuestas y actuaciones sobre política de fomento, apoyo y promoción de la actividad empresarial de autónomos, artesanos y, en general, pequeñas y medianas empresas.

b) La propuesta, ejecución y seguimiento de las medidas administrativas, legales y en especial financieras de apoyo a las pequeñas y medianas empresas.

c) La ejecución y seguimiento de las directrices del Gobierno en esta materia y coordinación interministerial y con las Comunidades Autónomas en materias relativas a la pequeña y mediana empresa.

d) El estudio, elaboración y propuesta de adaptación de la normativa comunitaria en esta materia.

e) El ejercicio de las relaciones bilaterales y multilaterales con otros países en asuntos relacionados con la pequeña y mediana empresa. En especial con la Unión Europea, para la coordinación y gestión de los recursos financieros comunitarios destinados a las mismas.

f) El seguimiento de las ayudas concedidas a las pequeñas y medianas empresas. La dirección y control de las mismas, cuya gestión se le encomiende expresamente, y la continuidad de la iniciativa PYME de desarrollo empresarial.

g) La elaboración, colaboración y participación en el diseño de programas de formación, información e internacionalización, orientados a la pequeña y mediana empresa.

Las funciones de las Direcciones Generales suelen ser desarrolladas por Subdirecciones Generales a ellas adscritas. Siguiendo con el ejemplo anterior, la Subdirección General de Política de Fomento de la Pequeña y Mediana Empresa tiene encomendadas las funciones enunciadas en los apartados a), b y d), mientras que la Subdirección General de Asistencia Empresarial, ejercerá las del apartado g). El resto de funciones se atribuyen a las Subdirecciones generales de Relaciones Institucionales (c y e) y de Promoción Económica (f).

El ejemplo propuesto reafirma la necesidad de conocer y vigilar todo lo que se *cuece* en las Direcciones Generales y sus respectivas Subdirecciones. Sólo basta repasar las atribuciones reseñadas, para darse cuenta de que las PYMES, principal motor de nuestra economía, tienen en esta Subdirección el terreno idóneo para hacer oír sus demandas, al mismo tiempo que un aliado idóneo para, llegado el caso, ejercer el lobbying ante la Unión Europea.

Finalmente, queremos reafirmar lo expuesto al tratar de las sesiones de las Comisiones de Secretarios Generales y Subsecretarios, respecto al relevante papel de la Dirección General del Secretariado del Gobierno en la preparación de estas, tan corrientemente decisivas, reuniones. El artículo 8 del Real decreto, 1891/1996, le otorga, entre otras, las siguientes funciones:

a) La preparación de las reuniones del Consejo de Ministros, de las Comisiones Delegadas del Gobierno y de la Comisión General de Secretarios de Estado y Subsecretarios; la determinación de las disposiciones que deban tramitarse como conjuntas; la distribución del orden del día y de cuantos datos y antecedentes precisen los miembros de los órganos colegiados expresados para conocer los asuntos sometidos a la deliberación, y la prepa-

ración y custodia de las actas de los acuerdos adoptados, velando por su
ejecución.

b) Cuidar del cumplimiento de las instrucciones sobre la tramitación de los asuntos de los órganos colegiados del Gobierno y de las directrices de técnica legislativa.

Los Secretarios Generales Técnicos

La Administración actual necesita de asesores inmediatos cuya función principal
consista en el estudio y programación de los fines a conseguir y los medios a emplear
para alcanzarlos. De ahí la aparición de los Secretarios Generales Técnicos (que tienen categoría de Directores Generales) como un *staff* del Ministro.

Atribuciones:

1. Realizar estudios y reunir documentación sobre las materias propias del Departamento.
2. Dichos estudios y documentación se ordenan a distintas finalidades, entre las
que nos interesa destacar:

   a) Elaborar los proyectos de planes generales de actuación y los programas de
   necesidad del departamento.
   b) Preparar las compilaciones de las disposiciones vigentes que afecten al Ministerio, proponer las refundiciones o revisiones de los textos legales que
   se consideren oportunos y cuidar de las publicaciones técnicas, periódicas
   o no, del Ministerio.
   c) Dirigir y facilitar la formación de las estadísticas acerca de las materias com-
   petenciales del Departamento, y las demás que se estimen convenientes.

Para el cumplimiento de estas y demás funciones podrá recabar de las Direcciones Generales y organismos del Departamento, así como de sus servicios descentralizados, cuantos informes, datos y documentos considere precisos para el cumplimiento de sus fines.

Continuando en el ámbito del actual Ministerio de Economía y Hacienda, veamos
el ejemplo de alguna de las funciones de su Secretaría General Técnica (art. 24 del
Real Decreto 1884/1996):

a) La presentación, asistencia técnica y administrativa al Ministro y a los Secretarios de Estados en cuantos asuntos juzgue conveniente.
b) La realización de estudios e informes de interés general para el Departamento.
c) ... proponer... las revisiones de los textos legales que se consideren oportunos...
d) La elaboración, en su caso, y la tramitación de los proyectos de disposiciones
generales que corresponda aprobar o proponer al Departamento...

e) Elaborar los informes relativos a los asuntos que se sometan al Consejo de Ministros, Comisiones Delegadas del Gobierno y Comisión General de Secretarios de Estado y Subsecretarios por otros Departamentos.

Estas dos últimas funciones las ejerce la Vicesecretaría General Técnica para Asuntos Financieros y la Subdirección General de Información y Coordinación Normativa (esta última para aquellos temas no financieros). Dado que el nivel jerárquico de las Secretarías Generales Técnicas es el mismo que el de las Direcciones Generales, y que sus competencias son clarísimas en la elaboración de anteproyectos y proyectos normativos, la relevancia a efectos del lobbying de estos órganos es también muy considerable. Pero con el añadido de que son los entes encargados de informar sobre los asuntos que se someterán a través del Consejo de Ministros, a través de las Comisión General de Secretarios de Estado y Subsecretarios. Y no hay que olvidar que las Comisiones Interministeriales, y en especial la Comisión de Subsecretarios y la Delegada de Asuntos Económicos, son en la práctica tan o más influyentes que el mismo Gobierno.

La Administración consultiva

a) El Consejo de Estado es el «supremo órgano consultivo del Gobierno» (art. 107 de la Constitución). Esta función consultiva la ejercerá en aquellos casos previstos por las leyes y sus dictámenes no son vinculantes. Puede actuar en sesión plenaria o a través de su Comisión Permanente. El Consejo de Estado en Pleno deberá ser consultado en, entre otros, los siguientes asuntos: proyectos de Decretos legislativos, y anteproyectos de leyes que hayan de dictarse en ejecución, cumplimiento o desarrollo de tratados, convenios o acuerdos internacionales. La Comisión Permanente deberá ser consultada en los reglamentos o disposiciones de carácter general que se dicten en ejecución de las leyes, así como de sus modificaciones. En cuanto a su funcionamiento, es de destacar que pueden se oídos ante el Consejo de Estado directamente interesados en los asuntos sometidos a su consulta, en audiencia que acordará el presidente del Consejo, de oficio o a petición de aquéllos.

b) El Consejo Económico y Social (CES), pese a ser un ente institucional, es uno de los principales grupos consultivos del poder ejecutivo, y de especial relevancia en el mapa de públicos a tener en cuenta en el planteamiento estratégico del lobbying. En efecto, el CES se configura como una entidad consultiva en materia socioeconómica y laboral, y está integrado por representantes de las organizaciones sindicales, de las empresariales, de los diferentes sectores sociales y por expertos. El CES debe emitir dictamen preceptivo en los Anteproyectos de Ley (excepto el de la Ley de Presupuestos) y Proyectos de Reales Decretos legislativos que regulen materias socioeconómicas y laborales, y en los Proyectos de Reales Decretos que el Gobierno considere de especial trascendencia en esas materias. Con carácter facultativo, informará o elaborará estudios sobre los asuntos que le someta el Gobierno o que, por inicativa propia, en materias circunscritas a los intereses económicos y sociales de los interlocutores sociales.

c) Los Servicios Jurídicos de los Ministerios son en la práctica de gran utilidad en el lobbying. De una parte, son una fuente de información valiosísima ya que por ellos pasan o se gestan jurídicamente (es decir, literalmente sobre el papel) los futuros proyectos y normas jurídicas; y, de otra, derivada de ésta, es el momento de poder aportar las informaciones que sustentan las demandas de los lobbistas. En la práctica, estas asesorías jurídicas son las que solicitan la colaboración de los grupos de presión más representativos de la actividad o sector que se pretende regular. En efecto, sus funcionarios son juristas expertos en técnica legislativa pero generalmente desconocedores de la realidad que envuelve las distintas áreas de actividad de las cuestiones que les son encomendadas para su regulación.

La Administración corporativa representativa de intereses económicos y profesionales

La Administración corporativa de base privada representa históricamente una opción política de organización social que implica el reconocimiento de la capacidad de ciertos sectores sociales para autoorganizarse, representar sus intereses ante los poderes públicos y desempeñar las funciones públicas de ordenación del sector más directamente vinculadas a la actividad que les es propia (Cosculluela).

Entre las entidades que la componen, destacamos:

a) Las Cámaras agrarias.
b) Las Cámaras de Comercio, Industria y Navegación.
c) Cofradías de Pescadores.
d) Comunidades de usuarios de aguas.
e) El Comité Nacional de Transporte por Carretera.
f) La Corporación del sector petrolero.
g) El Consejo de Cooperación al Desarrollo.
h) El Consejo Asesor de las Telecomunicaciones.
i) Los Colegios profesionales.
j) Las corporaciones de Derecho Público con finalidades sociales (la ONCE o las Federaciones Deportivas).

Son grupos de presión que, cuando no son ellos los que promueven actividades de lobbying, son necesarios a la hora de establecer alianzas.

8.4.3.1.2. LAS NORMAS ADMINISTRATIVAS: APROBACIÓN Y FORMA DE EXPRESIÓN

Los reglamentos

Los reglamentos son las normas que aprueban el Gobierno y la Administración, cuyo valor está subordinado a la ley.

Su procedimiento de elaboración se regula como un procedimiento especial en la Ley de Procedimiento Administrativo, destacando el trámite del informe preceptivo de la Secretaría General Técnica de los Ministerios y el Dictamen del Consejo de Estado. Su omisión comporta la nulidad del reglamento; a diferencia de otros trámites como el del informe de las entidades públicas o sociales que ostenten la representación o defensa de los intereses afectados por el reglamento en proyecto (así lo indicó el Tribunal Supremo en su Sentencia de 25 de mayo de 1982). Sin embargo, este mismo Tribunal modificó su criterio considerando que la omisión del informe de estos grupos sólo vicia al reglamento (Sentencias de 4 de julio de 1987, 19 de marzo de 1988 y 21 de noviembre de 1990, las dos últimas de la Sala de Revisión). Estamos de acuerdo con Cosculluela cuando afirma que el problema básico que se presenta en este caso es determinar qué tipos de entidades representativas deben ser oídas en la elaboración de los reglamentos que les afecten. La situación no es la idónea para establecer la transmisión fluida de informaciones objeto del ejercicio del lobbying, ni para favorecer el establecimiento de conexiones entre la sociedad y la Administración consecuente con el desempeño del mismo. Es más, el Tribunal Supremo ha considerado que sólo deben ser oídas, con carácter general, los sindicatos, las asociaciones empresariales y las corporaciones representativas de intereses profesionales o económicos; pero no las asociaciones surgidas al amparo del derecho de asociación para la defensa de intereses particulares concretos. De este modo, la Sentencia de 19 de enero de 1991 (dictada en Sala de Revisión) restringió la necesidad de dar audiencia a estos grupos a los casos en que tengan la naturaleza de Corporaciones de Derecho Público (Colegios Profesionales, Cámaras de Comercio, Cámaras Agrarias, etc.) representativas de intereses profesionales o económicos, en las que la integración de sus miembros sea obligatoria, y a las que la ley atribuye la representación oficial o general de los intereses del sector. Habida cuenta de que el artículo 105.a) de la Constitución establece que «la ley regulará la audiencia de los ciudadanos, directamente o a través de las organizaciones y asociaciones reconocidas por la ley, en el procedimiento de elaboración de las disposiciones administrativas que les afecten», la doctrina del Tribunal Supremo expuesta es, no sólo restrictiva, sino incluso contraria al espíritu del precepto de la Carta Magna. Como consecuencia de ella, las asociaciones de carácter voluntario, opina Cosculluela, deben personarse en el procedimiento de elaboración del reglamento que les afecte para ser oídas, ya que no puede imponerse a la Administración el deber de conocer ni su existencia ni el grado de afección que el reglamento puede producirles. Será tarea fundamental del lobbista controlar y supervisar el proceso de gestación y creación de las normas reglamentarias.

Una excepción a la regla: el sector de los consumidores y usuarios. La Ley General para la Defensa de los Consumidores y Usuarios dispone en su artículo 22 que «las asociaciones de consumidores y usuarios serán oídas, en consulta, en el procedimiento de elaboración de las disposiciones de carácter general relativas a materias que afecten directamente a los consumidores o usuarios», estableciendo cinco supuestos generales de aplicación de la audiencia, y estableciendo que la Administración fomentará la colaboración entre organizaciones de consumidores y empresarios.

Forma de expresión de la voluntad normativa del Gobierno

Ya hemos reseñado que las normas aprobadas por las Cortes Generales se denominan Leyes. Las normas que dicte el Gobierno o los Consejos de Gobierno autonómicos se denominan formalmente Decretos, y las que dicten las Comisiones Delegadas del Gobierno y los Ministros reciben la denominación de Órdenes. En el ámbito local el nombre recibido es el de Ordenanzas, Reglamentos y Bandos.

Coparticipación del Gobierno en la producción de normas con valor de Ley: los Decretos legislativos

Los Decretos legislativos, según el art. 82 de la Constitución, son normas que promulga el Gobierno con rango de ley (excepto en las materias reservadas a las leyes orgánicas), previa delegación de las Cortes Generales, en las que se contienen los principios y criterios conforme a los que ha de redactarse la norma y el plazo de promulgación.

Se trata de una acto de habilitación al Gobierno, y no a la Administración, de las Cortes Generales, por el cual éstas legitiman a aquél «para que promulgue una norma que tendrá rango de ley» (Morell).

Esta delegación se expresa y recoge en una ley de bases que incluye los criterios con arreglo a los cuales ha elaborado el Gobierno un cuerpo legal articulado, o en una ley ordinaria si se trata de refundir varios textos legales en uno solo. Así mismo, «la delegación legislativa habrá de otorgarse al Gobierno de forma expresa para la materia concreta y con fijación de plazo para su ejercicio».

El ejercicio de la facultad legislativa por el Gobierno por vía de sustitución: Los Decretos Leyes

El Decreto Ley es una norma con rango de ley dictada por el Gobierno, en sustitución del poder legislativo, en caso de «extraordinaria y urgente necesidad» (art. 86.1 de la Constitución).

La legitimación del Decreto Ley estriba en que la medida a adoptar no admita la demora que requiere la puesta en marcha de los mecanismos parlamentarios de la elaboración de las leyes. De ahí la escasa incidencia que sobre ellas puede ejercer una organización a través del lobbying. No obstante, la propia Constitución advierte de que se trata de una disposición legislativa provisional, es decir, hasta que las Cortes Generales puedan pronunciarse sobre la cuestión adoptada. Esta decisión ha de ser tomada inmediatamente, a través del debate y votación de la totalidad del Congreso de los Diputados, en el plazo de 30 días desde su promulgación. El pronunciamiento puede ser de convalidación o derogación. En la práctica, una vez convalidado, se tramita el proyecto de ley, sustituyéndose así el decreto ley por una ley formal. Esta limitación temporal de la actuación del Parlamento hace muy difícil centrar una estrategia de lobbying sobre una materia regulada por Decreto Ley. Sin embargo, nuestro país ha sido testigo recientemente de este tipo de actuación reguladora en relación con intereses públicos y privados, como en los casos conocidos por «plataforma digital» y «ley del fútbol», donde intereses no sólo de partido, sino de medios privados de comunicación (cercanos al partido gobernante) llevaron a regular el panorama audiovisual español en lo concerniente a plataformas de transmisión digital de imágenes vía satélite y de los derechos de antena de los acontecimientos deportivos relevantes, a través del instrumento del Decreto Ley.

El Decreto Ley no puede afectar a los derechos, deberes y libertades de los ciudadanos contemplados en el Título Primero de la Constitución. Lo que hace aún más sorprendente el ejemplo anteriormente citado.

8.4.3.2. El poder ejecutivo en los Estados Unidos de América

Nos centramos en la Administración federal, viendo en primer lugar su estructura, para analizar después la participación pública en la elaboración de la normativa administrativa como segundo escenario del lobbying al otro lado del Atlántico (el tercero es el poder judicial, pero sólo en ese país). Sin embargo, debemos precisar que nos centraremos exclusivamente en la Administración propiamente dicha, es decir excluyendo a la Presidencia de los Estados Unidos, sin antes hacer notar que el Presidente puede influir muy directamente en la elaboración de las leyes norteamericanas. Pero al no detentar el poder legislativo, su actuación se acerca más a la de un lobbista que a la de un legislador. Cierto es que el Presidente es elegido por sufragio universal directo en una campaña electoral presidencial (no legislativa). En esa campaña, se presenta con un programa electoral que intentará poner en marcha una vez elegido. De ahí que no pueda ser indiferente a la elaboración de una ley que le corresponderá ejecutar.

8.4.3.2.1. La organización general de la Administración Federal

Es extremadamente complicada, con superposiciones, redundancias y encabalgamientos funcionales constantes. Su atomización ha sido tal que el ciudadano americano no sabe muchas veces a qué servicio dirigirse. Bajo el riesgo de toda simplificación distinguimos entre:

Los ministerios (departamentos)
   Los trece ministerios federales están organizados siguiendo una jerarquía piramidal en *bureaus* (oficinas), *branchs* (ramas), divisiones y secciones.

Agencias federales o estatales
   Son organizaciones formalmente separadas del Gobierno central, pero que están subordinadas a éste y constituyen uno de los principales instrumentos de su política. Se clasifican en:

   a) Las *independent regulatory comissions*.
   Constituyen el órgano más poderoso y más autónomo de la Administración federal. Gozan del poder reglamentario. Las constantes presiones a las que se ven sometidas, tanto por el poder legislativo como por el Gobierno, hacen que su independencia sea, en la práctica, relativa. De enorme poder de decisión en materia económica, observa Toinet que sus responsables están estrechamente vinculados a las industrias que deben supervisar. De hecho, o provienen de ellas o esperan ser contratados por éstas en el futuro, por lo que están muy atentos a las sugerencias, cuando no presiones, de los dirigentes económicos, «disminuyendo su sensibilidad a los imperativos del interés público». Actualmente son ocho, entre las que destacan la *Federal Reserve Board* (tutela del sistema monetario y financiero), la *Federal Power Comission* (control, en especial de los precios de la electricidad y el gas) o la *Federal Trade Comission* (comisión de la competencia).
   b) Las agencias (*agencies*).
   Las agencias ejecutivas se estructuran en *boards* (consejos), *bureaus*, *comissions* y *offices*. Las encontramos a nivel federal (unas 40) y en los Estados de la Unión (mucho más numerosas). Su estatuto jurídico es el de una comisión independiente con más autonomía que los servicios ministeriales. Sin embargo, sus responsables son elegidos por el Ejecutivo, previo informe favorable del Senado, que de esta manera las controla.
   c) *Federal corporations* y *State authorities*.
   Son empresas públicas que gestionan actividades más propias del sector privado norteamericano: muchas ofrecen servicios financieros (créditos y seguros) al sector privado. Las empresas públicas estadounidenses construyen y gestionan puertos, aeropuertos, pantanos, ferrocarriles, aparcamientos, jardines públicos, residencias de estudiantes, etc.
   d) Las comisiones consultivas (*advisory committees*).
   Estas comisiones tienen gran relevancia estratégica en la implantación de una acción de lobbying ante la Administración. Efectivamente, son creadas por el ejecuti-

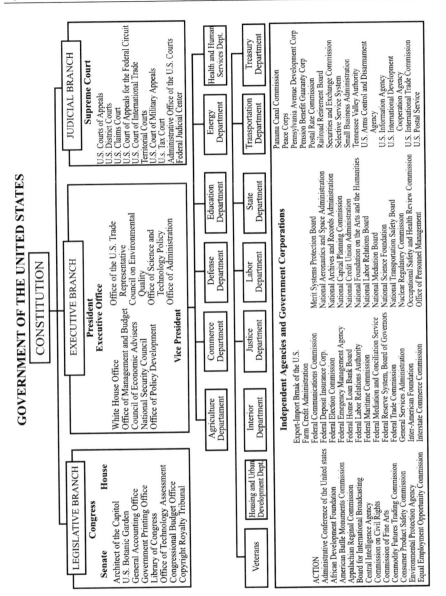

GOVERNMENT OF THE UNITED STATES

CONSTITUTION

LEGISLATIVE BRANCH

Congress

Senate — **House**

Architect of the Capitol
U.S. Botanic Garden
General Accounting Office
Government Printing Office
Library of Congress
Office of Technology Assessment
Congressional Budget Office
Copyright Royalty Tribunal

EXECUTIVE BRANCH

President
Executive Office

White House Office
Office of Management and Budget
Council of Economic Advisers
National Security Council
Office of Policy Development

Office of the U.S. Trade
  Representative
Council on Environmental
  Quality
Office of Science and
  Technology Policy
Office of Administration

Vice President

JUDICIAL BRANCH

Supreme Court

U.S. Courts of Appeals
U.S. District Courts
U.S. Claims Court
U.S. Court of Appeals for the Federal Circuit
U.S. Court of International Trade
Territorial Courts
U.S. Court of Military Appeals
U.s. Tax Court
Administrative Office of the U.S. Courts
Federal Judicial Center

Agriculture Departament | Commerce Department | Defense Department | Education Department | Energy Department | Health and Human Services Dept.

Interior Department | Justice Department | Labor Department | State Department | Transportation Department | Treasury Department

Housing and Urban Development Dept.

Veterans

Independent Agencies and Government Corporations

ACTION
Administrative Conference of the United states
African Development Foundation
American Battle Monuments Commission
Appalachian Reginal Commission
Board for International Broadcasting
Central Intelligence Agency
Commission on Civil Rights
Commission of Fine Arts
Commodity Futures Trading Commission
Consumer Product Safety Commission
Environmental Protection Agency
Equal Employment Opportunity Commission

Export-Import Brnak of the U.S.
Farm Credit Administration
Federal Communications Commission
Federal Deposit Insurance Corp.
Federal Election Commission
Federal Emergency Management Agency
Federal Home Loan Bank Board
Federal Labor Relations Authority
Federal Maritime Commission
Federal Mediation and Conciliation Service
Federal Reserve System, Board of Governors
Federal Trade Commission
General Services Administration
Inter-American Foundation
Interstate Commerce Commission

Merit Systems Protection Board
National Aeronautics and Space Administration
National Archives and Records Administration
National Capital Planning Commission
National Credit Union Administration
National Foundation on the Arts and the Humanities
National Labor Relations Board
National Mediation Board
National Science Foundation
National Transportation Safety Board
Nuclear Regulatory Commission
Occupational Safety and Health Review Commission
Office of Personnel Management

Panama Canal Commission
Peace Corps
Pennsylvania Avenue Development Corp
Pension Benefit Guaranty Corp
Postal Rate Commission
Railroad Retirement Board
Securities and Exchange Commission
Selective Service System
Small Business Administration
Tennessee Valley Authority
U.S. Arms Control and Disarmament
  Agency
U.S. Information Agency
U.S. International Development
  Cooperation Agency
U.S. International Trade Commission
U.S. Postal Service

Fuente: The United States Government Manual, 1996/97

Figura 26. *Estructura del Gobierno de los Estados Unidos*

vo para recabar información sobre los intereses particulares que se agrupan en torno a ellas. Es una manera de ganarse el apoyo de los intereses privados en la toma de decisiones administrativas. Son actualmente unas 1.400 comisiones consultivas, sólo a nivel federal. Están reguladas por la *US Federal Advisory Committee Act* de 1971. Sus miembros son nombrados por el Presidente o los Ministros. Son, pues, un intermediario privilegiado entre la Administración y los intereses privados.

8.4.3.2.2. LA PARTICIPACIÓN DE LOS INTERESES PRIVADOS EN EL PROCESO DE ELABORACIÓN DE LAS NORMAS REGLAMENTARIAS

El concepto de norma reglamentaria

La *Administrative Procedure Act* de 1946 distingue dos modalidades básicas de actuación de las agencias administrativas en los Estados Unidos en la formación de normas administrativas: el *rulemaking* del que resultará la formulación, modificación o derogación de un reglamento (*rule*), y la *adjudication*, que dará lugar a una decisión (*order*).

Esta ley define a la *rule* como «el conjunto o una parte de una determinación administrativa de aplicabilidad general o particular y eficacia futura dirigida a desarrollar, interpretar o prescribir Derecho o principios generales de actuación, o a describir la organización, el procedimiento o las exigencias de la práctica de una agencia, incluyendo la aprobación o la prescripción para el futuro de tarifas, salarios, estructuras societarias o financieras y su reorganización, precios, bienes, servicios o productos, así como valoraciones, costes, contabilidad o prácticas relativas a ellos»; y entiende por *order* «el conjunto o una parte de una decisión administrativa final, revista forma afirmativa, negativa, prohibitiva o declarativa, en materia distinta al *rulemaking*, pero incluyendo las autorizaciones».

Tal como ha puesto de manifiesto Lavilla en su definitivo estudio sobre la participación pública en el proceso norteamericano de elaboración de las normas reglamentarias, en el siglo XIX y principios del XX se extendió notablemente la delegación del Legislativo en favor de las autoridades ejecutivas de la potestad de dictar normas susceptibles de afectar a los intereses de los particulares. Por cuatro razones principales: (1) la exigencia de una flexibilidad mayor de la que el Congreso puede proveer en la adaptación del ordenamiento a condiciones constantemente cambiantes; (2) la necesidad de liberar al Congreso de la carga de considerar los detalles de cada materia en aras de disponer de más tiempo para el estudio de los problemas substanciales a ella; (3) la conveniencia de que las cuestiones técnicas necesariamente implicadas en todos los ámbitos de intervención pública sean examinadas y resueltas por especialistas, y (4) la necesidad de que el Ejecutivo disponga de capacidad para hacer frente a emergencias ante las que el Congreso es excesivamente lento para reaccionar con eficacia.

Después de un período entre los años 30 y los 60 en que las Agencias se mostraron reacias a ejercer su potestad de dictar *rules*, a partir de 1970 se inicia un espectacular incremento de dicho ejercicio. Lavilla cita como prueba el *Federal Register*, donde se publican los proyectos de reglamentos y los finalmente dictados, que pasó de tener entre 10.000 y 20.000 páginas entre las décadas antes citadas a tener 87.012 en 1980. Las normas reglamentarias se convirtieron en la principal técnica a que recurrió el intervencionismo social y económico, siendo sus respectivos aumentos directamente proporcionales.

Sin embargo, actualmente se ha establecido una nueva etapa en el procedimiento de creación de los reglamentos: la conformidad del *Office of Management and Budget* (OMB). Esto ha provocado que autores como Scalia (citado por Lavilla) hayan pronosticado la reducción del peso del *rulemaking* en el proceso de elaboración del derecho administrativo de los Estados Unidos, y la vuelta de la *adjudication*, para evitar el control de la actividad de las agencias por el OMB. Sin embargo, el *rulemaking* sigue siendo el proceso protagonista en la creación de la normativa administrativa.

El proceso reglamentario y la participación de los intereses particulares

La *Administrative Procedure Act* exige a las Agencias administrativas la publicación en el *Federal Register* de sus normas procedimentales internas a efectos de permitir su conocimiento a todos los posibles interesados, y además garantiza su participación, más o menos formalizada, en el procedimiento del *rulemaking*. Dicha participación es el principio capital (y su promoción el propósito básico), legislativamente declarado, de todo procedimiento reglamentario.

Dos son los procedimientos previstos en la *Administrative Procedure Act* en el ejercicio de la potestad reglamentaria de las agencias: el informal (*informal* o *notice-and-comment rulemaking*) y el formal (*formal* u *on-the-record rulemaking*). Lavilla los expone así:

a) El procedimiento reglamentario informal es el aplicable con carácter general, salvo que una ley disponga otra cosa. Se inicia con una noticia general del propósito de dictar la norma o *general notice of proposed rulemaking* (NPR), que la Agencia ha de publicar en el *Federal Register* precisando el tiempo, lugar y naturaleza de las actuaciones públicas que se vayan a seguir, así como los términos o la sustancia de la norma propuesta o una descripción de las materias afectadas. Una vez publicada la noticia, la Agencia otorga a las personas interesadas la posibilidad de participar en el procedimiento mediante la remisión por escrito de datos o argumentos, con o sin oportunidad para su presentación oral. Finalmente, y tras considerar los aspectos relevantes suscitados, la agencia dicta la norma que se publica en el *Federal Register*, entrando en vigor, generalmente, a los treinta día desde su publicación. Este procedimiento se articula pues «conforme al modelo del procedimiento legislativo seguido por el Congreso» (Lavilla), de gran oportunidad para el ejercicio del lobbying. Un procedimiento previo a la publicación de la NPR practicado en casos concretos es el del procedimiento reglamentario negociado (*negociated rulemaking* o *regulatory negotiation*) consistente en que la Agencia convoca a los representantes de los intereses substancialmente implicados en la norma futura para negociar, bajo su dirección o con su mediación, su contenido hasta llegar a un acuerdo que se constituye en el objeto de la NPR. El *negociated rulemaking* nace de una recomendación de 1982 de la *Administrative Conference of the United States.*

b) El procedimiento formal únicamente es aplicable cuando una ley requiera que los reglamentos se elaboren exclusivamente sobre la base del expediente público y después de conceder la oportunidad de una audiencia ante la Agencia. Sin embargo, a diferencia del informal, este procedimiento se articula sobre el modelo del procedimiento judicial, y las audiencias se diseñan como fases probatorias, en que los interesados aportan sus pruebas, bajo la presidencia de un *administrative law judge*. Habida cuenta de su naturaleza judicial y su progresivo abandono en la práctica normativa americana, no creemos procedente su formulación.

No obstante, disposiciones legislativas y presidenciales posteriores a la *Administrative Procedure Act* han orientado el procedimiento de elaboración de *rules* en dos direcciones fundamentales (Lavilla):

a) De una parte una amplia gama de disposiciones sectoriales han impuesto requisitos superiores a los exigidos por la ley procesal administrativa de 1946. En lo que a nosotros nos afecta, nos interesa especialmente:

  • La imposición a la Agencia del deber de publicar, con carácter previo a la NPR, un avance de dicha noticia (*advance notice of proposed rulemaking*: ANPR) que anunciará que la Agencia está planteándose la posibilidad de dictar una norma acerca de una determinada materia, y se recaban opiniones sobre la procedencia o eventual contenido. Esta fase es de especial relevancia en la fase de investigación y seguimiento de la estrategia del lobbying, ya que permite la detección de los llamados *public issues*. El citado requisito lo establece la *Energy Policy and Conversation Act* de 1975 y la *Federal Trade Commission Improvements Act* de 1980.

  • Para el caso de ser solicitada, la celebración obligatoria de una *hearing* similar a la del procedimiento legislativo. No hace falta resaltar el protagonismo de las *hearings* entre los escenarios propios del lobbying parlamentario norteamericano; a su análisis nos remitimos. Esta exigencia está prevista en las siguientes normas*: Federal Coal Mine Health and Safety Act* (1969), *Occupational Safety and Health Act* (1970), *Consumer Product Safety Act* (1972), *Safe Drinking Water Act* (1974), *Toxic Substances Control Act* (1976), *Clean Air Act Amendments* (1977), *Clean Water Act* (1977), *Endangered Species Act Amendments* (1978), entre otras. Como puede observarse, las cuestiones materia de las leyes instauradoras de las audiencias públicas orales administrativas son muy propias de los intereses defendidos por los grupos de intereses públicos, especialmente los de idiosincrasia medioambiental.

• celebración de una asamblea pública en un área territorial determinada susceptible de resultar específicamente afectada por la norma que se dicte (*Endangered Species Act Amendments* de 1978).

b) De otra, la *Executive Order 12291 on Federal Regulation*, dictada por el Presidente Ronald Reagan a los pocos días de acceder a su cargo, el 17 de febrero de 1981. Esta *executive order*, de aplicación exclusiva a las Agencias ejecutivas y no a las independientes, establece que en la promulgación de todo nuevo reglamento o en la revisión de los existentes, las Agencias ejecutivas se atendrán, entre otros, a los siguientes principios: (1) no se dictará ninguna norma a menos que sus beneficios potenciales para la sociedad sean superiores a sus costes potenciales para la sociedad; (2) los objetivos de la regulación se elegirán con el fin de producir los máximos beneficios netos para la sociedad, y (3) entre los medios alternativos para el cumplimiento de un determinado objetivo de una regulación, se elegirá aquel que entrañe un menor coste neto para la sociedad. Tales principios han pasado a formar parte capital de las argumentaciones de lobbistas que ejercen su actividad ante dichas Agencias.

El principio de la participación pública del derecho administrativo de los Estados Unidos no es universal. Existen excepciones que no deben ni pueden ser examinadas aquí por razones formales y, sobre todo, de contenido. Al lector ávido en profundizar le recomendamos el excelente trabajo de Lavilla, no sin antes mencionar a título indicativo la excepción de «buena causa», por ser la más importante a nivel cualitativo, y que está prevista en la *Administrative Procedure Act* de 1946, en su sección 553 (b), que excluye el deber de permitir la participación «cuando la agencia, por buena causa, determina (e incorpora la determinación y una breve declaración de las razones para ella en la norma que dicte) que la noticia y el procedimiento público sobre ella son impracticables, innecesarios o contrarios al interés público».

*8.4.4. Principios básicos del lobbying ante el Gobierno y la Administración
españoles*

Paralelamente a lo expuesto al desarrollar la organización administrativa, distinguimos en este apartado entre los que podíamos llamar las normas básicas para el
trato lobbístico con el Gobierno y la Administración central del Estado, aplicables a
cualquier actividad de lobbying, y aquellas consideraciones a tener en cuenta en
función de la estructura organizativa sobre la que se pretende influir.

Los profesionales españoles Astorqui y Cachinero establecen tres normas básicas
para tratar con la Administración, muy propias para la cultura burocrática de este país:

1. Evitar el síndrome de «los-amigos-en-altos-cargos»: antes de utilizar contactos, se debe contar con un caso que sea defendible y poseer un conocimiento
perfecto de cuáles son los procedimientos de las decisiones de interés.
2. Evitar el síndrome de «esto-se-resuelve-con-una-comida»: los intereses defendidos deben ser presentados correctamente a través de un expediente con la
información, documentación que los respalden. Asimismo deben razonarse
inteligente y sutilmente.
3. Evitar el síndrome de «intervenir-ahora-y-pensar-después»: debe hacerse
siempre un trabajo exhaustivo de investigación, en el sentido de ser capaz de
prever las reacciones de la Administración.

Atendiendo a la estructura del poder ejecutivo, los profesionales citados establecen los siguientes puntos a tener en consideración en la estrategia de lobbying:

1. El poder real de la Administración reside mucho más abajo de la cadena jerárquica de lo que habitualmente se cree.
2. Las decisiones ministeriales suelen ratificar las iniciativas avanzadas por los
miembros de sus equipos. Estamos en lo mismo; el proceso de formulación de
políticas concretas se inicia desde arriba mucho menos de lo que se piensa.
3. Las decisiones administrativas raras veces son unívocas, sino que son fruto de
decisiones y alianzas complejas que involucran a varios Ministerios, Comisiones interministeriales, el Parlamento, la opinión pública, el gabinete del Presidente del Gobierno y el partido gobernante.

A mayor abundamiento, hay que tener siempre presente que, a pesar de las dificultades de acceso que tienen los ciudadanos y las organizaciones en sus relaciones con la Administración, ésta suele solicitar el concurso y la colaboración de
grupos organizados entorno a un interés concreto a la hora de desarrollar sus políticas públicas.

8.5. El público receptor (II): los actores y el proceso de toma de decisiones en la Unión Europea

La Unión Europea se ha convertido en el principal escenario europeo de la práctica del lobbying. Por varias razones:

1. El lobbying está estrechamente ligado a la construcción europea; no sólo porque la singular estructura de la toma de decisiones comunitaria favorezca su ejercicio, sino porque el lobbying a contribuido a la riqueza de los debates europeos.
2. El grado de renuncia de soberanía de los Estados miembros no es elevado. Al no haberse construido un modelo federal europeo, los intereses nacionales están muy presentes en esos mismos debates.
3. Las decisiones comunitarias son más técnicas que políticas, lo que requiere un grado de información para quienes las toman, que escapa a su formación.
4. Todos estos motivos se ven multiplicados con la aceleración de la construcción europea y la ratificación del Tratado de la Unión Europea (Maastrich).
5. La ampliación de los poderes de la Comisión a partir del Tratado de la Unión.
6. El creciente papel legislativo que ha adquirido e irá adquiriendo el Parlamento europeo, especialmente a través del complicado proceso de codecisión, generando la aparición y creciente desarrollo del número de lobbistas en Estrasburgo.

Hablar de proceso legislativo europeo se hace difícil. La estructura orgánica de las instituciones comunitarios, aunque se corresponde en la forma con un sistema político occidental, anida un proceso legislativo atípico que, dada su falta de notoriedad y comunicación a la opinión pública, conduce a no pocas confusiones.

La importancia de las instituciones comunitarias en el mapa normativo de los estados miembros es obvia. Más del 45 % de las normas que obligan a los españoles se producen en Bruselas. Y el porcentaje aumentará con los años (Jacques Delors dijo que en el año 2.000 el 80% de la legislación económica, financiera y social derivará de Bruselas) convirtiendo a la Unión Europea en el primer foro de la práctica del lobbying de las empresas y grupos nacionales de sus estados miembros y extranjeros.

Veamos ahora cuáles son los actores del proceso de toma de decisión, siguiendo la estructura elaborada por Alonso Pelegrín y Guéguen.

8.5.1. La Comisión

Suele conocerse a la Comisión como el poder ejecutivo de la Unión Europea. Nada más lejos de la realidad. Sin embargo, al gozar de la potestad de propuesta su papel «es decisivo en la legislación comunitaria y, en consecuencia, la atención que deben prestarle los lobbies es crucial» (Alonso).

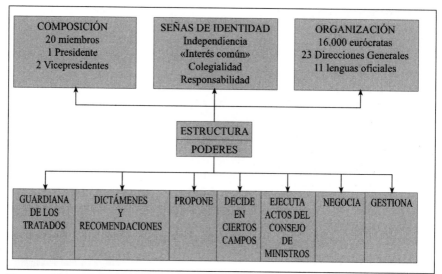

Fuente: Alonso Pelegrín

Figura 27. *Estructura y poderes de la Comisión Europea*

8.5.1.1. ESTRUCTURA

Dada su naturaleza y los poderes que posee, la Comisión goza de una doble responsabilidad: la política y global, de una parte, y la técnica y administrativa, por otra.

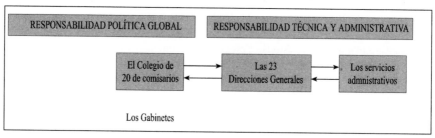

Fuente: Alonso Pelegrín

Figura 28. *Estructura de la Comisión Europea*

8.5.1.1.1. EL NIVEL POLÍTICO

El poder político y global está detentado por los Comisarios (y sus respectivos Gabinetes).

La Comisión está compuesta por 20 miembros, entre los cuales hay un Presidente y dos Vicepresidentes. Cuando se habla de «la Comisión» no referimos pues al Colegio de Comisarios.

En su seno el Colegio de Comisarios es la instancia de decisión.

Los Comisarios juran independencia de los Estados (no deben solicitar ni aceptar instrucciones de ningún Gobierno o Administración nacional) y de los intereses privados (no pueden ejercer ninguna actividad profesional remunerada). También juran confidencialidad. Así, ninguna estrategia seria de lobbying puede basarse en la nacionalidad de un Comisario.

La decisiones son colegiadas, siendo los Comisarios responsables solidarios de cada decisión, lo que constituye un aspecto esencial para la práctica del lobbying, al tener cada Comisario competencia sobre el conjunto de todas las materias.

No obstante, dado el gran número de cuestiones sobre las que debe tratar, los Comisarios se reparten en carteras.

La Comisión se reúne normalmente una vez por semana y sus reuniones de trabajo las preparan los Jefes de Gabinete de los Comisarios en una reunión previa.

Las decisiones se elaboran por el Comisario competente y, sobre todo por los servicios (las Direcciones Generales) y se elevan a la Comisión.

En cuanto a la toma de decisiones, éstas se adoptan por mayoría de los miembros (11 votos como mínimo), siendo el quórum requerido de 11 Comisarios presentes.

En lo referente al lobbying, destaca Alonso Pelegrín los siguientes puntos referidos a la actividad de los gabinetes:

1. Las reuniones entre jefes de gabinete son cruciales, puesto que en ellas deliberan, negocian y preparan el consenso para las reuniones de la Comisión.
2. Los gabinetes están abiertos a recibir la máxima información del exterior, ya que su misión es allanar el terreno para el acuerdo en la reunión de la Comisión.

8.5.1.1.2. EL NIVEL POLÍTICO Y TÉCNICO: LAS DIRECCIONES GENERALES

Conocidas como DG, las 23 Direcciones Generales de la Comisión se identifican por su número romano (DG I a DG XXIII). Algunas dependen de un mismo Comisario. Cómo éstos, los Directores Generales y funcionarios europeos son independientes y neutros.

Sus miembros son conocidos como los *Eurócratas*. Su número en la actualidad es de más de 15.000, de los cuales trabajan 10.000 en Bruselas, 2.500 en Luxemburgo y 2.600 repartidos en oficinas por todo el mundo. Alonso los define como «aquellos funcionarios de la Comisión Europea -verdadero motor del convoy comunitario- que trabajan en alguna de las Direcciones Generales o en cualquier oficina o departamento dependiente de aquélla». Estos funcionarios, de cultura general arraigada y políglotas, consideran entre sus misiones la de escuchar a los lobbies y grupos de presión, pero siempre que los argumentos sean sólidos, tanto jurídica como técnicamente. Basándonos en estas consideraciones, podemos establecer, con Lamarque (1994), las condiciones que no debe poseer el lobbying ante la Comisión:

- Contestar las propuestas sin proponer mejoras o contra-propuestas.
- Esgrimir argumentos nacionales que impliquen nuevas formas de protección, otorgamiento de nuevas subvenciones o propuestas proteccionistas.
- Actuar sobre niveles exclusivamente políticos en aras de la defensa de un interés nacional. En Bruselas las acciones de lobbying de carácter nacional son mal vistas, ya que tienden a frenar el ritmo de la construcción europea.

Las DG son pues los servicios de la Comisión y las *fabricantes* de las decisiones de la Unión Europea. Así pues, los *Eurócratas* representan, a nivel de la Comisión, «el interlocutor habitual del lobbying» (Alonso Pelegrín).

8.5.1.2. PODERES

La Comisión tiene atribuidas cinco funciones: (1) el poder de control; (2) el poder de propuesta; (3) el poder de ejecución; (4) el poder de negociación, y (5) el poder de gestión.

8.5.1.2.1. *EL PODER DE CONTROL*

El primer apartado del art.155 del Tratado de Roma establece que la Comisión «velará por la aplicación de las disposiciones del presente Tratado, así como las disposiciones adoptadas por las instituciones en virtud de este mismo Tratado».

Este papel de guardiana de los Tratados le confiere a la Comisión tres prerrogativas:

- Recurrir al Tribunal de Justicia en caso de que un Estado miembro incumpla sus obligaciones comunitarias.
- Recabar todo tipo de informaciones de los Estados y organizaciones y proceder a todas las comprobaciones necesarias para el cumplimiento de su misión.
- Sancionar a las empresas que incumplan las normas de la libre competencia.

8.5.1.2.2. *EL PODER DE PROPUESTA*

Es el poder que más nos interesa a efectos del ejercicio del lobbying en Bruselas. Cualquiera de las normas jurídicas emanadas de la Unión Europea (reglamento, directiva o decisión) es adoptada por el Consejo de Ministros a propuesta de la Comisión. Luego, la Comisión propone y el Consejo decide.

Efectivamente, en palabras de Alonso Pelegrín, «sin minusvalorar el interés que tiene para las empresas y ciudadanos articular una estrategia de lobbying en el Consejo de Ministros, el terreno ideal para el lobbying se sitúa claramente a nivel de la elaboración de la propuesta por parte de los servicios de la Comisión Europea». Por lo que los lobbies de Bruselas invierten la mayor parte de su tiempo y esfuerzos en esta fase del proceso legislativo europeo; es decir, en influir, modificando o neutralizando la propuesta. Y esto por dos razones: (1) porque una decisión de la Comisión es el resultado de un sinfín de negociaciones en las que participan multitud de actores e intereses, y (2) porque el Consejo de Ministros sólo podrá modificar la propuesta por unanimidad

En la práctica, las propuestas de la Comisión las preparan los servicios de las DG: de la División hasta la propia Dirección General. Esta fase inicial de reflexión es el momento clave para los lobbies para dar a conocer sus posturas. Cuanto más jerárquicamente avance el proyecto, más se oficializa y es más difícil ser escuchado.

Para asistirlos en el análisis técnico de los problemas, los servicios contratan frecuentemente a expertos externos (profesores universitarios, profesionales, empresas consultoras, etc.) de competencia e independencia intachables (por ejemplo, el informe sobre la utilización del azúcar en la industria química fue redactado a petición de la Comisión por el profesor Buchholz del Instituto de Economía Agrícola de Brunswick). También tienen lugar consultas y encuentros entre los servicios de aquellas DG relacionadas con la iniciativa legislativa (por ejemplo, si la futura decisión versa sobre una ayuda de los Fondos Estructurales para apoyar a las PYMES, se consultará a las DG de Industria, de Competencia, de Empresa y de Control financiero). El proyecto se somete a un Comité Consultivo, compuesto de representantes del mundo socioprofesional. Finalmente, la DG correspondiente prepara el documento definitivo que es sometido a la jerarquía de dicha DG, y elevada al Colegio de Comisarios que, previa reunión de los jefes de gabinete, adopta por mayoría la propuesta.

8.5.1.2.3. *EL PODER DE EJECUCIÓN*

El artículo 155, apartado 4º, del Tratado de Roma dispone que la Comisión «ejercerá las competencias que el Consejo le atribuya para la ejecución de las normas por

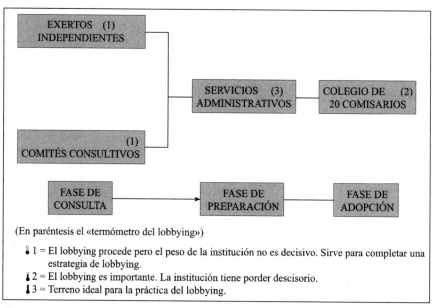

Fuente: Alonso Pelegrín

Figura 29. *La creación de una propuesta en la Comisión Europea*

él establecidas». El Tratado no impone al Consejo que en la normativa que apruebe fije todos los detalles. Por lo que este poder le permite que delegue en la Comisión la reglamentación de aplicación y los procedimientos de ejecución de ciertos temas relacionados con la normativa adoptada por el Consejo de Ministros.

En este sentido, y para respetar el equilibrio de las Instituciones, el Consejo, en la mayoría de los casos, solicita a la Comisión que se deje asesorar por los dictámenes de Comités *ad hoc* compuestos por representantes de los Estados miembros y presididos por un Director General. Estos procedimientos, conocidos como «Comitología», hacen intervenir a diversas clases de Comités, especialmente los consultivos, los Comités de Gestión y los de Reglamentación. La importancia de estos Comités en la práctica del lobbying es fundamental.

Los Comités de gestión

Intervienen en la gestión de las Organizaciones Comunes de Mercado, en el marco de la Política Agrícola Común (por ejemplo: Comité de gestión de las materias grasas, del azúcar, del tabaco, de los cereales, de plantas vivas y productos de la floricultura, de la leche, etc.).

Sus competencias son definidas por el Consejo.

Sus decisiones se toman por mayoría cualificada (62 votos sobre 87), y tras la votación pueden darse dos hipótesis:

- Dictamen favorable o ausencia de dictamen: la Comisión adopta la decisión de ejecución, de inmediata aplicación.
- Dictamen negativo: la Comisión puede adoptar una decisión condicionada susceptible de ser modificada por el Consejo (por mayoría cualificada) en el plazo de un mes. Esta decisión provisional entra en vigor, pero el Consejo dispone de tres meses para anularla.

En la práctica, apunta Guéguen que «la ausencia o la flojísima proporción de dictámenes negativos conduce a concluir que el procedimiento de los Comités de gestión no obstaculiza el poder de ejecución de la Comisión, sino que instaura una colaboración eficaz entre el ejecutivo comunitario y las administraciones nacionales».

Los Comités de reglamentación

Su papel está en continuo auge, especialmente en el ámbito del Derecho alimentario (Comité de productos alimenticios, Comité veterinario permanente, o Comité fitosanitario permanente).

Sus decisiones también se toman por mayoría cualificada de 62 votos sobre 87, y tras la votación también pueden darse dos supuestos:

- Dictamen favorable: la Comisión adopta la decisión de ejecución, de inmediata aplicación.
- Ausencia de dictamen o dictamen negativo: la Comisión no puede adoptar la decisión. Para desbloquear la situación, debe someter una proposición al Consejo de Ministros. En otras palabras, el proceso vuelve a partir de cero.

Dos procedimientos pueden desbloquear la situación provocada por este segundo supuesto.

a) *El procedimiento de la* red.

HAY QUE RECORDAR: El procedimiento se inicia por un dictamen negativo del Comité

1.ª FASE: Este dictamen negativo obliga a la Comisión a presentar de nuevo una propuesta al Consejo de Ministros

2.ª FASE: El Consejo de Ministros dispone de tres meses para decidir.

CUATRO HIPÓTESIS:

1. El Consejo adopta la propuesta de la Comisión por mayoría cualificada.
2. El Consejo modifica, sólo por unanimidad, la propuesta de la Comisión.
3. Pasividad del Consejo. Ante ello la Comisión recupera su propuesta y adopta las medidas inicialmente propuestas al Consejo. Este supuesto se conoce como el *procedimiento de la red*.
4. El Consejo rechaza toda la propuesta. Llegamos entonces al procedimiento de la *contra-red*.

b) *El procedimiento de la contra-red*.

HAY QUE RECORDAR: El procedimiento se inicia por el rechazo pleno de la propuesta de la Comisión por el Consejo

PRINCIPIO: A pesar del rechazo, la Comisión tiene competencias para tomar:

• cualquier *medida apropiada* con el informe favorable del Comité; es decir que se inicia un nuevo procedimiento

• o la misma medida, a condición de obtener un cambio de actitud del Comité de reglamentación que, al inicio, emitió un informe desfavorable.

8.5.1.2.4. EL PODER DE NEGOCIACIÓN

Esta facultad abarca las negociaciones comerciales, las de asociación de estados no miembros, y las de adhesión de nuevos Estados.

8.5.1.2.5. EL PODER DE GESTIÓN

Se extiende al ingreso de fondos propios (derechos de aduana, contribuciones agrícolas, etc.), a la gestión de presupuesto comunitario y a la gestión de medidas de garantías monetarias o comerciales en favor de los Estados miembros (en caso de desequilibrio de la balanza de pagos de un país, por ejemplo, la Comisión puede autorizarle a tomar ciertas medidas conducentes a restablecer el equilibrio comercial, aunque sean contrarias al Tratado de la Unión).

8.5.2. El Consejo de Ministros (o Consejo)

Es el auténtico poder legislativo de la Unión Europea, pues a él corresponde la toma de decisiones. Órgano político de la Unión, emana de los Estados miembros y adopta o enmienda las propuestas de la Comisión a la cual delega la ejecución de sus decisiones.

8.5.2.1. COMPOSICIÓN Y ESTRUCTURA

Su composición es:

• Nacional: el Consejo se compone de representantes de los Estados miembros.
• Política: cada gobierno de los Estados miembros delega a uno de sus Ministros.
• Especializada: no existe un sólo Consejo, sino varios Consejos (de Agricultura, de Transportes, de Economía y Finanzas, etc.) compuestos por los Ministros competentes de cada gobierno.

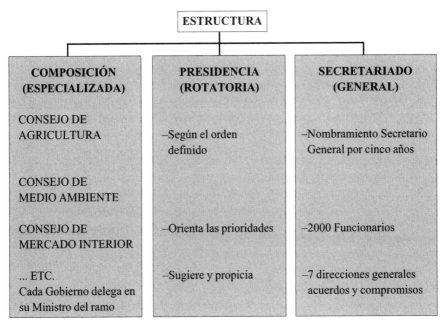

Fuente: Alonso Pelegrín.

Figura 30. *Estructura del Consejo de Ministros*

8.5.2.2. SISTEMAS DE VOTACIÓN

Deben distinguirse tres supuestos.

1. *Mayoría simple* (44 votos sobre 87). Afecta a ámbitos muy limitados y tasados por el Tratado de Roma (art.148).

2. *Mayoría cualificada* (62 votos sobre 87). Es la regla general desde la entrada en vigor del Acta Única, excepto para temas de fiscalidad y de medio ambiente.

Para la determinación de la mayoría cualificada, se ponderan los votos de la forma siguiente:

Alemania, Francia, Italia y Reino Unido	10 votos cada uno
España	8
Bélgica, Grecia, Países Bajos y Portugal	5 cada uno
Austria y Suecia	4 cada uno
Dinamarca, Irlanda y Finlandia	3 cada uno
Luxemburgo	2
TOTAL	87

3. *Unanimidad.* Es la excepción. Sólo aplicable a temas políticos, diplomáticos e institucionales (adhesión de nuevos miembros, procedimiento de votación en el Parlamento Europeo). La abstención no evita la unanimidad.

8.5.2.3. LOS ASISTENTES DEL CONSEJO DE MINISTROS

8.5.2.3.1. EL COMITÉ DE REPRESENTANTES PERMANENTES (COREPER)

El COREPER se compone de los representantes permanentes de cada Estado miembro ante la Unión Europea. Cada delegación permanente está dirigida por un embajador que participa en los trabajos del COREPER para los asuntos de carácter político (COREPER II) o delega a uno de sus ayudantes para los temas técnicos (COREPER I).

La importancia de este comité para el ejercicio del lobbying ha sido puesta de manifiesto por Alonso Pelegrín por las razones siguientes:

1. El COREPER es un foro de diálogo, donde se preparan las decisiones del Consejo de Ministros. Este diálogo se fundamenta en la negociación y en el contacto de cada representante con la administración de su respectivo país. Por tanto, conseguir la alianza de un Ministerio nacional en la acción de lobbying es una factor estratégico crucial en estos casos.
2. En consecuencia, en el proyecto de decisión intervienen los representantes nacionales ante Bruselas, lo que facilita el acercamiento hacia ellos de las empresas y grupos de presión a través del REPER (Representación Permanente del Estado miembro).
3. En tercer lugar, atendiendo al carácter claramente político del COREPER, «el

mensaje, interés particular o presión proveniente de los que hacen lobbying, entra en la *coctelera* de la negociación de cada Estado, muchas veces no tanto por el valor del contenido o la argumentación en que se sostiene la acción de lobbying, sino por criterios impredecibles en ocasiones de coincidencia y oportunidad».

4. La labor de los grupos de trabajo especializados y constituidos a instancias del COREPER (llamados «Grupos del Consejo de Ministros») y por él supervisados. «Un buen lobbying no puede ignorar su existencia ya que, a pesar de lo avanzado del procedimiento decisorio en el momento en que intervienen, estos Grupos *lidian* con cuestiones técnicas y, en ocasiones, determinadas estrategias de acercamiento pueden influir en las conclusiones que tienen un gran peso».

5. Una correcta estrategia de lobbying dirigida al Grupo de trabajo y al REPER «puede acarrear el pre-acuerdo sobre ciertas cuestiones, las cuales, asumidas a su vez por el COREPER, podrán ser incluidas como *punto A* (no sujeto a ulterior discusión) en el orden del día del Consejo de Ministros. Por el contrario, aquellas otras cuestiones políticas o diplomáticas o las que no hayan sido objeto de un pre-acuerdo pasan como *punto B*, son debatidas y, en su caso, votadas».

8.5.2.3.2. OTROS COMITÉS

Ocho comités especializados preparan, como el COREPER, los trabajos del Consejo de Ministros en sus ámbitos respectivos:

- Comité especial del artículo 113 del Comité GATT.
- El Comité especial de la agricultura (C.S.A.).
- El Comité permanente del empleo.
- El Comité permanente para el enriquecimiento del uranio.
- El Comité de investigación científica y técnica.
- El Comité de la energía.
- El Comité de la educación.
- El Comité «Acuerdos de cooperación con terceros países».

8.5.3. El Consejo Europeo

Institucionalizado por el Acta Única, es el órgano de impulso político de la Unión.

Está compuesto por los Jefes de Estado o de Gobierno acompañados de sus Ministros de Asuntos Exteriores, a los que se une el Presidente de la Comisión Europea, acompañado de un Vicepresidente.

Está presidido por el Jefe de Estado o de Gobierno del país que se encarga de la Presidencia del Consejo de Ministros (rotatoria cada 6 meses).

Sus misiones son: dinamizar la construcción europea al más alto nivel, solucionar obstáculos y bloqueos, y definir las líneas directoras de orden general para la cooperación económica y política en Europa.

El lobbying no procede ante este órgano mayor de impulsión política; aunque sus decisiones puedan ser de gran utilidad informativa para los lobbistas.

8.5.4. El Parlamento Europeo

En la actualidad actúan unos 3.000 lobbistas ante el Parlamento Europeo, mientras que en 1971 existía sólo uno.

El origen de esta evolución cuantitativa (reflejo de la cualitativa en cuanto a la instauración del lobbying como profesión en Estrasburgo) se encuentra en las disposiciones del Tratado de Roma de 1957 que concedió al Parlamento una función meramente de consulta, permitiendo a la Comisión –como hemos visto– proponer y al Consejo de Ministros decidir la legislación. Los Tratados posteriores han ampliado la influencia del Parlamento para corregir e incluso adoptar la legislación de manera que, hoy en día, el Parlamento Europeo y el Consejo de Ministros se reparten el poder de decisión en un gran número de áreas.

Dicho esto, no hay que olvidar que , aunque entre sus elementos estructurales se cuenten 9 grupos políticos, su plurinacionalismo les asemeja a los partidos norteamericanos.

Uno de los rasgos característicos del funcionamiento del Parlamento Europeo es el hecho de que las mayorías varían en cada votación. Es imposible encontrar un equivalente a las mayorías existentes en los parlamentos nacionales. Si a esto añadimos que para su constitución no se requiere programa político alguno, entre los factores de decisión ante un asunto que afecte intereses nacionales, éstos primarán sobre los ideológicos y partidistas. En otras palabras, un terreno ideal para el lobbying en defensa de intereses nacionales.

Veamos ahora cuál es su estructura y cuáles son sus poderes, siguiendo para ello el hilo marcado por Guéguen y Lund.

8.5.4.1. Estructura

Compuesto de 626 parlamentarios, conocidos como «eurodiputados», su estructura es la siguiente:

1. Nueve Grupos Políticos. Para constituir un grupo político se requieren 23 diputados de la misma nacionalidad, 18 si son de dos Estados miembros y 12 si están representados tres o más Estados. El apoyo al plurinacionalisamo del que hablábamos es evidente. Los parlamentarios europeos son ante todo elegidos de un Estado. En la práctica, el carácter altamente técnico de los textos debatidos suele ocultar la nacionalidad de los parlamentarios, salvo que un debate ponga en juego la salvaguardia de intereses nacionales. En ese momento, dice Lamarque (1994) su actitud «es tensa y el lobbying no puede más que acompañar esta tendencia, o entonces especular sobre adhesiones o desistimientos de naturaleza individual. La mayoría de elegidos, consciente o inconscientemente, están tentados a hacer prevalecer el interés nacional. Los lobbies encuentran entonces útiles enlaces en su propia representación nacional».

2. 21 Comisiones Parlamentarias, cuya misión es preparar las deliberaciones del Pleno de Estrasburgo. Compuestas entre 25 y 56 eurodiputados, son dirigidas por un presidente y tres vicepresidentes. Los presidentes de las comisiones y los ponentes designados con motivo de una propuesta determinada tienen un papel determinante. Es objetivo determinante del lobbying parlamentario europeo el asegurarse su benevolencia. Sin embargo, ésta es condición necesaria pero insuficiente. El lobbying deberá contar con otros factores: el equilibrio político de la Eurocámara, el impacto nacional del texto debatido y el perfil de los parlamentarios (su asiduidad a las sesiones, su autoridad política o sus competencias personales). En los últimos años, son cada vez más las Comisiones que han decidido permitir al público, es decir, periodistas y lobbistas, asistir a sus reuniones.

3. La Mesa del Parlamento Europeo, que puede adoptar dos formas de composición. La corriente, compuesta por el Presidente del Parlamento, 14 vicepresidentes, y la ampliada en la que se añaden los 9 Presidentes de los grupos políticos. A este último competen las relaciones con las instituciones comunitarias y otras organizaciones internacionales, así como la elaboración del proyecto de orden del día de las sesiones plenarias. Además, la Mesa es el órgano competente para autorizar las audiencias de las comisiones, escenario idóneo para exponer las demandas razonadas de los lobbistas en el ejercicio de su representación.

4. La Junta de Cuestores, compuesta por cinco diputados encargados de las tareas administrativas y financieras que conciernen directamente a los diputados. De ellos depende el registro de inscripción de los lobbistas y son el órgano competente en la autorización de las tarjetas de acceso al Parlamento (ver 10.2.2).

5. Unos servicios propios, encabezados por el Secretariado General, del que dependen 7 Direcciones Generales y el funcionariado del Parlamento.

6. Como ocurre en el sistema parlamentario norteamericano, los diputados del Parlamento Europeo tienen sus respectivos asistentes parlamentarios. Éstos suelen ser elegidos por afinidad política, normalmente en el círculo de relaciones profesionales o familiares del parlamentario. A veces, son incluso estudiantes. Su trabajo consiste especialmente en : leer la prensa para informar al diputado; realizar los resúmenes o informes de utilidad para el diputado o su grupo político; seguir los trabajos de las comisiones parlamentarias y de las delegaciones de las que el parlamentario es miembro; prepararle las preguntas escritas u orales; remitirle la documentación necesaria durante los debates; llevar el secretariado del diputado; organizar sus relaciones con la prensa, etc. Su papel estratégico en la práctica del lobbying es similar al que vimos para los asistentes norteamericanos. Sin embargo, y habida cuenta de su juventud en la mayoría de casos, su posible falta de experiencia puede no aconsejar considerarlos público objetivo de la estrategia lobbística ante los europarlamentarios.

Los públicos aptos para ejercitar dicha estrategia son los grupos políticos (junto con el lobbying directo con los eurodiputados) y las Comisones parlamentarias, pues constituyen los trámites previos por los que *deambula* cualquier decisión antes de llegar al Pleno.

Indica Alonso Pelegrín que «los europarlamentarios ayudan a dar forma, en cada propuesta, a las reacciones provenientes de los Estados miembros así como de las instancias comunitarias..., están acostumbrados a recibir, en tiempo útil, informes relevantes desde el punto de vista técnico (*briefings*) que suponen una gran ayuda a la hora de preparar los oportunos dictámenes;....la última palabra de los europarlamentarios se basa tanto en criterios técnicos como políticos, siendo muy sensibles al contacto diario con los ciudadanos».

Ahora bien, toda esta actividad lobbística en Estrasburgo no hubiera aflorado tan rápidamente si el Tratado de Maastrich no llega a modificar la relación de poderes y la participación del Parlamento Europeo en los procesos normativos comunitarios respecto a los otorgados en su nacimiento por el Tratado de Roma.

8.5.4.2. Poderes

- Poder de consulta, cooperación y codecisión en la aprobación de las leyes comunitarias; que asocian al Parlamento con el proceso legislativo de la Unión Europea.
- Poder de investidura y censura de la Comisión Europea.
- Poder de dictamen preceptivo y vinculante en determinadas materias (acuerdos de adhesión de nuevos Estados miembros, acuerdos de asociación, acuerdos internacionales de importancia significativa, etc.).

- Poder de votar el presupuesto.
- Poder de interpelar y de defensa de los ciudadanos y empresas a través del derecho de petición, del defensor del pueblo europeo o de la posibilidad de abrir una investigación temporal para verificación de infracciones.

A los efectos de nuestro estudio expondremos el primero y último de los poderes relacionados, ya que representan, en palabras de Alonso Pelegrín, «una ampliación cualitativa del margen de maniobra para el lobbying en el Parlamento Europeo en los próximos años: en primer lugar, por el nuevo poder de codecisión de la Eurocámara y condiciona la estrategia del lobbying para influir en la legislación comunitaria cuando se refiera a ciertos campos de actuación; y en segundo lugar, porque con el nuevo derecho de petición y con la introducción de la figura del defensor o mediador del pueblo, se amplían las vías de defensa de los particulares».

8.5.4.2.1. EL PODER DE CONSULTA

El Parlamento Europeo debe ser consultado obligatoriamente en los siguientes ámbitos de la actividad comunitaria:

- La libre circulación de mercancías.
- La política agrícola común.
- El programa general para la supresión de restricciones a la libertad de establecimiento.
- La coordinación de disposiciones legislativas, reglamentarias y administrativas nacionales relativas al reconocimiento mutuo de diplomas y títulos.
- La política de transportes.
- La armonización de disposiciones legislativas para las directivas que requieran la unanimidad del Consejo de Ministros.
- El Fondo Social Europeo.
- El programa marco para la investigación y desarrollo tecnológico.
- La cohesión económica y social.
- El medio ambiente.

El proceso de consulta para adopción de normas comunitarias es el siguiente:

1. La proposición de la Comisión se remite al Parlamento por la Secretaría General del Consejo de Ministros.
2. El Presidente de la *Eurocámara* somete la propuesta a la comisión parlamentaria competente, previo acuerdo de la Mesa.
3. La comisión parlamentaria nombra a un ponente que examina la proposición.

Cualquier miembro de la comisión puede presentar enmiendas que deben ser adoptadas por mayoría (el quórum requerido es de 1/4 de los miembros).

4. El informe de la comisión y las enmiendas aprobadas se someten al Pleno del Parlamento.

5. El Pleno puede:

- Aprobar la propuesta de la Comisión Europea, con lo que se cierra el proceso de consulta.
- Rechazarla; en este caso el Parlamento exhorta a la Comisión a retirar su propuesta. Si la retira, se cierra el proceso. Si la mantiene, debe ser examinada de nuevo por la comisión parlamentaria competente.
- Aprobarla con enmiendas, por lo que la Comisión Europea tiene que dar a conocer su postura sobre cada una de las enmiendas.

8.5.4.2.2. EL PODER DE COOPERACIÓN

Introducido por el Acta Única, refuerza los poderes del Parlamento Europeo en los siguientes temas:

- El principio de no discriminación por razón de nacionalidad.
- La libre circulación de trabajadores.
- La puesta en práctica del programa general para la supresión de restricciones a la libertad de establecimiento.
- El reconocimiento mutuo de diplomas y títulos.
- La armonización de legislaciones para las directivas que requieren la mayoría cualificada del Consejo de Ministros.
- El Fondo social europeo de desarrollo regional (FEDER).
- La puesta en práctica del programa marco para la investigación y desarrollo tecnológico.

El procedimiento de cooperación para la adopción de normas comunitarias se basa en el sistema de doble lectura. Como en el procedimiento de consulta, la iniciativa corresponde a la Comisión Europea, que inicia un proceso que se descompone en cuatro fases:

1. El Parlamento emite, en primera lectura, un dictamen, junto con el Consejo Económico y Social al cual la Comisión debe (salvo excepciones) remitir el texto, según el cual el Consejo de Ministros adopta, por mayoría cualificada, una «postura común» (una especie de decisión tomada en una primera lectura del documento).

2. En el plazo de tres meses, el Parlamento puede, en segunda lectura, adoptar la posición común por mayoría simple, o rechazarla o enmendarla por mayoría absoluta.

3. La Comisión envía el resultado de la votación de la *Eurocámara* al Consejo indicando, en su caso, qué enmiendas acepta.

4. El Consejo adopta la posición común por mayoría cualificada si el Parlamento la aprobó o no se pronunció en el plazo de tres meses y si la Comisión aceptó sus enmiendas; y por unanimidad si el Parlamento rechazó por unanimidad la posición común o si la Comisión no aceptó las enmiendas del Parlamento. El Consejo puede adoptar la propuesta reexaminada modificándola (lo que requiere la unanimidad), o bien rechazarla, lo que puede dar lugar al entierro definitivo de la propuesta o su nuevo estudio al estadio inicial del procedimiento (si no se pronuncia en el plazo de tres meses, se entiende rechazada).

Como su propio nombre indica, la eficacia de este procedimiento depende de la estrecha relación existente entre las tres instituciones comunitarias (Comisión, Con-

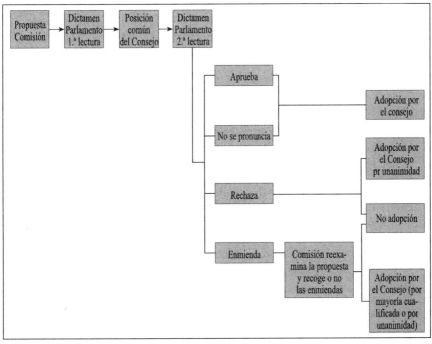

Fuente: Abellán y Vilà

Figura 31. *El procedimiento de cooperación*

sejo y Parlamento). Otorga a la Comisión, en sus diferentes fases, un gran poder de negociación y mediación muy importante para el lobbying; y es obvio el interés de aquella por asegurarse el objetivo perseguido inicialmente de la aprobación de la propuesta. Sin embargo, no es menos evidente el derecho de enmienda y de veto de que goza el Parlamento en este procedimiento, como lo demuestran las cifras: desde 1987, la proporción de enmiendas parlamentarias adoptadas por el Consejo es del 43 % en primera lectura y del 25 % en segunda.

Este *ir y venir* que genera el procedimiento de cooperación institucional es esencial para el lobbista, puesto que permite introducir enmiendas en diferentes etapas, llegando a veces a modificar el texto inicial de la Comisión Europea. Un ejemplo de lo dicho nos lo ofrece E. Weiss respecto del lobbying en la adopción de la directiva sobre el contenido de alquitrán de los cigarrillos.

En el marco del programa *Europa contra el cáncer*, la Comisión presentó al Consejo de Ministros de Sanidad una propuesta de directiva que limitaba el contenido de tabaco de los cigarrillos comercializados en los Estados miembros. El texto, de acuerdo con el procedimiento de cooperación, fue sometido al dictamen en primera lectura del Parlamento. Preveía que a partir del 1 de enero de 1993 el contenido de alquitrán y nicotina en los cigarrillos vendidos en la Unión Europea no podría sobrepasar los 15 mg. por cigarrillo, y 12 mg. a partir del 1 de enero de 1995. Ahora bien, los cigarrillos tradicionalmente fabricados y consumidos en los países productores de la Unión (los del Sur: Italia, Grecia, Francia, España y Portugal) lo son a partir de tabacos negros cultivados en esos países y tienen, por ello, un contenido de nicotina y alquitrán más elevado (entre 18 y 25 mg. por cigarrillo, a veces más para ciertos tabacos orientales cultivados en Grecia) que el de los fabricados a partir de tabacos rubios, importados mayoritariamente de terceros países. Estos cigarrillos rubios responden al gusto predominante de los consumidores y son, por tanto, el privilegio de las empresas inglesas y americanas cuyas fábricas están situadas en los países del norte de Europa: Reino Unido, Países Bajos y Alemania.

Las propuestas de la Comisión conducían a eliminar del mercado del tabaco el producto básico de la producción y de la industria de los países del Sur. De hecho, desde hacía diez años, los productores de estos países, con Francia a la cabeza, habían realizado ya importantes esfuerzos de reconversión hacía el tabaco rubio para adaptarse al gusto de los consumidores, pero, habida cuenta de la importancia de la inversión necesaria, los plazos impuestos por la propuesta de directiva eran incumplibles para la mayoría de países productores. La cultura del tabaco está muy arraigada en los países del Sur, por lo que los esfuerzos de adaptación de la producción europea a las exigencias de la directiva requerían la implantación de programas de reconversión y de formación de los productores para el uso de nuevas técnicas agrícolas. En cambio, nada de esto preveía el texto de la Comisión que situó el debate únicamente en el campo de la protección de la sanidad pública. Se anunciaba, pues, una batalla entre la Europa del Norte y la del Sur.

Ante esta amenaza, los productores, por medio de su federación profesional, llevaron a cabo una acción de lobbying a dos niveles, nacional y europeo, trabajando particularmente con los eurodiputados de los países del Sur.

La acción se inició al principio del proceso de decisión comunitario: en el momento en que el texto de la directiva era sometido al dictamen del Parlamento en primera lectura.

La federación europea de productores de tabaco convenció primero al presidente de la comisión de agricultura del Parlamento, un español, de proveerse del expediente que prepararon y de organizar una audiencia de los representantes de los productores para presentar a los diputados las consecuencias de la directiva sobre la producción tabaquera. Si es cierto que los temas agrícolas eran esenciales en el expediente, sólo la comisión de medio ambiente, la de salud pública y la de protección de los consumidores debían pronunciarse sobre el texto. La comisión de agricultura no fue solicitada al respecto.

Convencido de la necesidad de defender los intereses de los productores europeos, su presidente solicitó que la comisión de agricultura fuera tomada en consideración y organizó una audiencia en el curso de la cual los productores pudieron presentar las conclusiones de un estudio elaborado por un despacho de expertos británicos, escogidos por ser originarios de un país no productor y ser, en consecuencia, más imparciales a la hora de valorar las repercusiones de la directiva.

La federación europea preparó enmiendas a la propuesta de la Comisión para las dos comisiones parlamentarias y para el Pleno de Estrasburgo, implicando a los grupos socialista y comunista, más interesados que los otros grupos en el tema, dado el carácter social del expediente.

Los productores proponían modificar el calendario previsto por la directiva con tal de dejarles más tiempo para adaptarse. En la primera etapa de 1993, la Comisión manifestó, antes del voto del Parlamento, que esta fecha no era negociable dado su valor simbólico. La tasa máxima de 15 mg. no podía superarse en los cigarrillos vendidos en la Unión, con una excepción para Grecia en razón del peso del tabaco en su economía y de la estructura de su producción basada en tabacos negros orientales de gran contenido de alquitrán. En cambio, en la segunda etapa de 12 mg. por cigarrillo en 1995, los productores proponían retrasarla hasta el 1 de enero de 1997. La acción dio sus primeros frutos, puesto que el Parlamento Europeo aceptó esta enmienda en la votación en primera lectura, y a continuación los productores dirigieron su acción ante la Comisión y el Consejo, que la adoptó en su posición común.

8.5.4.2.3. *EL PODER DE CODECISIÓN (O COLEGISLACIÓN)*

Se instaura en el artículo 189 B del Tratado de Maastrich, aunque ya fuera reivindicado por el Parlamento en la asamblea de 14 de febrero de 1984 y recogida en el proyecto del Tratado de la Unión Europea (proyecto Spinelli) que el Acta Única finalmente no había recogido.

El procedimiento de codecisión asocia más estrechamente al Parlamento a la toma de decisiones en cuestiones relacionadas con los capítulos siguientes (aumentando así la consolidación de la práctica del lobbying en Estrasburgo):

- La libre circulación de trabajadores.
- La libertad de establecimiento.
- El reconocimiento mutuo de diplomas y títulos.
- El mercado interior.
- El medio ambiente.
- La defensa de los consumidores.
- Las redes europeas de transporte.
- La educación.
- La sanidad pública.
- La cultura.

El procedimiento de codecisión, aún más complejo que el anterior, parte de la primera fase del procedimiento de cooperación: la Comisión Europea emite una propuesta que, después del dictamen del Parlamento, es objeto de una postura común por el Consejo de Ministros. A partir de aquí se abre un plazo de 3 meses, que puede desembocar en cuatro hipótesis:

1. El Parlamento aprueba la posición común: finaliza el procedimiento y se adopta el texto en los mismos términos tanto por el Consejo como por el Parlamento.
2. El Parlamento no se pronuncia: autoriza al Consejo a adoptar el texto de conformidad con la posición común.
3. El Parlamento indica, por mayoría absoluta, que tiene la intención de rechazar la posición común.
4. El Parlamento propone, por mayoría absoluta, enmiendas a la posición común; y si, en el plazo de 3 meses, el Consejo, por mayoría cualificada (o por unanimidad cuando una enmienda no ha sido considerada por la Comisión Europea), adopta el conjunto de enmiendas, el texto puede ser adoptado definitivamente.

Si el Parlamento ha manifestado su intención de rechazar la posición común, o si el Consejo no ha considerado la totalidad o parte de las enmiendas parlamentarias, se inicia entonces un procedimiento llamado de conciliación, vehiculado a través de un Comité de conciliación.

Este Comité de conciliación está compuesto por los miembros del Consejo o sus representantes y el mismo número de miembros del Parlamento, siendo la Comisión (que participa en sus sesiones de trabajo) la que toma las iniciativas necesarias para acercar los puntos de vista. Se reúne a iniciativa del Consejo si el Parlamento manifiesta la intención de rechazar la posición común, y por acuerdo del Presidente del Consejo y del Presidente del Parlamento si el Consejo no considera las enmiendas votadas por éste:

1. Si, en el plazo de 6 semanas desde su convocatoria, el Comité aprueba un proyecto común, el Parlamento y el Consejo disponen respectivamente de un nuevo plazo de 6 semanas para adoptar el texto de conformidad con este proyecto común, por mayoría de miembros del Parlamento y por mayoría cualificada de los del Consejo.
2. Si, por el contrario, el Comité no aprueba el proyecto común, la propuesta normativa no se adopta, salvo si el Consejo, por mayoría cualificada y en el plazo de 6 semanas, confirma su posición común inicial, con las eventuales enmiendas propuestas por el Parlamento. En este caso, se adopta definitivamente la propuesta, a menos que el Parlamento, en un nuevo plazo de 6 semanas, no rechace el texto por mayoría absoluta, lo que implica el veto absoluto.

Para ser definitivamente adoptado, el texto debe contener así el acuerdo explícito del Consejo y el acuerdo explícito o implícito del Parlamento, gozando éste, en la finalización del proceso, del derecho de veto por mayoría absoluta de sus parlamentarios. En cuanto a la Comisión Europea, sigue gozando del mismo poder de negociación y mediación que vimos respecto al procedimiento de cooperación, perdiendo, sin embargo, el monopolio del poder de propuesta cuando el Parlamento y el Consejo dialogan directamente ante su presencia en el seno del Comité de Conciliación.

Finalmente, debemos señalar que el Consejo y el Parlamento pueden, de común acuerdo, prolongar los plazos establecidos, lo que aligera un poco el ya de por si «pesado» proceso de codecisión.

8.5.4.2.4. EL PODER DE INTERPELAR

Los parlamentarios pueden preguntar a la Comisión Europea o al Consejo de Ministros por medio de preguntas escritas u orales. Desde el punto de vista del lobbying, esta técnica permite frecuentemente desbloquear expedientes embrancados en procedimientos interminables, u obtener inflexiones doctrinales gracias a estrategias de lobbying hasta entonces poco fructíferas.

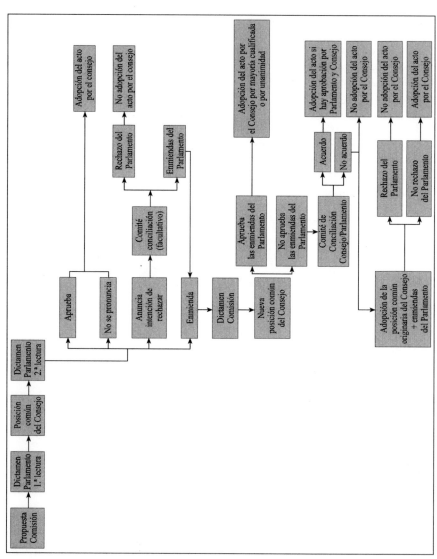

Fuente: Abellán y Vilà

Figura 32. *El procedimiento de codecisión*

8.5.4.2.5. *EL PODER DE DEFENSA DE LOS CIUDADANOS*

Ya hemos manifestado el enriquecimiento cualitativo que para la práctica del lobbying en Estrasburgo supone el otorgamiento, por el Tratado de Maastrich, de este nuevo poder para la Eurocámara, al abonar el terreno para la defensa de los intereses particulares.

De acuerdo con el Tratado citado (arts. 138 C y siguientes):

1. El Parlamento puede constituir una comisión temporal de investigación, para examinar, sin perjuicio de las competencias que el Tratado confiere a otras instituciones u órganos, alegaciones de infracción o de mala administración en la aplicación del Derecho comunitario (art. 138 C).
2. Cualquier ciudadano de la Unión, así como cualquier persona física o jurídica que resida o tenga su domicilio social en un Estado miembro, tendrá derecho a presentar en el Parlamento, individualmente o asociado, una petición sobre un asunto propio de los ámbitos de actuación de la Unión que le afecte directamente (art. 138 D).
3. El Parlamento nombrará un Defensor del Pueblo europeo, facultado para recibir las reclamaciones de cualquier ciudadano o persona física o jurídica domiciliada en la Unión, relativas a casos de mala administración en la acción de las instituciones u órganos comunitarios (con excepción de los Tribunales de Justicia).

La quejas o reclamaciones presentadas por ciudadanos o empresas pueden preceder o anteceder a una determinada acción de lobbying, ya que ésta, como ha apuntado Alonso Pelegrín, «contribuye a aumentar considerablemente las posibilidades de aquéllas». Nos remitimos al excelente manual de este autor para una mayor profundización en el estudio de las quejas y recursos de empresas y ciudadanos ente los poderes públicos comunitarios.

8.5.4.3. EL DERECHO DE ENMIENDA, FACTOR CLAVE DEL LOBBYING EN EL PARLAMENTO EUROPEO

El derecho de enmienda de que goza el Parlamento en los procedimientos que hemos examinado constituye el más claro ejemplo de la influencia de esta cámara en la toma de decisiones comunitarias; y más si tenemos en cuenta que una de cada dos enmiendas adoptadas es tenida en cuenta. La preparación de estas enmiendas es la labor esencial del lobbista en Estrasburgo. En esta dirección apunta Lamarque (1994) que «las enmiendas sólo pueden ser presentadas por un parlamentario pero las redactadas por la mano de lobbistas o más modestamente inspiradas por ellos (o por sus servicios técnicos) responden a la práctica corriente». Señala el profesor francés que todos los lobbistas utilizan, en estos casos, las siguientes tácticas:

1. El eurodiputado es previamente sensibilizado con las tesis del lobby a través de una argumentación sintética orientada hacia las inflexiones que desea. Este documento acentúa las orientaciones nefastas de tal o cual aspecto de una determinada reforma. Demuestra que la petición corresponde al interés general. Los lobbistas suelen desarrollar argumentos relativos principalmente a la defensa del empleo, la salvaguardia de los intereses económicos y sociales, el respeto a las libertades o la protección del medio ambiente.
2. El lobbista dirige al parlamentario o parlamentarios algunas enmiendas minuciosamente preparadas e individualizadas en función de cada problema tratado. Se refieren a artículos completos del texto examinado o a párrafos de los mismos. Suelen presentarse en dos partes: la exposición de motivos que refuerza la argumentación de la enmienda y la propuesta del texto sustitutorio. Lo importante, sin embargo, es el contenido, ya que ningún parlamentario caerá en la tentación de recoger la enmienda ya elaborada por el lobbista por simple pereza, sino sólo por la solidez de sus argumentos y su concordancia con el texto propuesto.
3. La enmiendas se entregan a uno o varios parlamentarios de acuerdo con su competencia o su presumible influencia en el momento de la votación.
4. Las enmiendas se remiten, llegado el caso y a efectos informativos, a personajes clave como al ponente en comisión, los colaboradores directos del parlamentario o el secretariado de los grupos políticos.
5. La evolución de las enmiendas es seguida de manera que el lobbista pueda, en caso de necesidad, completarlas o responder a nuevas situaciones derivadas de la evolución del expediente.

8.5.5. El Comité Económico y Social (CES)

Es un órgano consultivo de la Unión y está compuesto por representantes de los diferentes sectores de la vida económica y social, en particular de los productores, agricultores, transportistas, trabajadores, comerciantes y artesanos, así como de las profesiones liberales y del interés general (art. 193 del Tratado).

Con el CES se institucionalizan los intereses privados, a efectos meramente consultivos, aunque su participación en el proceso de decisiones pueda ser requisito necesario como en el caso del procedimiento de cooperación Consejo-Parlamento Europeo que hemos visto anteriormente.

El hecho de que en su seno se den cita asociaciones sectoriales europeas, expertas en los temas a tratar, es de capital importancia para la estrategia del lobbying euro-

peo, no sólo por su carácter consultivo y, aunque indirectamente (ya que los dictámenes de esta instancia no son vinculantes), decisorio, sino como fuente de información de la tramitación de decisiones y textos comunitarios. El CES es un instrumento de información e integración a la construcción europea de los sectores
socio-profesionales.

8.5.5.1. ESTRUCTURA

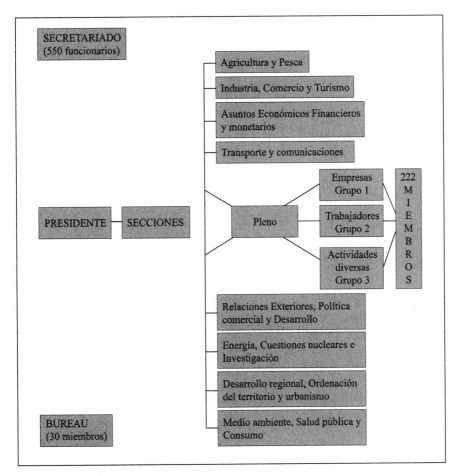

Fuente: Alonso Pelegrín.

Figura 33. *Estructura del Comité Económico y Social*

8.5.5.2. FUNCIONES

El CES participa en el proceso de toma de decisiones como órgano consultivo, emitiendo dictámenes no vinculantes.

El CES es obligatoriamente consultado en los siguientes temas:

- Política agrícola (art. 43 del Tratado).
- Libre circulación de trabajadores (art. 49).
- Derecho de establecimiento (art. 54).
- Libre prestación de servicios (art. 63).
- Transportes (arts. 75 y 79).
- Aproximación de disposiciones legales, reglamentarias y administrativas (art. 100).
- Mercado interior (art. 100 A).
- Política social (arts. 118 y 118 A).
- Fondo social europeo (arts. 126 y 127).
- Formación profesional (art.128).
- Investigación y desarrollo tecnológico (art. 130 O).
- Medio ambiente (art. 130 S).

8.5.6. El Comité de las Regiones

Es el órgano consultivo de la Unión Europea en aquellos asuntos que afecten a las regiones de los Estados miembros.

Respecto al lobbying, Alonso Pelegrín distingue:

a) Para el lobbying de las empresas en cada región de modo particular, es importante en lo que a las ayudas de los Fondos Estructurales se refiere; ya que el papel de las regiones (Comunidades Autónomas en el Estado español) dentro del «triángulo mágico región-Administración central-Bruselas» es crucial para la concepción y desarrollo de estrategias de lobbying empresarial.

b) Para el lobbying en Bruselas a nivel del Comité de las Regiones, aquél procede pero el peso del Comité no es decisivo. En todo caso, sirve para completar la estrategia de lobbying.

Los métodos empleados por los lobbies regionales y locales son los propios del lobbying de los grupos de presión propiamente dichos, si bien con algunas singularidades derivadas de la naturaleza pública de las regiones y municipios. Estos factores diferenciales son:

- Elevados medios financieros.
- El apoyo de los parlamentarios originarios de su ámbito territorial.
- Una imagen favorable, ya que las regiones no están bajo sospecha de perseguir finalidades egoístas; y cuando anteponen objetivos económicos es para una buena causa: desarrollo y empleo. Esta razón es una de las principales en la práctica de las alianzas entre entes públicos y asociaciones no lucrativas ligadas a una causa, también llamadas grupos de interés público, en contraposición a los grupos ligados a un sector económico, conocidos como de interés privado.
- La creación de estructuras especializadas de concentración, como el Comité consultivo de las Regiones de la Unión, instrumento considerable para el lobbying de las regiones (Clamen).

8.5.7. Guía resumen de dónde y cuándo actuar

Ver figura 34.

8.5.8. Tipología de la normativa comunitaria

El primer párrafo del artículo 189 del Tratado de Roma (modificado por el Tratado de Maastrich) dispone que «para el establecimiento de su misión, el Parlamento Europeo y el Consejo conjuntamente, el Consejo y la Comisión adoptarán reglamentos y directivas, tomarán decisiones y formularán recomendaciones o emitirán dictámenes, en las condiciones previstas en este Tratado».

8.5.8.1. EL REGLAMENTO

NATURALEZA: Es obligatorio en todos sus elementos. Establece los objetivos a conseguir y las modalidades para conseguirlos. No pueden aplicarse incompleta o selectivamente.

ORIGEN: En virtud del principio de reparto de competencias coexisten reglamentos del Consejo y reglamentos de la Comisión, de naturaleza y efectos idénticos.

ALCANCE: General, es decir impersonal. Afecta a conjuntos y no a individuos o empresas identificables.

EJECUCIÓN: Directamente aplicable a todo Estado miembro. Su transposición al derecho nacional es automática.

| | IMPACTO EN LOS ESTADOS | | | IMPACTO EN CIUDADANOS Y EMPRESAS |
	ÁMBITO DE APLICACIÓN	OBLIGATORIO EN TODOS SUS ESTADOS	¿APLICABILIDAD INMEDIATA?	¿EFECTO DIRECTO?
REGLAMENTO	*General* (en todo el territorio de la UE)	Sí	Sí (se incorpora automáticamente al derecho interno de los Estados)	Sí (se puede pedir al juez nacional su aplicación)
DIRECTIVA	*General* (en todo el territorio de la UE)	Sólo en sus fines (libertad de medios para los Estados)	No (se precisa un acto de derecho interno)	No, salvo excepciones
DECISIÓN	*Particular* (se refiere a ciertos Estados, empresas o ciudadanos)	Sí	Sí	Sí
RECOMENDACIÓN	General o particular	No	No	No
DICTAMEN	General o particular	No	No	No

Fuente: Alonso Pelegrín.

Figura 35. *Tipología de la normativa comunitaria*

8.6. Los principios básicos del lobbying comunitario

Diversos son los lobbistas profesionales y especialistas que se han manifestado acerca de cuáles son las reglas básicas o los grandes principios que debe seguir toda acción de lobbying ante la Unión Europea.

Lamarque (1994) diferencia entre los principio de actuación ante la Comisión y ante el Parlamento, aunque al citar éstos últimos indique su aplicabilidad a una estrategia de lobbying ante la primera.

Ante la Comisión Europea, los principios son:

1. La Comisión necesita estar informada
Los más de 17.000 funcionarios comunitarios no disponen de medios suficientes para obtener la información. Sin embargo, esto no quiere decir que no seleccionen la que les llega de acuerdo con los criterios de objetividad, desarrollo y corrección.

2. La Comisión posee y puede comunicar informaciones
La información puede ser recíproca. La posición privilegiada de la Comisión le

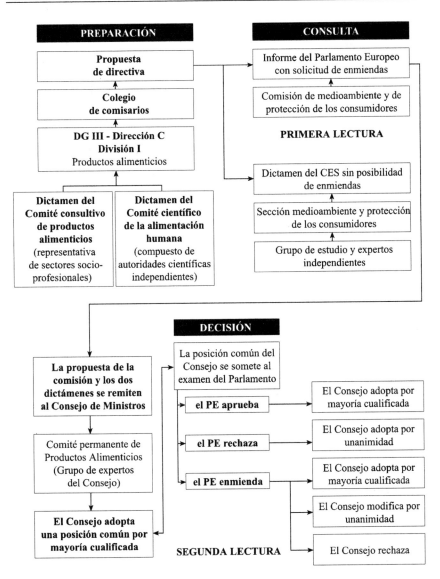

Fuente: Guéguen.

Figura 36. *Esquema simplificado de la elaboración de una directiva alimentaria*

permite recolectar numerosa y valiosa información, muchas veces inédita. Cuanto mejor sea la información remitida por el lobby a la Comisión, más posibilidades tendrá de disponer de las informaciones que ésta posee.

3. *La Comisión actúa con transparencia, al contrario de la mayoría de Adminis-traciones Públicas*

Así, aquellos lobbistas acostumbrados a las trabas y desconfianza en su país, en-cuentran en la Comisión un elevadísimo grado de transparencia en la elaboración de expedientes.

4. *El lobbying requiere perseverancia*

Toda acción de lobbying lo es a largo plazo. A menudo, la adopción de una pro-puesta de la Comisión requiere algunos años (el proceso de adopción de una directi-va suele durar dos años). Esto hace necesario un intenso seguimiento y control (*mo-nitoring*) de la legislación en proceso de elaboración o de modificación.

5. *El lobbying es caro*

6. *La evaluación del lobbying es imposible en Bruselas*

Las decisiones comunitarias son el resultado de una estrategia compleja en la que intervienen posturas antagónicas. Ningún lobbista puede apropiarse del resultado favorable de una decisión.

Por otro lado, los principios de aplicación a cualquiera de las instancias europeas, aunque Lamarque los cite en referencia al lobbying parlamentario europeo, son:

1. *La vigilancia*

Antes de toda acción de lobbying, la empresa o grupo de presión, directa o indi-rectamente, debe reunir los elementos de información, construir su doctrina, definir su estrategia y jerarquizar sus prioridades.

2. *La paciencia*

El lobbying supone asiduidad y perseverancia. En el procedimiento comunitario, la fase legislativa es más larga que la de un Estado miembro, y los textos son por na-turaleza evolutivos y lo conseguido un día puede siempre reconsiderarse.

3. *El realismo*

La casi totalidad de las acciones de lobbying tropiezan con intereses opuestos. El lobbista debe así esforzarse en convencer al interlocutor de la validez y pertinencia de su razonamiento. Debe prever las respuestas a las objeciones que de buen seguro le formularán. Este pragmatismo no debe excluir una técnica fundamental: la de las alianzas. Las mejores estrategia de lobbying buscan la federación de intereses, ya que el aislamiento es, raramente, garantía de éxito.

Los «consejos esenciales para lobbistas principiantes» de Nonon y Clamen son:

1. Conocimiento del entorno comunitario: instituciones, momentos clave, las personas.

2. La entrada en el entorno comunitario: la información, la supervisión legislativa, los canales de información, estar presente.
3. El establecimiento de alianzas: nacionales, internacionales, las asociaciones *ad hoc*.
4. La intervención en el origen de la elaboración de la normativa.
5. La aceptación de las realidades: tener un objetivo, no oponerse a la «lógica comunitaria», ser positivo y constructivo, aceptar los compromisos, hacer que se respeten los propios derechos, tener en cuenta las tendencias predominantes, reconocer que una batalla está perdida.

Para terminar, Alonso Pelegrín señala cinco «reglas de oro no escritas». A diferencia de las anteriores, estas reglas, aunque muy similares en su contenido (tampoco se trata de descubrir ningún secreto, que no los hay), van más dirigidas a las empresas que a los lobbistas.

1ª. Conocer a fondo el medio comunitario

No sólo deben conocerse los procedimientos de toma de decisiones, sino sus momentos decisivos y las personas «de carne y hueso» que los conducen. Este conocimiento debe ir acompañado del seguimiento exacto y preciso del desarrollo de una directiva o programa. En este punto, no hay que olvidar que la Comisión no sólo es receptiva con la información que le puedan aportar las organizaciones, sino que también actúa de oficio alentando el intercambio con los operadores económicos afectados por el programa anual de trabajo que elabora pormenorizando los múltiples planes de acción en el ámbito de la construcción europea. En esta fase del llamado «lobbying técnico», dicen Gilchrist y De Andrés, el programa anual de la Comisión será un instrumento básico para elaborar propuestas y recomendaciones de las organizaciones para plantearlas ante la Comisión, directa o indirectamente (mediante comparecencias públicas). Evidentemente, esta actitud de iniciativa de la Comisión no puede generar que el lobbista se duerma en su seguimiento, ya que se trata de un instrumento más del mismo y no un ahorro.

2ª. Entrar en el mundo comunitario

Consiste, en palabras de Alonso, en pasar a la acción invirtiendo recursos humanos y materiales.

En cuanto a los medios humanos, las vías principales de acceso al medio comunitario son:

- «Colocar» a personas de confianza en alguna de las pieza que conforman la maquinaria comunitaria (en comités consultivos o consultores externos de la Comisión para la evaluación de la viabilidad de las decisiones, etc.).
- Contratar a antiguos funcionarios comunitarios, por su conocimiento del medio y sus contactos.

• Contratar a profesionales del lobbying

En lo relativo a los medios materiales, la entrada en el medio comunitario pasa por:

• Estar bien informado y en el momento preciso.
• Estar en permanente vigilia legislativa; condición necesaria y previa de toda estrategia de lobbying.
• Creación de una estructura permanente en Bruselas, que se beneficia de la proximidad con las fuentes de información y por tanto más fluidez en su acceso, pero cuyo elevado coste para la empresa es un gran inconveniente.

3ª. Buscar alianzas

El éxito del lobbying depende mucho de la unión de los intereses defendidos. De hecho, ya no existe programa comunitario o subvención que no exija, incite o propugne -expresa o tácitamente- las alianzas o asociaciones entre empresas. Alonso sitúa estas alianzas a un doble nivel:

a) El nacional (ir de la mano de la Administración central o regional)

La Administración es el primer interlocutor formal ante la Unión Europea, por lo que no se puede prescindir de su apoyo a través de algunos de sus departamentos que, no sólo están en contacto regular con su REPER (representación permanente en Bruselas), sino que participa activamente, a través del Ministro correspondiente, en el principal órgano legislativo de la Unión: el Consejo de Ministros. La alianza con la Administración autonómica no es menos importante, en especial para las estrategias de lobbying para acceder a los Fondos Estructurales Comunitarios de los que emanan subvenciones para evitar desequilibrios regionales.

b) El comunitario

Estas alianzas se pueden concretar en: asociaciones europeas para defender puntos de vista europeos ante futuras normas; socios de otros países (empresas, universidades, centros de investigación, regiones, ayuntamientos, cámaras de comercio, etc.) a la hora de presentar candidaturas conjuntas en los programas comunitarios; empresas y sectores económicos de otros países afectados por un mismo problema; etc.

4ª. Intervenir lo antes posible

«Hay que actuar en el momento mismo de la génesis de la decisión, y, si es posible, tener preparadas propuestas alternativas que, de modo inteligente, se incorporen al acervo –no sólo documental– sino en lo que a predisposición mental se refiere, del funcionario responsable (siempre hay uno) del lanzamiento de la futura decisión». Las decisiones de Bruselas no surgen por arte de magia, sino que son el resultado de un laborioso, complejo y largo proceso, al que la acción de lobbying no puede desvincularse.

5ª. Realismo y sensatez
Esta regla se traduce en cinco consejos:

• Saber hacia dónde se va (fijarse un objetivo).
• No ir en contra de la corriente de la lógica comunitaria (no utilizar argumentos nacionalistas y particularistas).
• Ser moderado, positivo y constructivo (más que convencer al *eurócrata*, se trata de aportar argumentos sólidos que puedan serle de utilidad en el proceso interno de toma de decisiones).
• El compromiso es el «rey» (cualquier decisión comunitaria es el resultado de un consenso, por lo que el lobbying de bloqueo por una minoría no es aconsejable).
• Defender la «lógica comunitaria» con uñas y dientes (el buen lobbista debe responder con contundencia, rapidez y constancia ante cualquier atisbo de ataque a la «lógica comunitaria»).

Observará el lector que, y ya lo dijimos al principio, aquí no hay secretos que valgan, y la similitud de todas las propuestas haría inútil cualquier iniciativa nuestra en ese sentido.

8.7. El poder judicial como sujeto pasivo del lobbying

En todo Estado estructurado como «de Derecho» existen unas relaciones entre los grupos de interés, de naturaleza asociativa o societaria, y el poder judicial.

Dichas relaciones, tildadas de «fuliginosas» por Castillo, sólo pueden contemplarse desde la perspectiva jurídica, independientemente de las psicológicas propias de la naturaleza humana de los jueces.

El lobbying ante el poder judicial no existe; no es legítimo ni legal. La resolución de los conflictos de intereses por los jueces y magistrados es de naturaleza jurídica, al igual que su modelo procesal. Las instancias jurisdiccionales tienen su razón de ser en su independencia, y su actuación debe situarse escrupulosamente en los límites de esa independencia y autonomía; aunque la actuación de algunos magistrados nos lleve a pensar lo contrario. La única manera de ganarse la confianza de los jueces es actuando conforme a Derecho, a través de los mecanismos que la ley procesal otorga a las partes.

Esta categórica afirmación se aplica tanto a nuestro país como en el ámbito de la Unión Europea. Sin embargo, contrariamente al resto de democracias, en los Estados Unidos se practica el lobbying judicial. Las razones: (1) el, de nuevo, complejo sistema de elección de los jueces, compuesto por varios procedimientos, entre los cuales está el de la elección directa por los partido, y (2) la autonomía de gestión de *su* tribunal por lo jueces locales, permitiéndoles contratar al personal, lo que da lugar a un considerable clientelismo. Toinet cita el caso del presidente del Tribunal Supremo de Nueva Jersey, que de entre sus 23 *colaboradores*, 6 eran de la potente compañía de seguros *Prudencial*.

En el estado español hay algunos ejemplos de movilización de la opinión ante el poder judicial. En efecto, el periódico *El Punt* de Girona, con motivo del arresto de unos cincuenta supuestos independentistas días antes de la celebración de los Juegos Olímpicos de Barcelona de 1992 por orden del magistrado de la Audiencia Nacional, Baltasar Garzón, encartó en cada ejemplar del diario tres tarjetas postales dirigidas al entonces Ministro del Interior, José Luis Corcuera, al Presidente de la Generalitat de Catalunya, Jordi Pujol, y al citado magistrado-juez, en las que solicitaba la liberación (ver figura 37) para ser enviadas por sus lectores a sus respectivos destinatarios. No podemos precisar la relación de causa a efecto entre esta acción, que se conjugó con la celebración de actos culturales solicitando dicha liberación, y la posterior liberación sin fianza ni encausamiento de la práctica totalidad de los detenidos; pero una cosa si es cierta: desde Girona, y al más puro estilo del *grassroots lobbying* americano (aunque sin la percepción de espontaneidad que esta forma de lobbying requiere), *El Punt* se ha convertido, con ésta y otras acciones (ver 11.2), en unos de los grupos de interés público con un mayor grado de eficacia en sus escasas actuaciones como lobby.

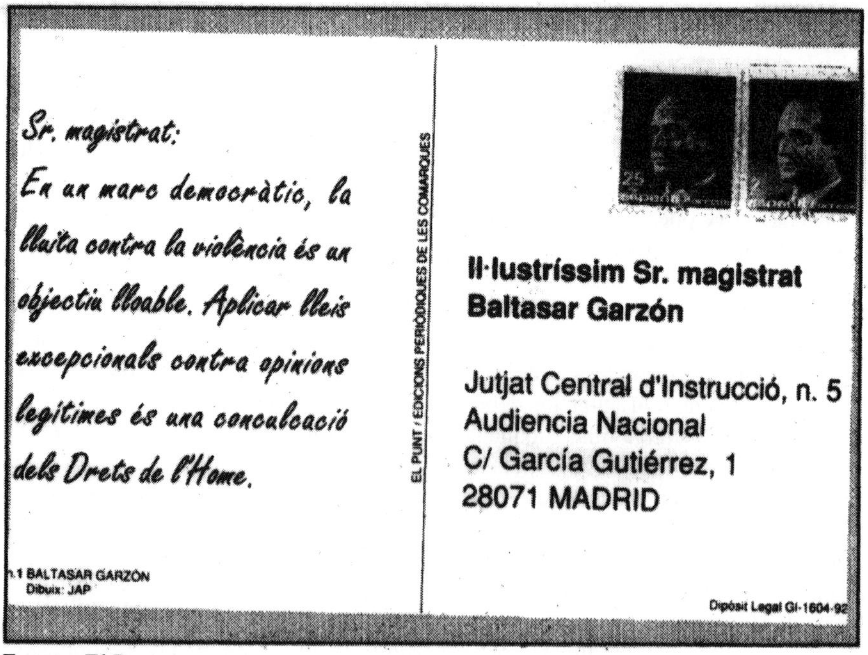

Fuente: El Punt

Figura 37: *Reverso de la tarjeta postal encartada en* El Punt *el 11 de julio de 1992*

9

Metodología del lobbying

Las etapas del proceso de lobbying; es decir su método, como el de las relaciones públicas de las que forma parte, componen los apartados de esta parte de nuestra exposición: (1) investigación; (2) estrategia; (3) ejecución, y (4) evaluación. Con la especificidad, empero, de que la identificación de los públicos o *stakeholders* se centra en el ámbito de los poderes públicos.

9.1. Investigación

Las organizaciones suelen introducirse en el mundo de las relaciones institucionales o con los poderes públicos cuando una necesidad interior se asocia con una política, tema o problemática específicas del debate público (*public issues*) que suele preceder a la toma de decisiones.

El lobbying, como vimos, no es más que un aspecto de las relaciones que una empresa es susceptible de mantener con los poderes públicos. Por consiguiente, escoger una estrategia adecuada está condicionado a las actitudes que la empresa adopte respecto de estos. Por lo demás, y sea cual sea la estrategia seleccionada, son necesarios varios presupuestos o requisitos para optimizar las posibilidades de éxito. Para Farnel, cuyo estudio ofrecemos en este punto concreto, estos requisitos afectan tanto a los comportamientos de los cuadros directivos implicados en la puesta en práctica de actividades de lobbying, como a su conocimiento del funcionamiento del proceso de decisión pública. Estos requisitos y las actitudes de la dirección de la empresa respecto a los poderes públicos actúan como condicionantes en el proceso de selección de una opción estratégica particular.

Tratándose del proceso de decisión política, sin un conocimiento práctico de los procesos y centros de toma de decisiones de los poderes públicos, es improcedente proyectar la puesta en práctica de una estrategia coherente y de un conjunto de tácticas de lobbying apropiadas para una situación determinada. Uno de los principales problemas de esta materia es que se trata, las más de las veces, de un universo en permanente evolución, variado y complejo. Conviene pues reciclarse frecuentemente y no dar nada por sabido. Por otra parte, el problema se acentúa en el caso de las empresas paneuropeas, que operan a diferentes niveles: el de su propio gobierno y, eventualmente, el de otros países miembros, de un lado, y el de Bruselas y Estrasburgo, por otro.

«En toda estrategia de lobbying –dice el lobbista de la agencia Burson-Masteller de París, Patrick C. Robert– la fuerza de persuasión de los artesanos de su puesta en práctica constituye el arma principal de la que disponen para conseguir sus objetivos. Esta fuerza depende principalmente de su aptitud para asentar su credibilidad ante los diferentes interlocutores, públicos o privados, credibilidad que deriva a su vez de sus propios comportamientos. Es *(la credibilidad)* ante todo función de su integridad, caracterizada por la capacidad de hacer abstracción de sus opiniones personales y de demostrar cómo la postura defendida por la empresa tiene en cuenta el interés público y contribuye al mantenimiento o al establecimiento de una buena política». Pero la fuerza de la persuasión también está ligada a la calidad, honestidad y rigor de las informaciones en las que se basa la argumentación. Así, por ejemplo, dice Robert, que «la puesta a disposición de los poderes públicos de los resultados de un análisis de impacto de sus eventuales iniciativas sobre la empresa permite no sólo a los funcionarios concernidos el conocer mejor a ésta última, sino también de juzgarla seriamente».

El otro condicionante a la hora de escoger entre una u otra estrategia de lobbying es la actitud de la dirección respecto a los poderes públicos. Independientemente de su tamaño (factor crucial de su poder de influencia), su sector de actividad y la naturaleza de sus operaciones, operan dos condicionantes más: (1) los valores, convicciones y percepciones de los responsables de las relaciones gubernamentales, que influyen en la determinación de los objetivos perseguidos; es decir, el grado de implicación en la cultura empresarial de las *public affairs* y del lobbying; y (2) la experiencia de la empresa en materia de políticas públicas.

Según estos parámetros, Farnel establece tres posibles actitudes de la empresa ante los poderes públicos, propias del *public issues management* como instrumento consustancial de la puesta en marcha de una política de *public affairs*:

a) La actitud pasiva: la empresa se limita a reaccionar a las iniciativas gubernamentales y legislativas cuando éstas se manifiestan.

b) La actitud de anticipación: la empresa intenta identificar con anterioridad a su manifestación las iniciativas estatales, con el fin de minimizar las implicaciones negativas o de maximizar las positivas, pero sin pretender influenciar su elaboración.

c) La actitud activa: la empresa pretende influenciar la toma de decisiones en materia de políticas públicas para intentar modificarlas en beneficio propio, dotándose de un programa activo de relaciones gubernamentales y lobbying. Esencialmente, en este caso la empresa se prepara para iniciar acciones de lobbying.

Partiendo de la base de la necesidad de considerar a la empresa actitudinalmente activa, el proceso de investigación debe proceder, mediante las técnicas del *issues management*, a analizar las necesidades y relacionarlas con las cuestiones o problemáticas públicas.

9.1.1. Análisis e identificación de las necesidades de la organización

Las cuestiones gubernamentales que más comúnmente pueden afectar a las empresas son aquellas que aumentan el coste y la dificultad de la gestión. Algunas provienen de leyes o reglamentaciones existentes; otras, de propuestas futuras de la acción gubernamental.

Estas problemáticas suelen traducirse en quejas del tenor siguiente:

- ¿Por qué tenemos que aguantar esta regulación injusta?
- ¿Por qué tienen previsto implantar un nuevo impuesto? ¿Por qué los planes del Gobierno nos situarán en desventaja con nuestros competidores?
- ¿Por qué debemos cumplir con tal o cual requisito de salud pública, medio ambiente o defensa de los consumidores?
- Etc.

Esta retahíla de preguntas debe contestarse con otra: ¿Qué podemos hacer al respecto? (su consiguiente y deseable contestación: lobbying).

Para poner en marcha una estrategia de lobbying frente a lo que se esté preparando en los ámbitos legislativo y gubernamental, los dirigentes empresariales deberán evaluar sus necesidades con respecto a las políticas públicas. Esta identificación se construye a través de investigaciones sobre los *public issues*, del siguiente tenor:

- Qué tendencias en la elaboración de políticas públicas pueden afectar a la organización.
- Qué propuestas han considerado los poderes públicos a la hora de aplicar medidas más gravosas económicamente, o de limitar el marco de nuestras operaciones; en una palabra, investigar los orígenes de los frenos gubernamentales a la rentabilidad de la empresa.
- Qué cambios sobre las exigencias normativas podrían rebajar estos costes o restricciones
- Si hay modificaciones previstas a corto, medio o largo plazo que puedan afectar positiva o negativamente.

- Qué cambios en la normativa permitirán abrir mercados o productos y servicios que hoy los tienen cerrados.
- Qué cambios nos facilitarán satisfacer los objetivos propuestos en otros ámbitos, como el no lucrativo.
- Etc.

Es cuestión, en definitiva, de aplicar la metodología propia del *public issues management* desde la perspectiva de las *public affairs*, cuya implementación táctica, sugerida por Seitel, es la siguiente:

a) Identificación de los temas (*issues*) y las tendencias en materia de políticas públicas (*issues identification*).
b) Evaluar su impacto y fijar las prioridades de la organización (*issue analysis*).
c) Conexión de los temas con la organización (*issue strategy options*).
d) Diseño y desarrollo de la acción para alcanzar los resultados (*issue action program*).

La fase de investigación de una estrategia de lobbying debe ir precedida de las tres primeras etapas, y coexistir en su planificación y ejecución con la cuarta.

En el marco de la Unión Europea, como apunta Alonso Pelegrín, antes de iniciar el proceso estratégico del lobbying «debe procederse a analizar los efectos de las decisiones de Bruselas en el desarrollo de la actividad de la empresa, así como su posición competitiva en el mercado. Esto implica, por un lado, un análisis de los puntos fuertes y débiles de la empresa en el contexto del mercado único; por último, la decisión de tomar parte activa en el desarrollo de las diferentes políticas de la Unión Europea y la organización práctica del esfuerzo (del lobbying o *public affaires strategy*) por parte de la empresa». Este autor, en un esfuerzo por integrar el análisis SWOT y después de observar que el concepto de «Mercado único» debe entenderse dinámicamente (dimensión que Europa está adquiriendo progresivamente) y no como «objetivo político teóricamente conseguido en 1993», propone, traducidas interrogativamente, ocho áreas de análisis para determinar las fortalezas y debilidades de la empresa ante el Mercado único:

- ¿Cuál es su posición en el mercado? ¿Es posible, a partir de esa posición, expandir sus actividades a nivel europeo?
- ¿Qué puntos débiles y puntos fuertes existen en la actividad de Investigación y Desarrollo (I + D) dentro de la empresa?
- ¿Resulta posible aumentar la productividad gracias al Mercado Único?
- ¿Se encuentra la empresa dimensionada (en términos de recursos humanos y financieros) de cara al Mercado Único?
- ¿La rentabilidad de la empresa está en línea con la de empresas del mismo sector? ¿Es mejorable gracias al Mercado Único?

- ¿Se ajusta el estilo de los ejecutivos y dirigentes (*management*), así como los resultados de su gestión, a las necesidades del nuevo entorno competitivo?
- ¿La cultura corporativa de la empresa y los programas internos de formación de recursos humanos tienen en cuenta la realidad del Mercado Único y sus consecuencias?
- ¿Posee la empresa una dimensión europea en sus relaciones con el exterior?

Este análisis debería incluir:

- Información sobre resultados de empresas competidoras en el mismo mercado. Su capacidad para entrar en nuevos mercados o su deseo de hacerlo, eventualmente.
- Reacciones de los compradores ante el progresivo Mercado Único: producción, inversión, expansión o localización. Reacción ante los cambios de los precios.
- Análisis del mercado público (contratos de las Administraciones públicas) en cada Estado miembro. ¿Qué efecto va a tener la entrada de competidores extranjeros? ¿Se abren nuevas oportunidades para la empresa en otros países? ¿Se establecerán nuevas reglas al respecto?
- El impacto financiero en la empresa derivado del Mercado Único. ¿Qué efecto tendrá, en particular, el aumento de la competitividad en el sector financiero en lo relativo a coste y disponibilidad del dinero? ¿Cuál es el diferencial actual entre los Estados miembros en lo relativo a impuestos y cuál será la tendencia en los próximos años?
- ¿En qué se traduce a nivel empresarial la futura Unión Económica y Monetaria?
- Conocimiento profundo de la normativa actual y su previsible evolución en aquellos campos de interés vital para la empresa. ¿Cuáles serán las reglas del juego en mercados de interés potencial para la firma?

Una vez realizado este análisis, «las ventajas de tomar la decisión de crear en la empresa una estrategia de lobbying (comunitario) son:

1. La evaluación del impacto en la empresa de la progresiva consecución del Mercado Único con la debida previsión.
2. La empresa desarrollará un perfil, tanto de puertas afuera como internamente, que resulta necesario por la propia europeización del marco de actuación y de las reglas de juego» (Alonso Pelegrín).

Dejando de momento a un lado el análisis europeísta y volviendo al generalista, una cosa es definir las necesidades y otra bastante distinta es satisfacerlas. Para cada necesidad existe una problemática, potencial o real, que la organización debe definir «interna, clara y cuidadosamente» (Mack).

9.1.2. Definición e investigación de los public issues

Una vez definidas las necesidades, hay que relacionarlas con los temas, asuntos, cuestiones, problemáticas públicas (*public issues*) que las satisfagan o las desafíen.

Una problemática o *public issue* puede ser en sentido estricto, por ejemplo, toda legislación que pretenda restringir la comercialización de los productos de la empresa. Así la podrían definir las tabaqueras.

Ahora bien, también pueden ser más concretas: una proposición que disminuya la velocidad máxima de los automóviles o que prohiba el paso de camiones por el centro de una ciudad (obligándoles a utilizar vía de pago). En sentido amplio, se considera *public issue* cualquier cuestión de carácter público o social (medioambiente, salud pública, seguridad vial, etc.).

La investigación de las cuestiones públicas se articula sobre la base de tres elementos:

1. Formular las preguntas para conseguir la información necesaria.
2. Saber cómo y dónde obtener las respuestas.
3. Analizar e interpretar los resultados considerando las necesidades de la organización.

Se trata, en definitiva, de apuntar (investigar) antes de disparar (actuar). En materia de lobbying, apuntar significa saber qué está ocurriendo en el terreno de los poderes públicos (agenda pública) y por qué; y si el impacto puede ser o es interno (sobre los empleados) o externo (competencia o posibles aliados).

Para el desarrollo del sondeo de las políticas actuales, el lobbista deberá centrar su labor de averiguación en los siguientes ámbitos:

- Qué proyectos normativos existen al respecto, cuál es su contenido y su incidencia.
- Quiénes son sus impulsores; esto es, qué grupos de presión, empresas o alianzas los promueven o podrían sumarse a su promoción.
- Cuál es la razón subyacente de la propuesta y cuáles son las motivaciones de sus partidarios.
- Quiénes son sus oponentes reales y potenciales, y cuáles son sus motivaciones.
- Existencia o no de informes relevantes del gobierno, dictámenes universitarios u otra documentación sobre el asunto.
- Qué expectativas de éxito tiene la propuesta.
- Qué implicaciones políticas existen.
- Si es parte importante de la estrategia legislativa del gobierno.
- Cuál es el calendario probable de la iniciativa legislativa.

• Cuáles son las implicaciones estratégicas y a largo plazo de la problemática para la empresa u organización.

• En los Estados Unidos, si se convocan *hearings*, quiénes serán los testigos y qué argumentos se presentarán (Mack).

Esta investigación ha de ser permanente («vigilancia constante» decíamos al descubrir la definición que de las relaciones públicas hacía Ugeux), requiere ser llevada al día, pero teniendo muy en cuenta que el entorno político, legislativo y reglamentario puede modificarse rápidamente.

9.1.3. Evaluación de la efectividad

Una vez conocidas las necesidades y cuestiones que pueden afectar a la organización, hay que analizar las posibilidades de éxito. Dice Clamen que deben considerarse diversos factores:

a) El estado de la decisión deseada:
• más o menos avanzada
• más o menos influenciable
• responde, más o menos, a una expectativa de la opinión pública
• más o menos onerosa para las finanzas públicas

b) El estado de las fuerzas:
• grupos de presión favorables a la postura
• posibilidad de alianzas
• grupos desfavorables a la posición
• conformidad de la decisión esperada con la doctrina general de la Administración en esa materia
• posibilidad de contenciosos (en caso de éxito, plantearse si otros grupos pueden acudir a los tribunales de justicia)

c) Posibles consecuencias:
• en términos de imagen: la posición adoptada por la organización, ¿valorará o minusvalorará su imagen?
• en términos de conexiones: ¿la acción dará lugar a nuevos contactos útiles o nuevas alianzas?

9.1.4. Fuentes de información pública

Como su propio nombre indica, la mayor parte de la información sobre *public issues* es de dominio público, aunque no siempre publicada. Antes de abordar en concreto la fuentes públicas de información, básicas para la recogida de datos en nuestra investigación, no queremos dejar pasar la oportunidad de hablar de una nueva profesión, de creciente auge y de una gran utilidad instrumental en el proceso de diagnosis y de análisis situacional previo a la fase estratégica del lobbying: los llamados «mediadores de información»: individuos u organizaciones que realizan búsquedas de información para terceros, a cambio de una contraprestación. La introducción al código de conducta para mediadores de información, elaborado por la *European Association of Information Services* (EUSIDIC), es muy esclarecedor al respecto: « Junto a la mano de obra, la materia prima y capital, la información ha llegado a ser el cuarto elemento esencial de la producción. Afortunadamente, la información, correctamente adquirida y gestionada, puede ser utilizada como un elemento de apoyo para aumentar la capacidad del personal, tomar mejores decisiones, conseguir aumentos en la productividad, abrir nuevas áreas de trabajo y conseguir ventajas estratégicas respecto a los competidores. El acceso a la información actualizada es de una importancia capital para todas las empresas, no sólo para las multinacionales gigantes que disponen de la financiación necesaria para invertir en sofisticados sistemas de información o para las grandes empresas con sus propios departamentos de información, sino particularmente para la pequeña y mediana empresa. La cantidad de información que se produce rápidamente plantea el problema de mantenerse al día con todas las fuentes existentes, tanto a nivel nacional como, y a mayor escala, a nivel europeo e internacional. ¿Dónde pueden las empresas encontrar información sobre nuevos mercados, nuevos productos, nuevos distribuidores, procesos y oportunidades comerciales? ¿Cómo pueden identificar el tamaño del mercado potencial de sus productos o servicios? ¿Cómo pueden obtener información financiera sobre determinadas compañías? ¿Dónde pueden conseguir detalles acerca de la legislación que afecta a sus productos, a su ámbito de trabajo o a su capacidad potencial de exportación? ¿Cómo pueden tener acceso a pliegos de condiciones en el tiempo adecuado para que respondan antes de que expire el plazo? Incluso la capacidad para averiguar qué información está disponible puede ser de vital importancia para la pequeña y mediana empresa. Un mediador de información puede proporcionar acceso tanto a fuentes de información convencionales como a servicios de información electrónica... Los mediadores de información pueden considerarse como asesores profesionales... pueden ayudar a sus clientes identificando las fuentes de información más adecuadas para las necesidades de una empresa o de un individuo».

Entre la fuentes de información no escrita, a parte los mediadores de información, encontramos:

- personal de la Administración
- parlamentarios
- miembros y asesorías jurídicas de partidos políticos
- *think tanks*
- grupos de interés común o similar
- grupos de presión *ad hoc* (ejemplo: Cámara de Comercio, Colegios Profesionales, etc.)

Todo lobbista tiene en estas fuentes una red de información que debe cultivar y mantener continuamente.

Otras fuentes públicas de información son las propiamente escritas:

a) Boletines de los Parlamentos: son útiles no sólo por publicarse en ellos los proyectos, sino porque en ellos quedan reflejados los debates y, por tanto, pueden verse las tendencias en votaciones anteriores sobre temas similares. Ya dijimos al tratar del perfil del lobbista que lo primero que hacían los estadounidenses era, junto con determinada prensa, leer el *Congressional Record*, donde se publican todos los debates producidos (incluidos los de las audiencias públicas) en el *íter* de una normativa desde su presentación en el Capitolio hasta su aprobación definitiva. En nuestro país, las publicaciones del Congreso de los Diputados son el *Boletín Oficial de las Cortes Generales, Sección Congreso de los Diputados* y el *Diario de Sesiones* del Pleno de la Cámara, de la Diputación Permanente y de las Comisiones. En el *Diario de Sesiones* se reproducen íntegramente, dejando constancia de los incidentes producidos, todas las intervenciones y acuerdos adoptados en sesiones del Pleno, en la Diputación Permanente y de las Comisiones que no tengan carácter secreto. En el *Boletín Oficial de las Cortes Generales* se publican los textos y documentos cuya publicación sea requerida por el Reglamento del Congreso. En el ámbito de la Administración del Estado, nuestro país no es ejemplo de transparencia. En efecto, si bien es cierto que la Constitución establece el derecho de acceso de los ciudadanos a archivos y registros administrativos (art. 105.b), la legislación administrativa que desarrolla la norma constitucional es muy restrictiva al respecto, ya que el art. 37 de la Ley de Régimen Jurídico de las Administraciones Públicas y del Procedimiento Administrativo Común garantiza el derecho de acceso a documentos de un expediente «siempre que tales expedientes correspondan a procedimientos terminados en la fecha de solicitud». El lobbying, precisamente, tiene su razón de coexistir a la toma de decisiones y no una vez tomadas.

b) A nivel comunitario, las publicaciones institucionales son el JOCE (de poca utilidad ya que en él se publican *hechos consumados*); el *Bulletin des Communautés européennes* que recoge mensualmente una síntesis de la actualidad comunitaria; los *COM*: documento crucial para el lobbista, editado por la Comisión y que contiene todas las propuestas de la Comisión, siendo además de gran utilidad en la vigilancia legislativa del proceso ya que incluye también las exposiciones de motivos por los cuales la Comisión propone una nueva reglamentación; el *Organigrama de la Comisión*: es un documento básico para la empresa para conocer el interlocutor clave en la correcta DG. Así mismo, la representación de la Comisión en España ha creado una red de centros de información y documentación con el fin de que todos los ciudadanos españoles tengan acceso a la información. Gilchrist y De Andrés citan los siguientes: (1) *Eurobibliotecas* donde puede consultarse la documentación básica de la Unión Europea; (2) *Centros de Documentación Europea*, cuyo estatuto es otorgado a las Universidades en donde se investiga sobre la integración europea, que pemiten acceder a las bases de datos europeas y que han puesto a disposición de las empresas dos redes europeas de cooperación y enlace empresarial; (3) *Business Cooperation Network* que ayudan a las empresas a encontrar otras empresas con las que poder trabajar interregional y transaccionalmente; (4) los *Centros de Cooperación Empresarial* (BRE) que facilitan a las empresas el libre acceso a las ofertas de cooperación para asegurar la difusión de oportunidades a escala internacional; (5) *Euroventanillas*, que ofrecen información a las PYMES sobre cualquier aspecto de las políticas, materias, normativas y proyectos comunitarios; (6) los *Centros Europeos de Empresa e Innovación*, que tienen por objetivo la regeneración de economías locales en áreas de desarrollo industrial, dedicando recursos a la tarea de fortalecer el sector empresarial en la zona; (7) los *Puntos de Información Europea*, que son centros cuya misión es informar a los ciudadanos sobre cualquier tema general de la Unión, y (8) los *Carrefours Rurales*, que son lugares de encuentro, debate e intercambio en los que ofrece a todos los sectores rurales información sobre las políticas y acciones comunitarias de interés en ese ámbito, adaptando la información a las necesidades y especificaciones de la realidad rural. Los trabajos del Parlamento Europeo se editan por la oficina de publicaciones, si bien es de gran utilidad, aunque sólo para periodistas, la base de datos EPISTEL que suministra, por vía electrónica y escrita, a los periodistas abonados y restantes multiplicadores de opinión, la información sobre las actividades de la institución (*briefings*, *post-briefings*, comunicados, informaciones generales, orden del día de los plenos y las comisiones, etc.). Por su parte, el Consejo de Ministros sólo publica sus trabajos cuando ya han sido adoptados.

c) El Fichero de Altos Cargos (F.A.C.) es un archivo de los gestores públicos de la Administración del Estado y de las Comunidades Autónomas, de base escrita (con fichas intercambiables) o informatizado, indicativo de quién ocupa los cargos (desde el más alto hasta las secretarias personales), con la fecha de publicación en el Boletín Oficial del Estado de su nombramiento. El F.A.C. se actualiza cada mes. Es una herramienta indispensable en todo lobby.

d) La prensa, ya sea a través de su examen directo o mediante agencias especializadas en elaborar *press-books* relacionados con el asunto en cuestión (*clipping*).

e) Resultados de investigaciones cuantitativas y, sobre todo, cualitativas sobre el estado de opinión pública respecto a la problemática o similares que hayan sido publicados.

f) Publicaciones de la propia Administración.

g) Publicaciones de organizaciones comerciales, como las Cámaras de Comercio o federaciones locales o nacionales de organizaciones empresariales, que suelen poner al día las tendencias legislativas que afecten a los diferentes sectores. En la Unión Europea son de gran utilidad boletines editados por instituciones para ello creadas y destinadas a ofrecer información sobre los trabajos de las instituciones europeas (ejemplo: *Agence Europe* o *Europe Information Service*).

h) Publicaciones de los partidos políticos que, como órganos de expresión de los mismos, pueden ofrecer al lector signos de por donde puede encaminarse una determinada legislación. Es una fuente muy útil para preveer problemáticas a largo plazo.

i) También desde el punto de vista preventivo, es importante examinar a fondo los programas electorales de los partidos políticos que, aunque su grado de cumplimiento es cada día menor, orienta al lobbista sobre las tendencias de aquellos sobre cuestiones públicas.

j) Bases de datos legislativas, cada día más presentes y accesibles gracias a los avances tecnológicos. Son más una fuente de documentación histórica ya que recogen textos ya adoptados. Sin embargo la investigación histórica supone una preciosa fuente de información sobre el ecosistema normativo de la postura o intereses a cuyo servicio se actúa en lobbying. Son de destacar las bases de datos CELEX y SCAD que contienen toda la normativa comunitaria y la base bibliográfica del conjunto de publicaciones y documentos de y sobre las instituciones comunitarias, respectivamente.

Resumiendo lo expuesto hasta ahora, y de acuerdo con el Consejero Delegado de *Burson-Masteller/España*, Juan Astorqui, la obtención de información exige mantener una disciplina en la obtención de los siguientes datos:

1. ¿Quién hace qué?
Mantenimiento al día de una lista de gestores públicos o políticos, así como de sus responsabilidades (la suscripción al F.A.C. es crucial).

2. ¿Qué están haciendo?
Seguimiento detallado del proceso de formulación política en las áreas de interés: legislación, cambios de política, informes, documentos ministeriales, discursos, etc.

3. ¿Por qué lo están haciendo?
Evaluación de las actitudes de los gestores públicos o políticos ante los asuntos de su responsabilidad y de las razones que justifican sus posicionamientos políticos.

9.1.5. La investigación científica en lobbying

La recogida de datos mediante las fuentes públicas y la propia que pueda llevar el lobbista en determinado programa, se articulan a través de métodos y técnicas cuantitativos y cualitativos (estos últimos cada día más utilizados) propios de la investigación sociológica, y en especial de la comunicación social.

En 1994, Wimmer y Dominick señalaban cinco métodos de investigación en relaciones públicas, basados en los estudios de Lerbinger: (1) los procesos de seguimiento de un ambiente creado, (2) auditorías de relaciones públicas, (3) auditoría de comunicación, (4) auditorías sociales y (5) investigación de evaluación. Analicemos a continuación su aplicabilidad en el campo del lobbying, como específico de las relaciones públicas.

9.1.5.1. PROCESOS DE SEGUIMIENTO DE UN AMBIENTE CREADO

Este tipo de análisis consiste en observar las tendencias de la opinión pública y los asuntos sociales que puedan tener un impacto significativo para la empresa u organización.
Implica dos factores.

a) La llamada etapa de «primeros avisos» para detectar asuntos emergentes y consiste generalmente en el análisis de contenido de publicaciones de vanguardia. Wimmer y Dominick citan el ejemplo de «departamentos de grandes empresas que realizan análisis de contenido de revistas académicas de economía, ciencia y política, así como otras que patrocinan un análisis permanente de la prensa económica y de información general». Este tipo de análisis de contenido es fundamental en la investigación de posibles asuntos públicos que puedan generarse a largo plazo, habida cuenta de que las problemáticas del debate público no suelen producirse de la noche a la mañana. Una empresa que mantenga, como vimos, una actitud activa ante los poderes públicos no debe esperar a la producción de los acontecimientos, sino mantener una política preventiva de *public issues management* ante la gestación, por muy embrionaria que sea, de una problemática que pueda afectarle a corto, medio o largo plazo.
Otra alternativa la constituye la organización de estudios de panel con represen-

tantes de la élite social, líderes de opinión y demás personajes influyentes. Este tipo de análisis, muy costoso y practicado principalmente en Estados Unidos, es la técnica ideal para definir la postura de los actores de la decisión pública ante el interés en juego en la futura estrategia de lobbying. Su aplicación es fundamental en las acciones de lobbying indirecto, en especial para recabar la información que permita iniciar o no una campaña de sensibilización de la opinión pública favorable a los intereses representados. Su aplicación en España es prácticamente nula.

Es interesante traer a colación también la opción del seguimiento de las reacciones del público general durante un suceso detonante, apuntada por Brody y Stone en 1989 e indicada por Wimer y Dominick. Un suceso detonante se produce cuando un «asunto actividad concentra la preocupación pública y dispara la polémica». Aunque, como dicen los autores norteamericanos, no hay forma científica de saber cuándo se desencadenará el acontecimiento, sí que las reacciones ante situaciones similares anteriores puede ser de utilidad en la acción lobbística. El incidente del ciudadano negro Rodney King provocó un debate público sobre el racismo latente en los Estados Unidos, a parte de las importantes revueltas ciudadanas en la ciudad de Los Ángeles. Si ese debate no se hubiera originado, quizá la estrategia, escenificación e incluso el veredicto del caso O.J. Simpson (no vamos a describirlo aquí, ya que es conocido por todos gracias precisamente a la estrategia de comunicación utilizada) hubiera sido distinto.

b) La observación de la tendencia de la opinión pública sobre los temas de mayor debate social es fundamental en la práctica del lobbying indirecto y en especial del *grassroots lobbying* para conocer el grado de implicación que se podrá obtener hacia la causa defendida.

9.1.5.2. AUDITORÍAS DE RELACIONES PÚBLICAS

Las auditoría de relaciones públicas pueden ayudar a la orientación futura de la empresa en la planificación de estrategias de lobbying. En efecto, si la función de estas auditorías es diagnosticar cuál es la situación de la organización en términos de relaciones públicas, es decir determinar cuál es la imagen social y pública de la empresa, su aplicación al público «decisores públicos» o «poderes públicos» nos determinará la imagen que de aquélla tienen estos. Una percepción positiva de la empresa por los legisladores es fundamental y requerida para una posterior adhesión a la postura plasmada en el ejercicio del lobbying. Ahora bien, desde una perspectiva estratégica, el lobbying puede fracasar o conseguir a medias su finalidad, habiendo cumplido, sin embargo, con sus objetivos. Es decir, la estrategia lobbística puede haber conseguido una credibilidad necesaria de la organización y del interés defendido, pero insuficiente para alcanzar la toma de decisión esperada. Insuficiencia que

suele darse por factores externos al público objetivo concernido: disciplina de partido, necesidad coyuntural de suspender la adopción de la decisión, intereses prevale-
cientes y opuestos más sólidamente argumentados, etc. Estos supuestos, no obstante, forman parte del activo de la organización y del lobbista, ya que la correcta
política de lobbying debe ser permanente, y todo lo ganado *hoy* puede servir para
una acción de *mañana* sobre los mismos decisores y para intereses idénticos, similares o distintos.

9.1.5.3. AUDITORÍAS DE COMUNICACIÓN

Son auditorías de relaciones públicas aplicadas a los medios de comunicación dirigidos tanto al público interno como al externo. Se basan en tres técnicas.

a) Sondeos sobre nivel de lectura: permiten cuantificar el número de personas
    que han leído ciertos materiales publicados y su grado de recuerdo. Su aplica-
    ción a los individuos que participan activamente en la toma de decisiones pú-
    blicas es de gran utilidad si se aplica a determinar por ejemplo el porcentaje de
    tiempo que dedican a leer los informes o peticiones que les remitan las asocia-
    ciones o las empresas.

b) El análisis de contenido. Determina la postura de los medios de comunicación
    social sobre una cuestión concreta, analizando cómo está siendo tratado el
    tema. Su uso en relaciones públicas es pertinente cuando la cuestión es relati-
    va a la empresa o le afecta. Asimismo, el análisis de contenido puede permitir
    comprobar las instancias externas que influyen en la política informativa del
    medio de comunicación de masas y, en concreto, su grado de dependencia de
    determinados sectores, en especial los anunciantes. En este sentido Muñoz
    Alonso cita un estudio de Fundesco realizado en nuestro país sobre la presión
    que ejercen los anunciantes sobre la formulación de la agenda informativa, en
    el que sus autores «proponen que se avance en una modalidad de análisis de
    contenido que denominan auditoría de agenda y que consiste, en una de sus
    manifestaciones, en una técnica para ordenar las rutinas y prácticas informati-
    vas de los medios y detectar dependencias, contrastar las estructuras discursi-
    vas, analizar silencios, etc. El resultado de una investigación de este tipo
    permitiría trazar el mapa de los intereses que influyen en cada medio, así como
    el grado de esa influencia». El importante papel de los medios de comu-
    nicación en las campañas de lobbying indirecto como formadores de opinión,
    otorgará cartas de nobleza a la técnica propuesta en una investigación de lobb-
    ying.

c) Los estudios de comprensibilidad, que indican a la organización el grado de
    comprensión por los públicos del material informativo suministrado.

9.1.5.4. AUDITORÍAS SOCIALES

Una auditoría social «es una inspección de seguimiento de un ambiente a pequeña escala, ideada para calibrar la actuación social de la organización para la que se trabaja; es decir, hasta qué punto o de que manera dicha organización está cumpliendo sus responsabilidades públicas» (Wimmer y Dominick). En una palabra, es la auditoría de las *public affairs*, básica en nuestro estudio, pues permitirá determinar qué actividades de interés social seleccionar. En este sentido, una de las funciones elementales de estas auditoría es la gestión de *public issues* emergentes, es decir de uno (o varios) asunto que:

- ha surgido, resurgido o a aparecido junto a otros temas, pero su definición y posiciones de interés aún están en evolución;
- en el cual las instituciones privadas afectadas pueden (y deberían) participar en el proceso de política pública implicado;
- es, o es probable, que sea un tema activo en el plazo de unos tres años, según Simon.

9.1.5.5. INVESTIGACIÓN DE EVALUACIÓN

La investigación de evaluación está constituida por «los procesos de enjuiciamiento de la efectividad de los planes de intervención promotora puestos en marcha, de su ejecución en detalles y de su impacto» (Wimmer y Dominick). Entre los aspectos básicos que surgen en estos tres niveles, Rossi y Freeman señalan:

a) Planeamiento: ¿Cuál es el marco de alcance al que se circunscribe el plan?, ¿qué relación existe entre los beneficios potenciales del mismo y sus costes?
b) Ejecución: ¿Se están alcanzando los objetivos previstos, incidiendo en el segmento de personas o áreas temáticas prefijadas?
c) Impacto: ¿Está siendo efectivo el plan para alcanzar los objetivos pretendidos?, ¿no se estarán produciendo efectos no deseados?

Ni que decir tiene que una acción a largo plazo como la del lobbying (y todas las de relaciones públicas) puede sufrir vuelcos inesperados por la actitud de los destinatarios. Ya hemos dicho que en política las cosas pueden cambiar rápidamente, por lo que se impone el control permanente de los tres niveles del proceso. En cuanto a las técnicas a aplicar en esta metodología, su gama es amplia pues todos los instrumentos de investigación pueden ser necesarios, especialmente los indicados en los métodos previamente expuestos y los propios de la investigación social.

9.1.6. Identificación de los públicos

Aunque hemos afirmado que el lobbying es la aplicación de una estrategia de relaciones públicas caracterizada por su finalidad específica (actuar sobre el panorama normativo), un objeto concreto (uno o varios intereses de una organización) y un público-grupo determinado (los poderes públicos), no podemos ahorrarnos desde el punto de vista metodológico la labor de identificación de los individuos que, en el seno de este grupo, detentan el poder de decisión en la elaboración de una decisión jurídica pública.

Se trata de identificar, en el ámbito de los poderes públicos, cuáles son las estructuras y sus responsables que intervendrán directamente en la elaboración de la normativa, priorizándolos tanto por el grado de participación como por su jerarquía en el proceso (*the right man in the right place*). Pero con la peculiaridad de que su importancia es, de costumbre, inversamente proporcional a su grado jerárquico. El funcionario, en general, será más decisivo para el éxito del lobbying cuanto más en la raíz de la formulación legislativa se encuentre.

La eficacia del lobbying depende en gran parte de la correcta y certera selección de aquellos que realmente toman las decisiones, de aquí la importancia de esa selección.

El ámbito de actuación de estos «sub-públicos», células organizacionales o individuos, puede situarse tanto en la estructura burocrática como política.

Sin embargo, habida cuenta que el lobbying es un proceso de comunicación cuya forma son las relaciones públicas, no debemos incluir en su metodología en sentido estricto la fase de identificación de los públicos que reseñamos al estudiar la estrategia de relaciones públicas. En efecto, la identificación de los públicos en la metodología del lobbying está en el origen de la misma y viene predeterminada por la priorización que del público «actores de la toma de decisiones» se realiza como paso previo, o «fase cero» de la metodología del proceso de comunicación lobbístico. En otras palabras, y por consiguiente, esta atomización del público «poderes públicos» que estamos proponiendo suele ser simultánea y, más probablemente, sucesiva a la definición de los objetivos de la etapa estratégica.

9.2. Estrategia

Antes de pasar a la primera subfase de toda etapa de planificación estratégica, cual es la definición de los objetivos, queremos ofrecer al lector una visión general de los diferentes marcos estratégicos en los que puede desarrollarse el lobbying; no sin antes advertir que cada uno de ellos refleja: (1) el grado de relevancia que la organización otorgue a la investigación descrita ,y (2) su postura en la gestión de asuntos públicos.

9.2.1. Tipología del marco estratégico

El lobbista francés Frank J. Farnel, después de analizar las relaciones desarrolladas entre la empresa y los poderes públicos desde el final de la Segunda Guerra Mundial, establece cuatro opciones estratégicas posibles en las relaciones del sector privado con aquéllos.

a) La *mutual accomodation* de los norteamericanos, que este autor denomina la «cooperación». Consiste en definir de común acuerdo sus papeles y sus responsabilidades respectivas en el seno de la sociedad y establecer así una especie de «contrato social», que se basa en un reparto de responsabilidades y tareas entre el sector público y el sector privado. Esta opción implica una comunidad de puntos de vista en cuanto a los objetivos perseguidos, y acaba confiando al gobierno el establecimiento de los objetivos sociales y las estrategias para conseguirlos y, al sector privado, la responsabilidad de ponerlos en practica.

b) La segunda opción es la llamada «aproximación *ad hoc*» caso por caso. La empresa interviene cuestión por cuestión, en función de las iniciativas de los poderes públicos. Este modo de intervención aparece cuando el propio análisis de la empresa converge con el legislador respecto a su concepción del interés general. Si es cierto que la eficacia de toda estrategia de lobbying está ligada a un sistema de vigilancia socio-política, la aproximación *ad hoc* requiere que ésta sea extremadamente óptima. La efectividad de esta opción reposa esencialmente sobre el poder de persuasión de la empresa. Habida cuenta de que esta persuasión se manifiesta intermitentemente (caso por caso) la empresa debe, en cada supuesto, identificar rápidamente y con antelación suficiente las intenciones de los decisores y quiénes son sus promotores de la iniciativa en cuestión y cuáles son los argumentos susceptibles de convencerlos de sus efectos negativos. Tales circunstancias explican por qué las empresas que utilizan este tipo de estrategia se unen con asociaciones profesionales del sector en sus acciones de lobbying. Uno de los principales elementos del mandato de estas asociaciones es precisamente el conseguir y mantener estrechas relaciones con la burocracia con el fin de identificar las intenciones de los poderes públicos e informar a sus miembros de sus posibles efectos.

c) La estrategia de la acción política directa, fundada en el principio de reciprocidad empresa-opinión pública. Estos es, los dirigentes empresariales consideran legítimo influenciar los valores políticos y las opciones colectivas de la sociedad, puesto que también reconocen a la opinión pública el derecho de influenciar, guiar o controlar a las empresas. Así, la estrategia de los empresarios consiste en participar directamente tanto en el debate público como en el proceso de elaboración de políticas públicas, a través de la negociación. Esta estrategia puede desembocar en la candidatura y posterior elección de empresarios en un proceso político electoral.

d) Finalmente, en la acción política indirecta, la estrategia de lobbying consiste en la movilización de grupos de presión y de la opinión pública, ya sea en favor de las posturas defendidas o en contra de aquellas que deploran. Esta estrategia se concreta en la formación de coaliciones o en la organización de campañas de opinión. Implica que la empresa deba recurrir a formadores de opinión y a especialistas en relaciones públicas. Más propia de las grandes empresas, tal estrategia les permite beneficiar de una fuerte credibilidad, al estar sus posturas compartidas por una parte de la opinión pública, que políticos y burócratas no suelen ignorar.

Por su parte, Castillo ofrece el siguiente enfoque de las distintas categorías de posicionamiento de un grupo de presión respecto a los poderes públicos:

a) Una disposición pasiva que parte de la observación de la elaboración de las decisiones, limitando la acción al momento de la decisión final. Esta postura es «claramente negativa, ya que, una vez que se ha decidido una acción, es difícil modificarla por el razonamiento pacífico y argumentativo».

b) Realizar un trabajo activo en la preparación de las propuestas cuando se está en fase de consultas. Su ventaja está en la posibilidad de incidencia del grupo en la propuesta y, por consiguiente, de influencia en la decisión última.

c) Posición de anticipación que permite identificar las decisiones y acciones futuras para, de esta manera, estar preparados para poder minimizar los inconvenientes y maximizar las ventajas. Es, evidentemente, la más ventajosa y con más garantía de éxito.

Sea cual sea la opción o posición estratégica que adopte la empresa, deberá abordar las etapas de elaboración y puesta en marcha de la estrategia en sí que analizamos a continuación.

9.2.2. Definición y priorización de los objetivos

Una vez diagnosticada la situación y sacadas las conclusiones, deben fijarse y priorizarse los objetivos de la acción de lobbying.

Estos objetivos deben caracterizarse por:

a) Su realismo: pedir lo imposible es perder el tiempo. Intentar, por ejemplo, modificar la evolución de las normas sobre polución atmosférica es sinónimo de fracaso. El grado de realismo no viene determinado por la naturaleza del in-

terés, sino por circunstancias sociopolíticas. De otro modo, los grupos antia-
bortistas que apoyan su postura en el interés por la protección del derecho a la
vida tendrían siempre la partida ganada de antemano. De ahí, las características que exponemos a continuación.

b) Su adaptación al contexto: el objetivo, dice Clamen, depende del equilibrio de
   fuerzas, del estado de los expedientes, de la sensibilidad de la Administración.

c) Su adaptación a las tendencias políticas: un objetivo tendrá más garantías de
   éxito cuanto más coincidente sea o parezca ser con las intenciones de los decisores públicos o políticos. El grado de vinculación del objetivo al interés público es proporcional al de su consecución.

d) Su flexibilidad: durante fase estratégica el objetivo debe ser lo suficientemente amoldable a cualquier cambio de rumbo en el proceso de toma de decisiones. La evolución de los expedientes suele generar revisiones de posicionamientos. A veces, será necesario renunciar a una parte del objetivo propuesto
   sin por ello renunciar al todo, aunque sea para ganarse la confianza y conseguir el apoyo y la alianza con nuevos socios de acción.

e) Su dinamismo: lo ideal, señala Clamen, es que el objetivo se traduzca en una
   estrategia ofensiva y no defensiva; de tal manera que el objetivo no sea tanto el
   «defender una regla demasiado imperativa, sino obtener una regla que obligue
   a los demás».

9.2.3. Identificación de los interlocutores válidos

Nos remitimos a lo expuesto en el último apartado de la fase de investigación
(9.1.6.).

9.2.4. Selección del momento de intervención

La selección del momento de intervención es fundamental en la estrategia de
lobbying. Intervenir tarde equivale a fracaso. De ahí la necesidad ya apuntada de un
conocimiento puntilloso de los procesos y los actores que participan en los procesos
de formulación de decisiones.

Una regla de oro se impone: actuar en los primeros estadios del proceso normativo; es decir, cuando los poderes públicos están definiendo la problemática o el asunto en cuestión. Luego es más fácil moldear y orientar las intenciones públicas cuando éstas están cuajando, y no cuando ya han adquirido una base motivacional de
compleja reorientación. Una prueba más de que el *public issues management* es instrumento esencial del lobbying.

En las decisiones públicas suelen intervenir en primera instancia burócratas y posteriormente, cuando la normativa lo requiere, los políticos. De ahí que, en opinión de Farnel, una estrategia de lobbying se manifiesta más eficaz cuando se desarrolla en el seno del proceso burocrático... ya que interviene antes de que el poder político no se haya posicionado en favor de una determinada opinión. Cuando un gobierno se ha comprometido, más o menos públicamente, a llevar a cabo una reforma o una nueva legislación para la que ha necesitado una orientación, le es difícil dar marcha atrás. Puede introducir modificaciones, pero le es mucho más delicado cambiar radicalmente de postura sin que su credibilidad política se vea afectada.

En las decisiones nacionales donde interviene el Consejo de Ministros, ya sea como última instancia o como iniciador del proceso legislativo mediante una propuesta de legislación, podemos diferenciar tres niveles de posible actuación:

1. El nivel de la burocracia intermedia, cuando aún nada está decidido y todo es discutible. La intervención es aquí ideal.
2. El nivel superior, el de los altos funcionarios, antes de que el proyecto no sea objeto de un informe definitivo sobre sus motivos y oportunidad. El éxito del lobbying será más arduo.
3. El del Consejo de Ministros. Entre éste y el nivel anterior, el lobbying debe dirigirse al ministro o los ministros ponentes del proyecto normativo, aunque las garantías de éxito sean mínimas.

9.2.5. La argumentación

La estrategia de lobbying es comunicacional persuasiva. Su contenido es informativo y su substrato es argumental. En otras palabras, el mensaje es la argumentación.

Las funciones y objetivos de la argumentación son, según lo expuesto por Clamen:

1. Informar, inspirar confianza, seducir y convencer. Estas cuatro funciones indisociables dependen del cumplimiento de los objetivos que desarrollamos a continuación.
2. Exponer la tesis. La argumentación presenta las razones que justifican la postura adoptada, lo que hay que cambiar en la ley o proyecto y por qué. Es fundamental exponer los efectos negativos que la toma de la decisión o su omisión puede provocar a la organización.
3. Transmitir una imagen. La argumentación no sólo debe ser transmisora de un mensaje sino de una imagen de seriedad, credibilidad y confianza. No es suficiente con tener relaciones, hay que ser creíble, por lo que la argumentación está en la base misma de la creación de una confianza mutua lobbista-interlocutor.

4. Colaborar con los decisores, aportando un punto de vista sólidamente argumentado. De esta manera, las decisiones serán lo más fundadas posible.
5. Elegir el escenario del debate. El expediente normativo tiene diversas facetas; algunas más favorables que otras para el lobbista. No hay razón alguna para quedarse con las que los decisores o los adversarios hayan elegido. Por ejemplo: limitar la publicidad del tabaco está en consonancia con el interés público de defensa de la salud, pero puede ser un atentado a las libertades públicas (el caso *Philip Morris* expuesto en 6.5.8, es una demostración). Desplazar el debate a otros ámbitos se ha convertido en una de las principales tácticas del lobbying.
6. Oponerse a las argumentaciones adversas. La utilización de contra argumentos para contrarrestar posturas contrarias a la nuestra, demostrando sus debilidades y límites, es de gran utilidad para el legislador. Pero esto requiere conocer los argumentos adversos, ya sea directamente o a través de sus proclamas escritas.

La consecución de estos objetivos depende mucho del contenido y de la forma de la argumentación. En cuanto al primero, más que recomendaciones, éstas se deducen por aquello que el lobbista deberá evitar, ya sean «trampas o tentaciones» (Clamen). Entre las primeras: hablar demasiado de sí mismo, falta de seguridad en los datos, evocar continuamente el interés general (es parcela de los gestores públicos, por lo que recelan de aquel que parezca quererlos suplantar), pensar improvisadamente en recurrir a los medios de comunicación. Las tentaciones en las que más comúnmente caen son: la exageración (a más moderación, más poder de convicción), la crítica a la actuación de los poderes públicos y la amenaza.

La forma de la argumentación, cuando es escrita , debe caracterizarse por:

- Identificación inmediata de la decisión objeto del lobbying, del lobbista, de la organización.
- Presentación clara y sobria, esencialmente informativa. Texto de fácil comprensión y de lectura agradable: frases cortas (tres o cuatro líneas como máximo), lo mismo que los párrafos (de diez a doce líneas) y aún más la conclusión (cuatro o cinco).
- Desarrollo lógico: plan claro. Ejemplo: situación actual, inconvenientes, medidas propuestas, ventajas esperadas y, como conclusión, una propuesta.
- Precisión: cifrar, cuantificar, aportar informaciones de hechos, otorgan más peso a la tesis que las declaraciones de principios.
- Brevedad: la longitud no debería superar una página, si bien se pueden adjuntar anexos también cortos (dos o tres páginas cada uno). Para el caso de presentar dictámenes o propuestas de legislación alternativa, lo ideal es no pasar de las treinta páginas. No hay que aburrir a los decisores.

• Adaptación a cada destinatario: no es lo mismo enviar una informe a un parlamentario, a un gestor público o a los medios de comunicación. Ante un burócrata, el lobbista deberá seducir al funcionario haciéndole percibir su contribución al trabajo burocrático, mientras que en la esfera política se trata más de demostrar que las intenciones del legislador coinciden con la tesis del lobbying, lo que generará una plusvalía de imagen pública para aquél (Clamen).

9.2.6. El diseño de las formas y modo de intervención

Consiste en determinar las tácticas y sus correspondientes técnicas de actuación. Esta etapa está directamente relacionada con los puntos anteriores, pues la elección de la táctica está íntimamente conectada con el momento normativo en el que se actúe y, por consiguiente, con el interlocutor sobre el que se actuará.

9.2.6.1. EL LOBBYING DIRECTO

La forma clásica de traducción de una estrategia de lobbying directo es la negociación, a través de la cual se vehicula la argumentación. El tipo de negociación puede ser oficial u oficiosa, pública o secreta, solemne o latente. En cuanto a la temporalidad de las mismas, esto es, al tiempo de concreción de las consultas, distingue Castillo dos momentos: «en la fase de elaboración del proyecto o texto, y una vez que se ha realizado para ver cómo puede aplicarse (toda ley necesita un reglamento de desarrollo)».

9.2.6.2. EL LOBBYING INDIRECTO: LA ACTUACIÓN SOBRE LA OPINIÓN PÚBLICA

La influencia indirecta sobre los poderes públicos se concreta principalmente en los países democráticos en la acción sobre la opinión pública, a través de los medios de comunicación. En esta forma de actuación, el grupo de presión o la empresa cuenta con la opinión pública para focalizar la atención de los decisores. Los medios de comunicación actúan como transmisores (*relais*). No deja de ser una alianza específica, cuya singularidad y relevancia práctica nos obliga a tratarla separadamente. En todo caso, la función de este tipo de estrategia no es la de sustituir a las tácticas de lobbying directo, sino de complementarlas en aras de una mayor fuerza en la presión que garantice la consecución de la orientación de la decisión pública en el sentido deseado.

La acción sobre la opinión pública puede traducirse de dos formas básicas: (1) el *grassroots lobbying* y (2) la acción sobre los medios de comunicación de masas.

9.2.6.2.1. EL GRASSSROOTS LOBBYING

La táctica del *grassroots lobying* consiste en una acción deslocalizada, que pretende sensibilizar a terceros con el uso de técnicas de marketing directo (cartas, llamadas telefónicas, telegramas, tarjetas postales, peticiones, e-mails, etc.) dirigidas a los decisores públicos y a los medios de comunicación social.

Su función es la consecución de una apariencia de espontaneidad en las notificaciones a favor de una acción concreta. En efecto, «si la persona que ha de tomar la decisión... empieza a recibir todo tipo de mensajes remitidos por personas individuales que, en teoría, son de forma anónima, parecerá que una importante cantidad de sujetos piden una determinada posición u *output* público» (Castillo). Este autor destaca dos características requeridas para la efectividad del *grassroots lobbying*:

a) Que la acción parezca espontánea, es decir, el receptor de la técnica no ha de pensar que se trata de una campaña organizada.

b) Que las demandas sean coherentes con el objetivo perseguido. La organización ha de tener muy claro que sus peticiones han de ser objetivamente asumibles.

En la práctica, esta forma de lobbying indirecto puede adolecer de espontaneidad, puesto que las llamadas a la movilización opinante suelen canalizarse a través de los medios de comunicación, encartando o publicando los soportes (donde se concretarán las demandas particulares) cuya unidad formal descubre su naturaleza de campaña orquestada; lo que las asemeja a un *tercium genus* entre el lobbying y la recogida de firmas para legitimar una iniciativa legislativa popular. Esto, sin embargo, no debe desnaturalizar el *grassroots lobbying* no espontáneo. Efectivamente, es muy difícil que hoy en día el diputado o decisor receptor de infinidad de cartas o llamadas sobre un determinado tema público crea en su espontaneidad. Al fin y al cabo, la táctica por la cual se consigue la adhesión a una determinada causa, independientemente de su forma de presentación, por las bases de un grupo o de una colectivo anómico unido por la defensa de un interés determinado, es suficiente, entendemos, para catalogarla como una táctica específica del lobbying; aunque su función inicial (la espontaneidad) quede diluida.

Algunas de estas campañas ofrecen guías de actuación, verdaderos manuales de instrucciones de cómo actuar. Castillo transcribe el ejemplo del opúsculo de 22 páginas del grupo *Common Cause*, citado por McFarland, y que se enviaba a sus miembros. El texto seleccionado dice así:

«En primer lugar, ha de familiarizarse con los asuntos señalados aquí (hay un listado de las prioridades reformistas del grupo). En segundo lugar, escriba una carta a cada candidato de su área, expresando en palabras propias, por qué estos puntos, para un gobierno abierto y responsable, son importantes para usted como votante. Los nombres y la dirección de los candidatos de su Estado se adjuntan en este informe. Por favor, escriba las cartas inmediatamente, despertarán el interés de los candidatos y los pondrá a pensar sobre las propuestas. Usted no necesita hacer preguntas a los candidatos a los que escribe, están ocupados en la campaña y tienen poco tiempo para contestar las cartas. Los ojos y orejas del candidato están abiertos a los problemas que preocupan al electorado y las cartas son un buen medio para captar su atención. La correspondencia puede influir en los temas sobre los cuales hablan los candidatos y las promesas que hacen a los votantes.

En tercer lugar, promueva estos temas con cartas a los editores de periódicos locales, radios y semanarios que no cubran asuntos políticos en profundidad.

En cuarto lugar, cuando asista a reuniones con los candidatos o si se transmite un programa de preguntas, saque a la luz las propuestas de *Common Cause* y pida respuestas. Las preguntas que puede realizar aparecen al final de cada capítulo de este informe».

La estrategia de *grassroots lobbying* supone en definitiva una acción sobre los poderes públicos a través de la *mobilización espontánea de las bases* de un grupo de presión, o de un grupo de individuos, agrupados o no, por una empresa.

9.2.6.2.2. *LA ACCIÓN SOBRE LOS MEDIOS DE COMUNICACIÓN*

El lobbista debe ser un experto en la relación con los medios de comunicación social. Para ello deberá dominar las técnicas de la estrategia de medios. Sin embargo, la planificación de esta acción es básica para su futura implementación. Una mala programación puede conducir a un fracaso estrepitoso de la estrategia de lobbying: la opinión pública no perdona. Un ejemplo clarificador es el de la empresa *Virgin* en Francia. La tienda *Virgin Megastore* (VMS) de París consiguió una autorización temporal de apertura dominical, cuando la normativa francesa prohibía la apertura comercial en domingo. En junio de 1993, las autoridades rechazaron la prórroga de la autorización. El debate público se genera dando claros resultados negativos para VMS, a nivel jurídico y de imagen. Sin embargo, VMS tenía una información clave: extender la apertura dominical a todas las tiendas francesas, creando así 1.200 empleos. En época de paro, el argumento era de oro, una moneda de cambio. Pero VMS lo invocó cuando el conflicto era público. La opinión vio en él un chantaje al empleo: «si el gobierno no me da la autorización, suprimo estos puestos de trabajo». Tal fue la interpretación de la opinión pública, por culpa de una mala planificación.

9.2.6.3. EL LOBBYING FINANCIERO

El lobbying financiero incluye aquellas actividades destinadas a obtener contribuciones no fraudulentas a las campañas políticas de futuros parlamentarios o mandatarios. Su legalidad depende del sistema normativo de la financiación de la vida políti-ca de un país determinado. De hecho, se utiliza este término para referirse a las acti-vidades de *fundraising* existentes y permitidas en los Estados Unidos de América, por lo que nos remitimos a lo expuesto en su momento sobre esta cuestión.

9.2.7. El control del proceso de toma de decisiones

El control del proceso de toma de decisiones se concreta en vigilar y controlar las incidencias que pueda sufrir el proceso de formulación de la normativa sobre la que se pretende influir, y se caracteriza por no concretarse cronológicamente en un mo-mento determinado, sino que es simultánea a todo el proceso estratégico: la persecu-ción del objetivo es consustancial con el control del objeto (el proceso de toma de la decisión determinada) del lobbying.

Para dicha monitorización el lobbista contará con las fuentes, métodos y técnicas que vimos en la fase de investigación.

9.3. Ejecución o implantación del programa de lobbying: formas de intervención

Se trata de poner en práctica la estrategia definida de acuerdo con las técnicas propias de la táctica o tácticas escogida. Así, las tres formas más relevantes y no ex-cluyentes de implementación son: lobbying directo, lobbying indirecto y organiza-ción de coaliciones. Ésta última es una opción estratégica aplicable a las dos prime-ras. Habida cuenta de que el lobbying utiliza técnicas que no le son propias, pues forman parte de las comunicativas en general y de las de relaciones públicas en par-ticular, este apartado será más enunciativo que expositivo, pudiendo el lector pro-fundizar en el estudio cada una de ellas en los variados manuales especializados que las tratan (en especial Grunig y Hunt, 1994).

9.3.1. Técnicas de lobbying directo

Los principales métodos y técnicas para tratar directamente con el decisor son más propios de la negociación que de la comunicación o información. Entre las más significativas, destacamos:

a) Reuniones con parlamentarios o funcionarios (*face to face contact*). Algunos principios básicos deben inspirar el lenguaje verbal de las reuniones: (1) uni-cidad de portavoz para evitar equívocos, ya que los argumentos deben ser claros y unívocos, y si se asiste con expertos técnicos o jurídicos su función será la de asistir al lobbista y no sustituirle; (2) brevedad, ya que el tiempo de los políticos es precioso y a mayor esquematismo mayor probabilidad de memorización, y (3) cuidado con las ironías, ya que el sentido del humor no es universal.

b) Correspondencia privada (incluidos telefax y correo electrónico). Aun corriendo el peligro de ser repetitivos, en el uso de este canal comunicativo debe tenerse en cuenta: (1) cartas cortas y directamente *al grano*: el tiempo es oro y una carta concisa será mejor atendida; (2) ser conciso, basarse en hechos y cifras y no exagerar; (3) indicar claramente en el encabezado el nombre y cargo del destinatario y la referencia del proyecto normativo concernido; (4) no intimidar, ni amenazar, ni pretender *dar clases* al decisor, sólo valen los hechos y una honesta opinión; (5) coherencia en el argumento escrito; si se tiene una idea particular sobre la cuestión hay que presentarla lógicamente; (6) utilizar un lenguaje propio, ya que utilizar cartas proforma produce efectos negativos en el decisor; (7) correcta expresión escrita; (8) intentar centrarse en las cuestiones más importantes, ya que tratarlas todas puede disminuir el impacto de la carta, y (9) agradecer al legislador la atención prestada, independientemente de la postura que haya tomado acerca de los intereses en juego: lo cortés no quita lo valiente. Evidentemente, todas estas reglas son de aplicación con sus matices correspondientes al canal oral en las reuniones *face to face*.

c) Conversación telefónica que, aunque parezca poco efectiva por ser un medio *frío*, no hay que descartar. Quien esto escribe consiguió modificar substancialmente el contenido del articulado de un Decreto, exponiendo sus argumentaciones telefónicamente.

d) Las invitaciones o los viajes, que se traducen a veces en lo que Castillo llama seminarios para diputados: 10 o 15 días de estancia en las instalaciones de una empresa; tiempo que sirve para explicar profundamente la situación y problemas al parlamentario, además de desplegar una intensa actividad de contactos personalizados. El diario *El País* del 6 de diciembre de 1992 menciona que, en ese año, empresas como *Alcatel, Standart Electric, Altos Hornos de Vizcaya, Banco Bilbao-Vizcaya, Banco Central Hispano Americano, Siemens, IBM, Prosegur, Dragados y Construcciones, General Motors, Cepsa* o *Campofrío* invitaron entre tres y ocho diputados para explicarles las realidades y los futuros proyectos.

e) Organización de audiciones públicas, seminarios, simposios, congresos en los que se invita a participar a los decisores públicos.

f) Presentación de un libro blanco.

g) El *position paper*: escrito o informe en el que se exponen las razones y argumentos de la organización (puede adjuntarse a la correspondencia, aunque es preferible que se aporte en las reuniones).

9.3.2. Técnicas del lobbying indirecto

9.3.2.1. TÉCNICAS DEL GRASSROOTS LOBBYING

El *grassroots lobbying* se articula mediante técnicas directas no utilizadas por los promotores del lobbying, sino por un grupo de individuos movilizados al respecto por el grupo de interés del que forman parte o con el que se sienten identificados.

Ahora bien, la fase previa a la acción de lobbying propiamente dicha es la de movilización. Normalmente, las movilizaciones se realizan por los miembros de un determinado grupo de interés. Pero muchas veces se busca la colaboración de la ciudadanía, ya sea insertando en la prensa escrita una postal redactada y dirigida al decisor, ya sea a través de un *mayling* de ciudadanos individuales o agrupados en asociaciones de intereses vecinos.

9.3.2.2. TÉCNICAS DE ACCIÓN SOBRE LA OPINIÓN PÚBLICA

Están compuestas por las propias de las relaciones con los medios de comunicación y la publicidad. En especial:

- las conferencias de prensa
- los dossiers de prensa
- los comunicados o notas de prensa
- entrevistas en los *mass media*
- preparación de líderes de opinión
- utilización de un portavoz, para evitar diferentes interpretaciones
- el publirreportage
- la organización de actos: las conclusiones de congresos o jornadas sectoriales han servido de base de proyectos normativos sobre el sector en cuestión. Algunos de estos actos han llegado a celebrarse con el objeto de presionar al legislador mediante la aportación de unas conclusiones que reorienten un anteproyecto legislativo de consecuencias negativas para los convocantes del congreso, seminario, simposio o jornada. Valga como ejemplo las jornadas sobre políticas de inmigración organizadas por Cáritas en Girona, en noviembre de 1997, cuyas aportaciones se han incluido en el borrador del proyecto de ley de integración de los extranjeros que está elaborando la Generalitat de Catalunya.

9.3.3. Técnicas específicas y ambivalentes

Son técnicas que pueden ser utilizadas tanto en la actuación directa como en la indirecta.

9.3.3.1. Técnicas de lobbying financiero

Dado el carácter específicamente norteamericano de esta forma de lobbying y haber sido desarrollado en parte más arriba, consideramos suficiente lo expuesto hasta aquí, dada la naturaleza introductoria del presente estudio.

9.3.3.2. La actuación individual o en coalición

En un estado democrático, las leyes son la expresión de un consenso popular expresado por los parlamentarios que han sido elegidos por el pueblo. Si el consenso existe *a priori* en la población, la tarea del legislador es más fácil. De ahí que la actuación conjunta de un grupo o empresa con otras organizaciones aumenta la fuerza de la presión y, por ende, de la estrategia de lobbying.

Castillo establece las siguientes características de las coaliciones entre grupos de presión:

a) El marcado carácter temporal limitado a la acción sobre una determinada cuestión, teniendo así una naturaleza *ad hoc*.
b) La limitación de las demandas a una petición específica y concreta.
c) La rapidez en la actuación, habida cuenta de que a medida que pasa el tiempo se acentúan los conflictos y las diferencias entre los grupos coaligados.
d) Trabajar conjuntamente no implica la integración estructural, sino que cada grupo contribuye con el propio personal, dinero, etc.
e) Con la intención de aprovechar al máximo las potencialidades de todos y cada uno de los grupos, cada cual trabaja en la situación en la que esté mejor situado.
f) Una vez que se ha conseguido el objetivo, la coalición desaparece.

Cuando se habla del lobbying empresarial, el término que suele utilizarse es el de «alianza». Un aliado es aquel que tiene intereses comunes, pero en sentido táctico. Es decir que la alianza lo es en función de los objetivos buscados, pero no de las motivaciones. Un ejemplo propuesto por Clamen: los amigos de los animales no aceptaron más verlos sufrir largamente en los camiones o vagones que los transportan al matadero. Quisieron hacer prohibir su transporte durante más de seis horas antes del sacrificio. Algunos grupos industriales alemanes les apoyaron discretamente. Unos y otros querían el mismo texto legislativo. Pero aquí acababa la convergencia. La razón del apoyo industrial alemán estribó en que estos grupos eran los del sector agroalimentario que, en los últimos años, invirtieron en modernos mataderos de gran capacidad en la exRDA. Su principal materia prima eran los animales de carnicería provenientes del Este. Si se aprobaba la regla de las seis horas, los animales importados no podrían ir más lejos de los mataderos de la Alemania del Este. La ley solicitada crearía, para esas nuevas instalaciones, un mercado captivo, en pleno desarrollo.

Es más, estas alianzas pueden ser efímeras, para un tema concreto; por lo que no es nada raro que dos aliados se enfrenten después en la discusión de una temática distinta.

No obstante, la creación de coaliciones y alianzas no es fácil. Tal y como bien señala Julien, es aquí donde interviene toda la habilidad del lobbista que debe, en primer lugar, descubrir el interés común, para después convencer a sus socios de actuar concertadamente. Una vez superada esta etapa, debe establecer una estrategia común para la coalición y ponerla en práctica. El lobbista deberá entonces conducir al grupo coherentemente y coordinar las actividades de los diferentes miembros a fin de explotar lo mejor posible las sinergias. En los Estados Unidos de América, donde las coaliciones son prácticamente consustanciales con la práctica del lobbying a todos los niveles, el plan del lobbista prevé el reparto del trabajo entre los miembros de la coalición. Cada uno de ellos organiza su lobbying en función de sus propias competencias (conocimiento de los congresistas, influencia de sus socios, competencia técnica, etc.). La conexión y la cohesión de los miembros se mantienen a través de frecuentes reuniones de trabajo.

En cuanto a las formas de alianza, las más comunes son las siguientes:

a) Las alianzas entre profesionales de un mismo sector. Aunque a primera vista parezca fácil, esta forma consigue aliar a organizaciones competentes entre sí. El ejemplo: la alianza entre *Siemens, Philips, Alcatel, Bull* y *Thomson* para hacer frente a la apertura de los mercados de las telecomunicaciones en el marco del GATT. Este tipo de alianza recibe el nombre de «alianza vertical».

b) Las alianzas con grupos no lucrativos, con el fin de mejorar la imagen: ecologistas, asociaciones de consumidores, ONG, sindicatos, etc.

c) Las alianzas con grupos de interés institucional. En el seno de la Unión Europea es tradicional la alianza de la Administración del Estado o la autonómica con un determinado grupo (ejemplo: los productores de avellanas catalanes) o *holding* empresarial (*Teléfonica*, por ejemplo).

d) El uso de *relais* (transmisores). La doctrina francesa hace incapié en esta peculiar forma de alianza. Consiste en considerar como interlocutor a aquellos que, sin participar en la creación de decisiones, pueden defender la tesis en lugar del lobbista. Estos *relais* suelen situarse en instancias circundantes a la esfera de los decisores.

e) Las «alianzas horizontales». Integran a grupos de intereses variados. Los tres casos anteriores pueden considerarse alianzas horizontales.

La intervención en coalición tiene también sus limitaciones. La Administración pretende a veces despachar de golpe toda una serie de asuntos que, de hecho, tienen remotos puntos de conexión, y elabora un proyecto global de normativa. En este caso una determinada organización puede desmarcarse para beneficiar de un texto más a la medida. Esto ocurrió con el sector de los arquitectos cuando la Comisión Europea se propuso reglamentar las profesiones liberales.

Por otra parte, no hace falta decir la improcedencia de aliarse con un grupo de imagen desacreditada, por muy comunes que sean los intereses ante una cuestión determinada.

Otra de las técnicas de lobbying con la que contar en la formación de alianzas es la creación de una asociación, inexistente en el momento de generación de la problemática que da lugar al lobbying, que reúna a personas potencialmente relacionadas con el interés que pretendemos proteger. Estamos muy cerca de la percepción de espontaneidad requerida presente en el *grassroots lobbying*. Esta asociación deberá fundarse en la fase inicial de la estrategia e ir actuando desligada y espontáneamente, de tal manera que el receptor de los mensajes lobbísticos no perciba que se trata de un instrumento específico de la estrategia. La asociación deberá ejercer una actividad destinada a crearse una credibilidad útil para cuando sea llamada (a los ojos del decisor) como aliada por el lobbista que promocionó su creación. Algunas de estas asociaciones han creado boletines (financiados por los promotores del lobbying) en los que líderes de opinión aportan sus puntos de vistas. En la práctica, estas revistas internas o *house organs* no recogen artículos relacionados directamente con la problemática que dio lugar a la estrategia del lobbying y a su fundación. Todo y conocerse la elaboración de un proyecto normativo desfavorable a los intereses, el lobbista recurre a su «alianza» en el momento estratégico adecuado; esto es, cuando el posicionamiento del órgano de expresión sea el idóneo para implicarlo como portavoz mediático de las demandas de la empresa u organización que promocionó la creación de la asociación que lo publica.

En definitiva, la *coalition building* (denominación anglosajona de esta técnica) es un arma esencial para el lobbista, ya que los poderes públicos son más proclives a escuchar a un grupo representativo de un mismo sector económico.

9.3.3.3. LA ACCIÓN NO VIOLENTA

No es que sea cuestión muy debatida, pero la pregunta es evidente: ¿puede, desde el punto de vista ético y estético, recurrir el lobbista a la organización de manifestaciones no violentas para, no sólo llamar la atención de los decisores públicos, sino para alcanzar los objetivos del lobbying? La cuestión no es ni mucho menos baladí. La organización de acciones no violentas se asemeja al *grassroots lobbying*, si bien se diferencia en la forma de la acción (reunión física de personas) y en la de presentación al receptor (no tiene la apariencia de espontaneidad de aquél). En nuestra opinión, el recurrir a una movilización pacífica a través de una manifestación, no es más que crear el acontecimiento, el «gancho» para atraer a los medios de comunicación y poder generar una opinión pública favorable a nuestros propósitos, siempre y cuanto estos sean honestos. Sin embargo, se trata de una táctica complementaria o secundaria; es decir, de apoyo a la aportación de información, de soporte a la argumentación de nuestra postura ante el gestor público o parlamentario.

Recurrir a la manifestación puede ser peligroso:

- Si no se controla al grupo de manifestantes, ya que puede degenerar en violencia.
- Si no se define bien el mensaje o no se sabe transmitir, porque el efecto sobre la opinión pública puede ser el contrario al deseado.

Un principio se impone: la manifestación no debe de ser un chantaje, sino un medio de llamar la atención sobre unas demandas que peligran por la existencia, la falta o la preparación de una determinada normativa; que debe dar paso posterior o paralelamente al proceso de transmisión de información constitutivo del lobbying.

Estas acciones no violentas no siempre adoptan la forma de manifestaciones ciudadanas. Al respecto, recuérdese la acampada urbana de la llamada «plataforma del 0'7 %», que generó, más por la forma que por el contenido, una adhesión y simpatía de la opinión pública casi sin precedentes en nuestro país.

9.3.4. Control de la implementación del lobbying

Este estadio consiste en ir controlando y evaluando si la ejecución está resultando acorde con lo planificado y programado.

Una técnica de control de las actividades basadas en las relaciones con los medios de comunicación es el *clipping* o archivo de prensa que recoja todas las noticias, comunicados, entrevistas, reportajes, artículos de opinión, editoriales, etc. que sobre las demandas del lobbying, y como consecuencia de ese tratamiento de los *mass media*, se hayan generado. No se trata únicamente de archivar, sin más, sino de analizar si los contenidos se ajustan al mensaje que el lobbying pretende transmitir (técnica de investigación utilizada: análisis de contenido cualitativo) y si se ha cubierto la audiencia o sector de la opinión pública al que se dirigía, ya sea a través del numero de medios que han cubierto nuestras demandas, ya sea en la forma física (ubicación en el periódico o noticiario, cuerpo de los titulares, interconexión entre los diferentes géneros periodísticos utilizados, longitud de las noticias o comunicados, etc.) de presentación de los acontecimientos (técnica de investigación: análisis de contenido cuantitativo).

9.4. Evaluación

La finalidad del lobbying es conseguir que la decisión pública se ajuste a los intereses a los cuales sirve la estrategia. La evaluación de la campaña una vez ejecutada consistirá en observar si se han cumplido los objetivos y la finalidad última, ya que ambos son medibles. Ahora bien, tanto en el sentido positivo como si no se han alcanzado aquéllos, una correcta evaluación no puede terminar aquí, sino que debe proyectar sus contenidos y conclusiones a posteriores acciones. La metodología del lobbying, como la de las relaciones públicas (concretado en el gráfico de Cutlip, Center y Broom, de 6.4.), es cíclica. Si no, estaríamos hablando de medición específica de un hecho puntual o de un objetivo concreto de la estrategia.

Una medición final, distinta del control en el tiempo (éste supone una evaluación continuada y simultánea al desarrollo de la acción del lobbying: es la evaluación periódica durante la estrategia), puede traducirse de tres maneras:

- Éxito del lobbying: la decisión se toma en el sentido pretendido.
- Fracaso: no se consigue la toma de decisión pública deseada.
- Ni éxito, ni fracaso: se consigue satisfacer sólo en parte los intereses representados en el ejercicio del lobying, o se alcanza a transmitir una buena imagen (objetivo) pero no orientar la decisión en el sentido deseado (finalidad), esto es, se informa sin la adhesión del decisor público.

No obstante, la evaluación de los resultados suele simplificarse a la medición de la eficacia, es decir: (1) a la capacidad de modificar la situación inicial (opiniones, percepciones, comportamientos, etc.); (2) a la relación objetivos/resultados, y (3) a la relación coste/resultados. Aceptando esta confusión, el concepto de eficacia debe entenderse como una agrupación de *items* que deberán ser medidos por separado y al mismo tiempo integrarlos en un posible indicador global. Estos *items* pueden concretarse fundamentalmente en ocho puntos que, para Guixà, incluyen tanto los aspectos cognitivos, los afectivos y los de comportamientos:

- Notoriedad: capacidad de obtener una cierta presencia comunicacional, en el conjunto del resto de fuentes de información/comunicación.
- Comprensibilidad: capacidad de hacerse entender.
- Identificación: capacidad de implicar al receptor.
- Credibilidad: capacidad de transmitir información creíble.
- Asociación con el emisor: capacidad de posicionar la imagen del emisor de la campaña.
- Valoración conceptual: incidencia de los valores, beneficios, etc. comunicados.
- Valoración formal: incidencia del estilo y de los medios y soportes utilizados.
- Impacto final: capacidad de modificar las opiniones, percepciones, conocimien-

tos, actitudes y comportamientos, con la consiguiente generación de la predisposición positiva hacia los objetivos de la campaña.

Desde otro punto de vista menos sistemático y centrado en la práctica del lobbying con resultados medianamente o nada eficaces, lo primero que deberá hacer el lobbista es averiguar el por qué de su fracaso. Esta averiguación se instrumentaliza a través de la evaluación final, y se puede concretar en las respuestas a las siguientes preguntas (Clamen):

a) En cuanto a la eficacia global del lobbying:
• ¿Se han tomado decisiones negativas que hubieran podido evitarse?
• ¿Es nuestra imagen y la de la organización lo suficientemente positivas?

b) Atendiendo a los colaboradores de la actividad:
• ¿Hemos sabido aliarnos correctamente? Esto es, aceptando las concesiones necesarias para seducirlos, sin perder de vista nuestros objetivos.
• ¿Tiene la organización federada un suficiente peso específico en la federación para hacer valer sus puntos de vista?
• ¿Se ha sacado el provecho necesario y suficiente en el acercamiento al mundo asociativo?

c) Respecto del público objetivo:
• ¿Somos percibidos como un interlocutor válido por los decisores públicos?
• ¿Han sido tratadas todas las administraciones que tienen poder decisorio sobre nuestras actividades?
• ¿Se han mantenido relaciones constantes?
• ¿Conocemos el peso real que las Cámaras legislativas pueden tener sobre nuestra actividad?
• ¿Hemos contactado con los parlamentarios más dispuestos a defender nuestros intereses? En caso de urgencia ¿somos capaces de movilizarlos en nuestro favor?
• Nuestras acciones ¿han estado dirigidas sistemáticamente a varios niveles? ¿a varias instituciones?
• ¿Hemos generado una imagen positiva de la organización y de sus intereses? Si, a pesar de haberse conseguido dicha imagen no se ha alcanzado la finalidad ¿a qué factores se debe?

d) En cuanto a los argumentos utilizados:
• ¿Hemos expuesto nuestras argumentaciones en un lenguaje claro y creíble? ¿No nos habremos centrado exclusivamente en oponernos o retrasar las decisiones públicas?

- ¿Responden los argumentos expuestos a principios, hechos o cifras? ¿Hemos sabido reflejar en cifras el impacto de un proyecto normativo?
- ¿Nuestros argumentos han tenido en cuenta los adversos? ¿Podemos aceptar salirnos de nuestra propia lógica?

e) En relación con los métodos aplicados:
- ¿Nuestra organización tiene un único portavoz?
- ¿Nuestras acciones no son exclusivamente defensivas? ¿Podríamos aumentar el grado de iniciativa? ¿En qué escenarios actuaríamos con ventaja?
- ¿Cuál ha sido y es nuestra presencia permanente en los medios de decisión, los comités consultivos, las comisiones de expertos, etc.? ¿Podemos reforzarla?
- ¿Hemos escogido las técnicas adecuadas? ¿Nos hemos excedido en su uso? ¿Hemos olvidado algunas que pudieran habernos ayudado en la efectividad de la estrategia?

Naturalmente, todas estas preguntas, formuladas en presente, no tienen que obviarse en una situación de éxito, pues su formulación podrá evitar errores cometidos que, aunque no hayan sido definitivos, podrían serlo en acciones futuras. Así mismo, formularse todas estas preguntas durante la preparación y ejecución del lobbying constituye un eficaz ejercicio de su control.

Desde la perspectiva de la investigación científica, las técnicas de investigación a aplicar en la evaluación y control de estrategias de lobbying son las propias de las campañas de comunicación, teniendo en cuenta el público destinatario. En efecto, es difícil investigar con una muestra de decisores públicos. Ahora bien, deben evaluarse los efectos de las tácticas que sobre la opinión pública han sido ejecutadas en la estrategia lobbística. A título indicativo y remitiendo al lector a los numerosos manuales que tratan del particular, las más comunes son:

a) Técnicas cuantitativas:
- A partir del uso de cuestionarios:
    - entrevistas personales
    - entrevistas telefónicas
    - encuestas postales
    - *panels*
    - encuesta *omnibus*
- A partir de otros medios:
    - audímetros
    - observación personal
    - análisis de contenido
- A partir de indicadores complementarios:
    - consultas recibidas

– audiencias de programas de radio y TV
– audiencia de periódicos
– reclamaciones y consultas recibidas
– cartas al director de periódicos y revistas
– otros relacionados con la temática de la campaña

b) Técnicas cualitativas
– reuniones o dinámicas de grupo
– entrevistas en profundidad individuales o a parejas o familias
– microgrupos
– grupos de confrontación
– técnicas proyectivas y de rol
– análisis de contenido cualitativo

Estas técnicas son de aplicación en cualquier clase de evaluación cronológicamente hablando: antes, durante o después de la campaña; puntual o coyuntural; periódica o espontánea; de seguimiento o de control.

10

La regulación del lobbying

La regulación por los poderes públicos de la acción ante ellos de los grupos de presión constituye uno de los temas más debatidos doctrinalmente, sin que ese debate se haya llevado a la práctica por los parlamentos occidentales, exceptuando, claro está, a los Estados Unidos de América, ejemplo paradigmático en lo que a la institucionalización y regulación del lobbying se refiere.

10.1. La regulación del lobbying en los Estados Unidos

La *Federal Regulation of Lobbying Act*, adoptada por el Congreso de los Estados Unidos en 1946 constituye el primer reconocimiento legal del lobbying a nivel nacional de un Estado. No obstante, la iniciativa reguladora del lobbying al otro lado del Atlántico se remonta al siglo pasado. Ya se ha reseñado que en 1876, la Cámara de Representantes adoptó una resolución que exigía el registro de los lobbistas en su secretariado, y en 1913 se inició por el Senado la primera investigación sobre el lobbying. Asimismo, las legislaciones de los Estados federados contemplaron la actividad que nos ocupa desde diferentes perspectivas. En 1897, la Constitución del Estado de Georgia la consideraba un delito; mientras que en 1890, el Estado de Massachusetts dictó la primera ley reguladora (hoy en día, prácticamente todos los estados de la Unión tienen su legislación propia al respecto).

Las líneas generales de la bastante criticada, como veremos, *Federal Regulation of Lobbying Act*, han sido perfectamente reflejadas por Castillo:

1. La ley es generalista en su aplicación y abarca a cualquiera de las tipologías que pueden adoptar las estrategias y tácticas del lobbying en toda su extensión, forma y modo de actuación, como puede ser su presencia en los *hearings* del Congreso, las conexiones que se establecen con la actividad oficial de un agente público, las informaciones o estudios publicados, etc.

2. Define al lobbista como toda persona física o jurídica que, por sí misma o a través de cualquier agente o empleado por cuenta ajena, recaude o reciba dinero o cualquier otro objeto de valor, directa o indirectamente, para ser usado principalmente en ayudar al cumplimiento de cualquiera de los siguientes objetivos: (1) la aprobación o denegación de cualquier legislación del Congreso, (2) influir directa o indirectamente en la aprobación o denegación de cualquier legislación del Congreso.

3. Para poder mantener una información permanente de las intervenciones de los lobbies, así como para regular las acciones de los lobbistas y representantes de los grupos de presión, postula el cumplimiento de una serie de obligaciones:

a) Toda persona que reciba una remuneración del tipo que sea para tratar de favorecer o impedir la adopción de una determinada legislación por el Congreso, deberá, antes de comprometerse a realizar actividad alguna, solicitar su inscripción en los Secretariados de la Cámara de Representantes y del Senado.

b) Quien solicite inscribirse, deberá revelar el nombre de la persona y la organización para la que trabaja, los intereses que se propone defender, la cantidad de dinero que recibe y de quién, el tiempo de duración del trabajo y cuál es el objeto de los gastos que realiza. Cada tres meses está obligado a declarar, bajo juramento, todas la cantidades que ha recibido y el uso que de ellas ha hecho.

c) Toda persona encargada de recoger fondos destinados a un lobby debe llevar una contabilidad del dinero que obtenga, conservar los nombres y datos de todo donante de más de 500 dólares, anotar todos los gastos realizados con cargo a la organización y citar el nombre y datos de las personas a las que haya abonado cualquier cantidad.

d) Anualmente, deben presentar a los Secretariados citados un informe detallado del conjunto de actividades realizadas.

e) En el supuesto de realizar actos ilícitos contra las prescripciones de la ley, los responsables pueden ser condenados a penas de multa y/o prisión, sin perjuicio de la prohibición, durante tres años, de dedicarse a cualquier actividad relacionada con el lobbying.

Algunos estudiosos, como Carnotta y Alonso Piñeiro, cuestionaron la suficiencia de la *Federal Regulation of Lobbying Act*, basándose en la limitación de su redacción (hay que recordar que no es una ley en sí, sino que forma parte del capítulo III de la *Legislative Reorganization Act*), la superficialidad de la información demandada para registrarse, y su aplicación inadecuada. En efecto, sólo se ha conseguido una única condena por violación de los preceptos de la ley. Fue en 1956, cuando el senador de Dakota del Sur, Francis Case, denunció, en plena sesión, que votaría en contra de una ley por haber sido el objeto de «desvergonzadas presiones» por un representante de los productores de gas. La sorpresa del Presidente Eisenhower ante dicha «arrogante intervención» le condujo a vetar la ley, y los dos abogados que representaban a la compañía *Superior Oil* fueron condenados a una multa y a un año de prisión condicional (Toinet).

En 1954, la Sentencia del Tribunal Supremo *US vs Harriss* restringió la aplicación de la ley, aumentando las lagunas legales que contenía, duramente criticadas por los politólogos norteamericanos. Su interpretación limitativa se basó en las siguientes consideraciones jurisprudenciales:

1. La ley sólo regula los grupos que solicitan y recogen fondos para representaciones gubernamentales, y excluye de la obligación de registrarse a los grupos o individuos que sufragan de su bolsillo esas actividades.
2. La ley se aplica sólo a aquellos grupos o individuos cuya finalidad principal es actuar mediante contactos directos con los parlamentarios; excluyendo a los que influyen sobre la opinión pública para presionarlos. Bajo este pretexto, la poderosa *National Association of Manufacturers* se abstuvo durante 29 años de hacer cualquier declaración y no fue obligada a ello hasta 1975, después de una denuncia judicial de *Common Cause*.
3. La ley no define qué tipo de representación es considerada como lobbying. Se excluyen expresamente las comparecencias ante los comités.
4. La ley sólo regula el lobbying parlamentario, olvidando al resto del aparato ejecutivo: Presidente, Ministros, alcaldes, etc.
5. La ley no crea ningún órgano con poder para exigir la inscripción de los lobbistas, ni para controlar la veracidad de sus aportaciones.

Las críticas vertidas a la insuficiente regulación del lobbying en los Estados Unidos no dieron sus frutos hasta la firma de la *Lobbying Disclosure Act* por el Presidente Bill Clinton el 19 de diciembre de 1995, después de cinco años de intentos encabezados por el senador por Michigan, Carl Lewin. Las insuficiencias de la ley de 1946, que generaron abusos y corrupción, fueron la causa de esta reforma legislativa. Las líneas generales de esta ley y de algunas de las normas que la desarrollan, y que pretende llenar las lagunas y ambigüedades legales de su predecesora, pueden sintetizarse así:

1. Quién es considerado lobbista
Se considera lobbista a aquel que lleva a cabo una actividad de lobbying, en representación autónoma de un cliente (*private lobbyist*) o empleado por una empresa u organización (*in-house lobbyist*). Para registrarse deberá haber mantenido más de un contacto (*lobbying contact*) durante los dos semestres que se fijan (enero/junio, julio/diciembre), excepto que dedique menos del 20% de su actividad en el lobbying para su cliente o empleador. La ley excluye a los *private lobbyist* que presupuestan recibir menos de 5.000 dólares de un cliente durante uno de los semestres, y a los *in-*

house lobbyist cuyas empresas esperen invertir menos de 20.000 dólares en lobbying en ese medio año.

2. Qué actividad constituye el lobbying

El apartado 7 de la sección 3 de la *Lobbying Disclosure Act*, entiende por actividades de lobbying aquellos contactos o tareas que los respalden, incluyendo la preparación y planificación de actividades, investigación y cualquier otra tarea de formación, destinados a ser usados en la preparación de dichos contactos. Tales actividades también incluyen la coordinación de las mismas con terceros, como la formación de coaliciones.

El *lobbying contact*, por su parte, es definido como cualquier comunicación oral o escrita (incluida la electrónica) dirigida a gestores públicos (del ejecutivo) o políticos (parlamentarios) y en representación del cliente, en cuanto a:

a) Formulación, modificación o adopción de una legislación federal, incluidas las proposiciones.
b) Acciones del ejecutivo federal, como *rules*, *regulations*, *orders*, o cualquier otro programa, política o postura del Gobierno de los Estados Unidos.
c) La administración o ejecución de un programa federal, incluidas la negociación, adjudicación y gestión de licencias y contratos federales.
d) La nominación y ratificación de una persona sometida a la ratificación del Senado.

La ley excluye expresamente de las actividades del lobbying las previstas en la *Foreign Registration Act* de 1937 que regula la presencia de grupos y países extranjeros que presionan a los poderes públicos norteamericanos (que deben inscribirse en el Departamento de Justicia); así como de algunas organizaciones religiosas.

3. Qué decisores públicos pueden ser objeto del lobbying

La ley distingue entre los del poder legislativo (*legislative branch officials*) y los del ejecutivo (*executive branch officials*).

Los del legislativo incluyen: los miembros del Congreso, los funcionarios electos de ambas Cámaras, y los empleados de los miembros del Congreso, de los comités parlamentarios y de los *staffs* de los líderes de cualquiera de las dos Cámaras.

Los decisores del poder ejecutivo ante quienes se puede actuar son: el Presidente, el Vicepresidente o cualquier empleado de la Oficina del Presidente; así como prácticamente cualquier funcionario o empleado de la Administración pública americana.

4. Registro

Los lobbistas deben registrarse, por regla general, dentro de los 45 días siguientes al primer *lobbying contact* o a haber sido empleado o contratado para tenerlo. El registro, debe hacerse ante la Oficina (*Clerk*) de la Cámara de Representantes y en el Secretariado (*Secretary*) del Senado. Los lobbistas, agencias de lobbying u organizaciones que ya estaban registradas antes de la entrada en vigor de la ley, debieron registrarse de nuevo antes del 14 de febrero de 1996 (45 días después del 1 de enero: fecha de inicio de su vigencia). En esa fecha también debieron registrarse aquellos que contaban iniciar una actividad de lobbying en los seis primeros meses del año.

El registro debe incluir:

a) Nombre, dirección, teléfono y principal sede de negocio del lobbista y la descripción general de su negocio o actividades.

b) Nombre, dirección, teléfono y sede principal de negocio del cliente y la descripción general de su negocio o actividades.

c) Nombre, dirección, teléfono y sede principal de negocio de cualquier otra organización que: (1) contribuya con más de 10.000 dólares en cada uno de los semestres, y (2) planifique, supervise o controle, en todo o parte, tal actividad.

d) Nombre, dirección, teléfono y sede principal de negocio de entidades que: (1) posean al menos el 20% de la propiedad del cliente; (2) controlen directa o indirectamente la actividad de lobbying, o (3) esté asociado con el cliente y tenga un interés directo en el resultado del lobbying.

e) Una declaración de : (1) las área temáticas susceptibles de ser objeto de la actividad del lobbista, y (2) información sobre si durante los dos últimos años se ha desempeñado algún cargo de los previstos como diana del lobbying y con qué rango.

Así mismo, la obligación de registrarse abarca a los informes de actividades realizadas durante los dos semestres establecidos al efecto. Estos informes, que deben presentarse antes del 14 de febrero y del 14 de agosto de cada año, deben contener:

a) La lista de temas en los que se ha actuado, el número de los proyectos y las acciones específicas ante la rama ejecutiva (*executive branch*).

b) Una declaración de las Cámaras del Congreso y Agencias federales contactadas.

c) Una lista de los empleados que han actuado como lobbistas en representación del cliente.

d) Una descripción de cualquier interés ajeno a la entidad.

e) Una estimación de buena fe de los ingresos y gastos del lobbying.

5. Donaciones y obsequios (gifts).

El régimen de donaciones y obsequios a los parlamentarios ha sido regulado a principios de 1996 por las resoluciones 250 y 158 de la Cámara de Representantes y del Senado, respectivamente.

Esta normativa interna prohíbe cualquier *gift* a los miembros, funcionarios o empleados de ambas Cámaras.

No obstante, conviene ver qué se entiende por *gift* y qué no. Ambas Cámaras entienden por *gift* cualquier tipo de dádiva, favor, descuento, diversión, hospitalidad, préstamo, abstención u otro artículo con valor dinerario. El término incluye *gifts* por servicios, formación, transporte, alojamiento, dietas, pagos por adelantado o reembolsos por gastos.

Ahora bien, algunas excepciones son significativas: hospitalidad personal *(sic)* en ningún caso en apartamentos propiedad de la organización ni en los de los lobbistas, ni en los de terceros agentes en el caso de coaliciones; o las contribuciones políticas de acuerdo con la *Federal Election Campaign Act* (PAC, *fundraising*, etc.).

También está permitido el pago de gastos de dietas y desplazamientos relacionados con la actividad parlamentaria de miembros, funcionarios o empleados del Congreso, siempre y cuando: (1) el viaje (incluido el tiempo del desplazamiento) no puede exceder de 4 días en los Estados Unidos (3 días para el Senado) o de 7 si es al extranjero; (2) los gastos reembolsados deben ser los necesarios y no crear así una apariencia de lucro personal del miembro del parlamento, y (3) el reembolso no debe incluir los gastos de ocio.

Los *gifts* sólo están reservados a los clientes u organizaciones que contratan a los lobbistas y a los *foreign agents*. Sin embargo, los parlamentarios pueden solicitarles contribuciones para un determinado acontecimiento o institución de beneficencia, especialmente destinado a la campaña electoral. En este caso, y en el plazo de 30 días, deben comunicarlo a la Comisión de Etica de la Cámara correspondiente indicando el nombre y dirección del lobbista, de la institución benéfica beneficiaria y del importe de la aportación.

10.2. La regulación en la Unión Europea

No existe una regulación similar a la de los Estados Unidos de América. Sin embargo, el tema ha sido ampliamente debatido, y, a pesar de estar en una fase embrionaria, especialmente en el marco de la Comisión, el Parlamento Europeo ha adoptado enmiendas a su Reglamento en ese sentido.

10.2.1. Regulación de la Comisión Europea

Ya hemos reseñado la importancia de la Comisión en la elaboración de la legislación comunitaria. Sin embargo, la del lobbying es una asignatura pendiente. Incluso el Parlamento Europeo, más joven en cuanto a su protagonismo legislativo, ya ha actuado al respecto.

En 1993 la Comisión Europea formuló una comunicación titulada «Un diálogo abierto y estructurado entre la Comisión y los grupos de interés», que pretendía cumplir con el compromiso por ella contraído en su programa de trabajo de 1992 en los términos siguientes: «las relaciones que mantienen las instituciones de la Comunidad con los grupos de interés, por muy útiles que sean, deben definirse con mayor precisión. La Comisión iniciará una reflexión dirigida a la elaboración de un código de buena conducta en las relaciones que mantiene con todas aquellas personas y organizaciones cuyo cometido consiste en ser sus interlocutores. Esta iniciativa, naturalmente, no pone en tela de juicio ni la libre actividad de los grupos profesionales ni la continuación del necesario diálogo con los comités institucionales». Estos propósitos se tradujeron en el documento mencionado.

Los principios establecidos por éste con el objeto de definir las relaciones futuras de la Comisión con estos grupos son:

1. Mantenimiento de la relación abierta entre la Comisión y los grupos de interés, conforme con el principio de una administración abierta, que se ha convertido en una práctica bien establecida a lo largo de muchos años, y que todavía podría extenderse más.
2. La Comisión tiende a favorecer las federaciones o confederaciones europeas sobre los representantes de las organizaciones individuales o nacionales, pero también se ha comprometido a aplicar un trato igual a todos los grupos de interés, a fin de que cada parte interesada, independientemente de su tamaño o importancia económica, tenga la oportunidad de ser oída por la Comisión.
3. Los funcionarios de la Comisión, al tratar con los representantes de los grupos de interés, deberían saber exactamente quién es quién y que hace cada uno de ellos.
4. La Comisión, al seguir su propio enfoque al tratar con los grupos de interés, debe mantenerse abierta a la posibilidad de adecuarlo a las políticas de otras instituciones en la materia.
5. La adopción de procedimientos sencillos que requieran un mínimo de recursos humanos y económicos y de esfuerzo administrativo.

Entre las medidas para aclarar y estructurar estas relaciones, la Comisión sostuvo:

1. La elaboración de una guía única que contenga la información sobre los grupos de interés, en especial: nombre de la organización; dirección, teléfono, telefax; fecha de creación; forma y estructura jurídica; nombres de los directivos y de las organizaciones miembros, y sus objetivos principales. La Comisión reconoce, sin embargo, la dificultad de determinar qué lobbies (despachos de abogados, agencias de relaciones públicas, etc.) deben incluirse en la guía, por lo que insta a los grupos de interés a elaborar su propia guía.

2. La creación de un código de buena conducta que contenga, como mínimo, los siguientes requisitos:

a) Representación pública: los grupos de interés no deberán presentarse públicamente utilizando ningún título, logotipo, símbolo o palabras que induzcan a atribuir una falsa autoridad a sus representantes o a confundir a los clientes o funcionarios sobre sus cargos.

b) Comportamiento:

- Los grupos de interés actuarán en todo momento de acuerdo con los criterios profesionales más estrictos posibles. En sus relaciones con la Comisión, honestidad y competencia son las cualidades que se consideran de mayor importancia.
- Los grupos de interés deberán evitar actuar en situaciones en que un conflicto de intereses sea posible o inevitable.
- Cada vez que consulte a la Comisión, el o la representante declarará el nombre del cliente para quien trabaja.
- En todas las comunicaciones con la Comisión, el representante declarará todos los contactos previos que haya mantenido con los representantes de la Comisión en relación con el mismo tema o con temas relacionados.
- Los grupos de interés no deberán contratar ni proponer empleos a los funcionarios que trabajan para la Comisión. Tampoco deberán ofrecer ningún tipo de incentivo a estos funcionarios para obtener información o recibir un trato privilegiado.

c) Difusión de la información de la Comisión: los grupos de interés no deberán:

- Difundir información engañosa.
- Obtener información por medios deshonestos.
- Hacer circular copias de los documentos de la Comisión con fines de lucro.

d) Organizaciones: la creación de una o más organizaciones que sirvan de intermediario en la comunicación entre los grupos y la Comisión es acogida favorablemente, siempre que esté abierta a todos los representantes de esos grupos y que las cuotas de las empresas sean proporcionales a sus dimensiones correspondientes.

3. En cuanto a los derechos y obligaciones del personal de la Comisión, e independientemente de lo establecido en el título II del Estatuto de los funcionarios, a partir del 1 de enero de 1993 se crea un comité para preparar la postura de la Comisión sobre los posibles casos de conflicto de intereses entre los empleos desempeñados por los miembros del personal tras el cese de sus funciones en la Comisión y sus responsabilidades respecto a ella. Este comité se compone

del secretario general, los directores generales de la DG IX (Dirección General de Personal y Administración), del servicio jurídico y por otros dos directores generales. El comité también convocará con carácter *ad hoc* al director general del servicio del personal.

Un año después de la publicación de esta comunicación, la Confederación Europea de Relaciones Públicas (CERP), organización con estatuto consultivo ante la Unión Europea, elaboró un borrador sobre la regulación de los «Eurolobbies», articulado según los principios del siguiente código deontológico:

1. Principio generales.
   a) En su conducta profesional un lobbista tendría que comportarse en todo momento dentro de los estándares profesionales más altos, demostrando honestidad e integridad.
   b) Las actividades del lobby deben ser llevadas a cabo abiertamente: han de ser fácilmente identificables y llevar una clara indicación de su origen.
   c) Un lobbista no puede identificarse fraudulentamente con el uso de cualquier título, logotipo o símbolo para dar falsa autoridad al grupo de interés para el que trabaja.
   d) Un lobbista debería evitar trabajar en situaciones donde el conflicto de intereses es inevitable o es probable que surja.
   e) En la práctica de su profesión, un lobby ha de guardar una total discreción. Debe respetar escrupulosamente la confidencia profesional y en particular no ha de revelar ninguna información confidencial o hacer uso de ella sin autorización expresa.
   f) Los grupos de interés especial no deberían contratar funcionarios oficiales que estén trabajando para la Comisión o el Parlamento.

2. Principios de conducta.
   g) Un lobbista debería declarar el nombre de su contratante o cliente cada vez que consulta formalmente a la Comisión o al Parlamento.
   h) En toda comunicación con la Comisión o el Parlamento, el lobbista debería declarar cualquier contacto previo que haya tenido con otros representantes de los cuerpos europeos.
   i) Un lobbista no debería prometer, ofrecer, dejar o dar jamás fondos o activos de valor a ningún representante de los cuerpos europeos ni a ninguna organización en la cual esta persona tenga un interés material.
   j) La práctica de sobornos no está nunca permitida, mientras que los regalos y entretenimientos están prohibidos, a parte de las cortesías comunes y normales.
   k) Ningún fondo o contribución están permitidos a partidos u organizaciones, excepto que lo estén por la ley.

l) Un lobbista no debería obtener información por medios deshonestos, ni debería intentar comerciar con copias de documentos europeos oficiales para sacar provecho.

En conclusión, un florilegio de buenas intenciones, pero en la práctica, de momento poca cosa. Afortunadamente para la salud política de la Unión, el Parlamento Europeo sí que se ha preocupado, una vez ampliados sus poderes legislativos, de regular la actuación de los lobbies en Estrasburgo. Una regulación necesaria, pero insuficiente. Veámosla.

10.2.2. Regulación del Parlamento Europeo

Como señala Alonso Pelegrín el Parlamento Europeo «ha sido la primera institución de la Unión Europea en lanzar un grito de alarma ante el incremento desmesurado de los lobbies y los problemas para mantener la independencia de la actividad europarlamentaria».

Así, y siguiendo el relato de los hechos de Castillo, el 24 de mayo de 1991, el entonces Presidente del Parlamento Europeo, el español Enrique Barón, envió una carta al Presidente de la Comisión de Reglamento, de Verificación de Credenciales y de Inmunidades, solicitando la presentación de propuestas dirigidas a la elaboración de un código de conducta y de un registro público de los representantes de los grupos de presión acreditados por el Parlamento. Esta Comisión organizó los días 22 y 23 de enero de 1992 una audiencia pública, dirigida por el eurodiputado socialista belga Marc Galle, con el objetivo de alcanzar el consenso más amplio posible después de escuchar a algunos de los principales grupos de presión de Bruselas. Entre las casi cincuenta organizaciones que fueron invitadas a participar destacaron la *UNICE*, el *Comité européen des Asssurances*, el *Comité européen des Fabricants de Sucre*, el *FORATOM*, el *Euro-Citizen-Action-Service*, y la *Fédération desÉditeurs européens*.

El ponente de la Comisión, Marc Galle, realizó una serie de propuesta de regulación para alcanzar los siguientes objetivos:

a) Asegurar que el Parlamento Europeo conserve su imagen de institución abierta, transparente y accesible para los ciudadanos y aquellos que creen necesario exponer sus intereses.

b) Aceptar como principio que el Parlamento Europeo debe facilitar el acceso a los individuos de la comunidad, para facilitar la exposición de sus problemas y demandas. El Parlamento es el lugar de encuentro y de solución de todas las complejidades que pueden aparecer en la sociedad.

c) Garantizar la transparencia de la representación de los grupos de interés ante el Parlamento Europeo.

d) Asegurar una clara identificación de los grupos de interés para permitir una valoración crítica de la información proporcionada por estos grupos. Este intercambio de información es propio del procedimeinto legislativo, al configurarse éste como el espacio integrador de los intereses sociales.

e) Tener en cuenta la gran diversidad de los grupos de interés y dispensar un trato igualitario a las diferentes personas y organizaciones que realicen estas actividades.

f) Intentar que no se olviden de la elaboración del código de conducta aquellas asociaciones u organizaciones que no persiguen fines lucrativos.

g) Organizar las actividades de los grupos de interés en el Parlamento Europeo, con la pretensión de mejorar la eficacia de las normativas que regulan y controlan las actividades de los lobbies y poder identificar las intervenciones que realizan.

Conservando la estructura de la exposición de Castillo, para satisfacer estos objetivos, las catorce propuestas para la regulación de los grupos de interés formuladas por Marc Galle fueron:

1. Definición

Toda regulación debe definir, en primer lugar, cuál será el sujeto receptor. En este sentido, se entiende por representante de los grupos de interés cualquier persona natural o jurídica que, por indicación de un tercero, disponga o defienda los puntos de vista del grupo ante los diputados del Parlamento Europeo y que proporcione regularmente información; y que por esto, establezca y/o mantenga los contactos necesarios entre su mandatario (los grupos de interés), por un lado, y los diputados, asistentes y funcionarios de las instituciones comunitarias, por otro.

2. Organizaciones profesionales

Se propugna la autosindicación de las asociaciones profesionales de influencia, permitiéndose que los representantes de los grupos de intereses pueden constituir una organización profesional o diversas organizaciones que los agrupe y en la cual designarán representantes, que podrán actuar como interlocutores del Parlamento Europeo y de sus órganos. Sin embargo, no existe la pretensión de permitir una integración interorgánica, por lo que la sede y locales de esta o estas organizaciones deberán situarse fuera de las instalaciones del Parlamento.

En este punto hay que señalar la reciente creación (mayo de 1997) de una asociación que reúne a los principales lobbistas europeos. España está representada por la agencia *Plaza de las Cortes*, que preside José Luis Sanchis.

3. Código de conducta

Esta autorregulación previa no comporta una libertad absoluta, sino que los representantes de los grupos de interés deberán respetar un código de conducta que adoptará la Mesa del Parlamento, después de consultar con la organización que los agrupe.

Este código de conducta describirá, de manera no restrictiva, los derechos y obligaciones vinculados al ejercicio de la representación de los grupos, así como las sanciones en caso de incumplimiento o de declaraciones que no respondan a la verdad hechas en la inscripción en el registro o en las posteriores autorizaciones.

La Mesa definirá las normas de acceso de los representantes de los grupos de interés a dicha institución.

4. Registro

Se solicitará a la Mesa del Parlamento que tenga al día un registro de representantes de grupos de interés ante la institución y que resuelva sobre las solicitudes de inscripción. Al mismo tiempo se determinará y publicará en qué casos los representantes inscritos pueden ser eliminados del registro. Este registro será público y se revisará y completará regularmente con el objetivo de dar la máxima transparencia posible a las actividades de los representantes de los grupos.

5. Contenido del registro

Para poder aportar la mejor y mayor información sobre la tipología y mecanismos de los grupos de presión, la inscripción en el registro debe incluir los siguientes datos:

a) Fecha de inscripción en el registro.
b) Nombre y dirección de la organización (con tal de poder localizarla).
c) Razón social de las empresas y organizaciones.
d) Informaciones de carácter público en el país de origen, como son el número de miembros, capital, registro ante las cámaras de comercio, etc.
e) Nombre de los apoderados que intervienen.
f) Posible prestación de servicios destinados a diputados del Parlamento Europeo.

6. Derechos vinculados al registro

La inscripción en el registro dará derecho a la obtención de un salvoconducto de un año de duración y será renovado siempre previa presentación de un informe anual. Dicho salvoconducto se expedirá a nombre de la persona o de la asociación que lo haya solicitado.

7. Acceso al Parlamento Europeo

A reserva de las condiciones de acceso fijadas en el código de conducta, los representantes de los grupos de intereses sólo podrán acceder libremente a las zonas públicas de la institución (restaurantes no reservados a los diputados, vestíbulos, etc.).

El acceso a las reuniones públicas de las comisiones se limitará a las tribunas reservadas al público o, de no existir éstas, a los lugares indicados en la sala.

En los lugares de trabajo del parlamento se dispondrán locales de recepción de los representantes de intereses.

8. Visitantes

Uno de los procedimientos fundamentales para un lobby consiste en la posibilidad de realizar contactos con las personas idóneas. Para poder regular su acceso a los diputados, se ha contemplado que su concreción se realice por la Mesa del Parlamento. De este modo, esta instancia revisará y controlará todas las cuestiones sobre procedimientos administrativos relativos a los visitantes.

9. Reuniones públicas

La contingencia de producirse reuniones bajo la asistencia y presencia de público se determinará singularmente y con el objetivo de preservar la libertad de las deliberaciones, conjuntamente con una mayor apertura de los mecanismos procedimentales. En este sentido, se postula que la Mesa ampliada deberá examinar las consecuencias del *informe Patterson*, que obliga a las comisiones a decidir si las reuniones son a puerta cerrada.

10. Documentos

La probabilidad de acceder a los documentos es ostensiblemente restringida. Únicamente se pondrá a disposición de los representantes de los grupos de interés la documentación parlamentaria a un precio que fijará la Secretaría General. De la misma manera, cada visitante podrá recibir un ejemplar gratuito del orden del día de cada reunión.

El Parlamento facilitará a los representantes de intereses reconocidos, a precio de coste, documentos no reservados, depositándolos en un archivo especial.

11. Uso indebido de los documentos

Los representantes de grupos de interés no podrán utilizar, en ningún caso, su presencia en los locales del Parlamento, tanto si es recibido por un diputado o un funcionario, como si asisten a una reunión, o en cualquier otra circunstancia, para obtener documentos.

12. Acceso a la biblioteca y a la distribución

El acceso a las bibliotecas y a los servicios de distribución del Parlamento, el uso de los diferentes servicios de investigación y la utilización de otros bienes y servicios del Parlamento, de la Secretaría General o de las secretarías de los grupos políticos, por parte de los representantes de los grupos de interés, de sus colaboradores y asistentes estará sujeto en cada caso concreto a la autorización previa de la Junta de Cuestores o de la secretaría del grupo.

13. Sanciones

La Mesa del Parlamento Europeo entenderá de las impugnaciones o litigios a que de lugar la presente reglamentación.

La Mesa fijará las sanciones que se aplicarán en caso de no respetar estas normas, en particular las referentes al abuso de la confianza del público, como consecuencia de declaraciones que no estén de acuerdo con la verdad en el registro, el uso indebido de bienes y funciones en el interior de los órganos y servicios del Parlamento por parte de los representantes de los grupos de interés o el encubrimiento de estas actividades, sobre todo cuando se trate de grupos de interés con fines lucrativos.

14. Los diputados al Parlamento Europeo

Con la finalidad de garantizar que el mismo grado de transparencia que el Parlamento exige a los representantes de intereses se aplique también a los propios diputados al Parlamento, éstos presentarán, al menos una vez al año, una nueva declaración relativa a sus intereses financieros. Asimismo, se creará inmediatamente un registro sobre los intereses financieros de las personas que trabajan para el diputado.

Este registro deberá poderse consultar en cada uno de los lugares de trabajo del Parlamento, así como en las oficinas de información que éste tiene en los diferentes estados miembros.

El 2 de octubre de 1992, la Comisión de Reglamento, Verificación de Credenciales y de Inmunidades adoptó algunas propuestas encaminadas a la reglamentación del lobbying en el Parlamento Europeo con 6 votos a favor, 3 en contra y 3 abstenciones. Apostilla Castillo que en el transcurso de esta reunión se debatió una cuestión muy propia de las relaciones entre los grupos de presión y las instituciones, cual es la presencia de representantes de los grupos en las comisiones. La discusión surgió con motivo de la petición del Presidente de la Comisión, Florus Wijsenbeek, de la salida de la sala de los lobbistas presentes para poder deliberar sin ningún tipo de ingerencia. El ponente Marc Galle consideró que la Comisión debía actuar abiertamente, mientras que otros diputados destacaron que las comisiones parlamentarias tienen la obligación de ser públicas. Finalmente los lobbistas volvieron a la sala después de la votación (9 votos a favor, 4 en contra y 1 abstención).

Pese a la adopción de las propuestas por la Comisión de Reglamento, de Verificación y de Inmunidad, se introdujeron las siguientes reformas:

1. La definición de lobby será «toda persona que se mueve por mandato de un tercero y que defiende los intereses de éste último ante el Parlamento Europeo y otras instituciones comunitarias, o que suministra regularmente esta información, ya sea de manera estable o manteniendo contactos habituales con los miembros del Parlamento Europeo así como con el personal que trabaja al servicio de la institución».

2. El registro público de representantes queda limitado a la inscripción de los datos siguientes:

• Fecha de inclusión en el registro.
• Nombre y dirección.
• Razón social o denominación de la empresa, asociación u organización.
• Campo de actividad, miembros, sede y capital.
• Actividades representadas y nombre de los apoderados.
• Declaración por la que el representante se compromete a respetar el código de conducta y a realizar un informe anual, especificando las actividades ejercidas para influir sobre los miembros del Parlamento Europeo.
• Relaciones habituales con los diputados.

No fue hasta 1996, concretamente el 17 de julio, cuando el Parlamento Europeo dio luz verde (488 votos favorables contra 1 negativo) al informe del nuevo encargado de estudiar el tema, el europarlamentario británico Glyn Ford. La aprobación comportó la inclusión en su Reglamento de un conjunto de disposiciones regulatorias de la presencia de los grupos de interés en el seno de la institución.

El sistema adoptado se basa en la inscripción en un registro público a cambio de la concesión de la tarjeta de libre acceso a las instalaciones del Parlamento, y se traduce en los siguientes preceptos:

1. Normas generales
Los Cuestores serán competentes para autorizar la expedición de tarjetas de acceso, con carácter nominativo y por el plazo máximo de un año, a las personas que deseen acceder con frecuencia a los locales del Parlamento con objeto de informar a los diputados en el marco de su mandato parlamentario, en interés propio o de terceros.

En contrapartida, estas personas deberán:

a) Respetar el código de conducta establecido (en aquel momento era objeto de un nuevo estudio de la Comisión de Reglamento, de Verificación de Credenciales y de Inmunidades).
b) Inscribirse en un registro dependiente de los Cuestores. Este registro estará a disposición de las personas que lo soliciten en todos los lugares de trabajo del Parlamento, así como en sus oficinas de información en los Estados miembros, en la forma que establezcan los Cuestores.

2. Tarjetas de acceso
a) Las tarjetas de acceso serán expedidas en forma de tarjetas plastificadas que incluirán una fotografía del titular, su nombre y apellidos y el nombre de la

empresa, organización o persona física para la que trabaja. El titular deberá llevar permanentemente y de forma visible la tarjeta de acceso en todos los locales del Parlamento. El incumplimiento de esta disposición podrá dar lugar a la retirada de la tarjeta. Las tarjetas de acceso se distinguirán por su forma y color de las tarjetas entregadas a los visitantes ocasionales.

b) Las tarjetas sólo se renovarán si sus titulares han cumplido con las obligaciones contempladas en el apartado anterior (Normas generales). Toda impugnación por parte de un diputado de la actividad de un representante o de un grupo de interés se remitirá a los Cuestores, que instruirán el caso y podrán pronunciarse sobre el mantenimiento o la retirada de la tarjeta de acceso.

c) La tarjeta de acceso no permitirá en ningún caso acceder a las reuniones del Parlamento o de sus órganos que no sean declaradas públicas y no dará lugar, en este caso, a excepción alguna respecto a las normas de acceso que se apliquen a cualquier otro ciudadano de la Unión.

3. Asistentes

a) Los Cuestores fijarán, al comienzo de cada legislatura, el numero máximo de asistentes que cada diputado podrá acreditar. Los asistentes acreditados formularán, al incorporarse a sus funciones, una declaración por escrito de sus actividades profesionales, así como de cualesquiera otras funciones o actividades remuneradas que ejerzan.

b) Los asistentes tendrán acceso al Parlamento en las mismas condiciones que el personal de la Secretaría General o de los grupos políticos.

c) Cualquier otra persona, incluidas las que trabajen directamente con los diputados, habrá de cumplir las condiciones previstas en el primer apartado (Normas generales) para acceder a los locales del Parlamento.

Finalmente, el 13 de mayo de 1997 el Parlamento Europeo adoptó el Código de conducta de los representantes de intereses (artículo 3 del Anexo IX del Reglamento de la Cámara).

Código de conducta de los representantes de intereses en el marco de sus relaciones con el Parlamento Europeo
Los representantes de los intereses habrán de cumplir las disposiciones siguientes:

1. Respetar lo dispuesto en el Reglamento del Parlamento *(art. 9, es decir, la normativa aprobada el 17 de julio de 1996)* y en el presente código *(Anexo IX del Reglamento).*

2. Declarar el interés o los intereses que representan en sus contactos con los diputados al Parlamento, el personal que trabaja para ellos o los funcionarios de la institución.

3. Abstenerse de cualquier acción tendente a obtener información deshonestamente.

4. No pretender, en todo trato con terceros, que tienen cualquier tipo de relación oficial con el Parlamento.

5. No difundir a terceros, con fines lucrativos, copias de documentos obtenidos del Parlamento.

6. Respetar estrictamente lo dispuesto en el art. 2 del Anexo I *(normas aprobadas el 17 de julio de 1996).*

7. Asegurarse de que toda asistencia prestada en el marco de las disposiciones del artículo 2 del Anexo I sea consignada en el registro correspondiente.

8. Respetar lo dispuesto en el Estatuto de los funcionarios en el caso de que contraten a antiguos funcionarios de las instituciones.

9. Respetar cualquier norma establecida por el Parlamento sobre los derechos y las responsabilidades de antiguos diputados.

10. Con el fin de evitar posibles conflictos de intereses, obtener la autorización previa del diputado o de los diputados en cuestión por lo que se refiere a todo vínculo contractual o de empleo con un asistente de un diputado y, posteriormente, asegurarse de que ello se ha consignado en el registro mencionado en el apartado 2 del artículo 9.

11. Toda inobservancia del presente Código de conducta podrá suponer la retirada de la tarjeta de acceso expedida a las personas interesadas y, en su caso, a su empresa.

10.3. Regulación en España

En nuestro país no existe ninguna regulación específica, nacional o autonómica, de las actividades de los grupos de interés con los poderes públicos, ni, en consecuencia, de su atingencia con los poderes públicos. Otra cosa son la creación de órganos consultivos de la Administración con participación en su estructura de los representantes de sectores sociales o económicos, como es el caso del Consejo Económico y Social. No obstante, el espíritu de la Constitución es otro. El art. 9.2 de la Carta Magna establece que «corresponde a los poderes públicos...facilitar la participación de todos los ciudadanos en la vida política...», y el 23.1 proclama su derecho «a participar en los asuntos públicos, directamente o por medio de representantes, libremente elegidos en elecciones periódicas por sufragio universal».

Así las cosas, no podemos olvidar dos hechos o situaciones singulares, por su contradicción, acaecidas en el panorama legislativo y parlamentario español de los últimos años: la aprobación de la Ley Orgánica 9/1991, de 22 de marzo, que reformó el Código Penal e introdujo el delito de tráfico de influencias, y la proposición no de ley presentada por el diputado del Centro Democrático y Social (CDS) Rafael Martín Campillo y aprobada el 23 de febrero de 1993.

10.3.1. El delito de tráfico de influencias en el Derecho penal español

Con motivo de la trascendencia pública que originó el uso de un despacho público para asuntos privados del hermano del entonces Vicepresidente del Gobierno (conocido como «caso Guerra»), el legislador español se apresuró a modificar el Código penal vigente entonces, tipificando, entre otras modificaciones, el tráfico de influencias como un delito más de los contrarios a la Administración Pública.

El precepto legal que nos interesa, artículo 404 bis c) del anterior Código penal, rezaba así:

> «Los que, ofreciendo hacer uso de influencias cerca de las autoridades o funcionarios públicos, solicitaren de terceros dádivas, presentes o cualquier otra remuneración o aceptaren ofrecimiento o promesa, serán castigados con la pena de arresto mayor.
>
> Si los hechos a que se refiere el párrafo anterior fueren realizados por profesional titulado, se impondrá, además, como accesoria la pena de inhabilitación especial.
>
> En cualquiera de los supuestos a que se refiere este artículo la autoridad judicial podrá imponer también la suspensión de las actividades de la sociedad, empresa, organización o despacho y la clausura de sus dependencias al público por tiempo de seis meses a tres años».

Es decir, que a finales del siglo XX, en un país integrado en la Unión Europea –donde el lobbying es una práctica ejercida, aceptada y lícita–, el lobbying es un delito. Lo que faltaba para desacreditar a la actividad y dar la razón a aquellos cuya ignorancia (como la del legislador de entonces) les hace emparentar el lobbying con un delito llamado «tráfico de influencias», como si el traficar legalmente con influencias hubiese de ser castigado administrativa o penalmente.

A diferencia de las restantes acciones recogidas en la misma ley orgánica, la acción tipificada que nos ocupa no tiene nada que ver con el ejercicio de la función pública. En efecto, la acción es totalmente privada: los sujetos activos y pasivos son particulares. La función pública es sólo objeto de la influencia. Por si fuera poco, la acción –que nadie negará que describe una forma de ejercicio del lobbying como lo hemos ido definiendo en estas páginas– no requiere ejercer la influencia, sino sólo ofrecerla. De ahí que los penalistas más prestigiosos plantearan cuál era el bien jurídico protegido, concluyendo que lo único que pretendía protegerse era el buen nombre de la Administración, un concepto etéreo y difícilmente aprehensible (Muñoz

Conde). Por lo que el ya inexistente art. 404 bis c) constituyó una tipificación residual que no afectaba a bien jurídico alguno. Desde el punto de vista de la Administración, el hecho recogido es en sí mismo inocuo por cuanto no exigía que llegue ha hacerse uso efectivo de la influencia. Desde la perspectiva del particular al que se ofrece hacer uso de la influencia, la paradoja es ya insuperable, pues el tipo delictivo se cumplía sin que ni siquiera el particular haya aceptado la oferta. Es decir, el delito se consumaba con el simple ofrecimiento para influenciar a las autoridades o funcionarios, siempre, eso sí, que se solicitase o aceptase de tercero algún tipo de remuneración económica.

El segundo párrafo demuestra la intencionalidad del legislador de penar las actividades de profesionales titulados dedicados al ejercicio del lobbying. Es evidente que estaba pensando en los famosos abogados cercanos al poder que suelen dedicarse a esta actividad, pues no creemos que se estuviera pensando en veterinarios o ingenieros navales.

Pero el *sumum* de los despropósitos es el último párrafo. Al respecto, el prestigioso penalista y catedrático de Derecho penal Francisco Muñoz Conde, lo calificó de «verdadera espada de Damocles contra los llamados *lobbys* o despachos dedicados al tráfico de influencias», indicando la desproporción de las sanciones, penas y medidas.

Afortunadamente, el Código penal vigente (Ley Orgánica 10/1995, de 23 de noviembre) ha situado las cosas en su sitio, no sin antes tener que hacer un ejercicio hermenéutico con el que no toda la doctrina penalista está de acuerdo. El artículo 430 del actual Código penal dispone:

> «Los que, ofreciéndose a realizar las conductas descritas en los artículos anteriores, solicitaren de terceros dádivas, presentes o cualquier otra remuneración, o aceptaren ofrecimiento o promesa, serán castigados con la pena de prisión de seis meses a un año.
>
> En cualquiera de los supuestos a que se refiere este artículo, la autoridad judicial podrá imponer también la suspensión de las actividades de la sociedad, la empresa, organización o despacho y la clausura de sus dependencias abiertas al público por tiempo de seis meses a tres años».

El *quid* de la cuestión reside ahora en el contenido de las «conductas descritas en los artículos anteriores» (del mismo capítulo). Muñoz Conde considera que esta acción es la misma que la tipificada en 1991, con la salvedad de que no se prevé inhabilitación especial del profesional o titulado que realizare estos hechos, por lo que el lobbying en España sería delito.

Nuestra opinión es más abierta y optimista. En efecto, los otros dos tipos penales del tráfico de influencias, esto es, las conductas descritas en los «artículos anteriores» son:

a) La del funcionario o autoridad que influyere en otro funcionario público o autoridad prevaliéndose del ejercicio de las facultades a su cargo o de cualquier otra situación derivada de su relación personal o jerárquica con éste o con otro funcionario (art. 428).

b) El particular que influyere en un funcionario público o autoridad prevaliéndose de cualquier situación derivada de su relación personal o con otro funcionario público o autoridad (art. 429).

En estos dos supuestos, es requisito no sólo influir, sino además «prevaliéndose», es decir, y este es el elemento crucial, abusando de una situación de superioridad originada por causa personal, familiar o del cargo que se ejerce. El prevalimiento exigido diferencia pues la simple influencia de la influencia constitutiva de delito. Se trata, dice Muñoz Conde, de un verdadero ataque a la libertad del funcionario o autoridad; por lo que son delitos parecidos en su estructura a las coacciones y amenazas, aunque sin llegar al grado de constreñimiento físico o psíquico que estos delitos exigen. Por esto, el art. 430 hace referencia al particular que se ofrece a realizar las conductas cuyo contenido es la intimidación con prevalimiento. Y éstas sí deben estar tipificadas como delito, pues son corrupción, y no contemplarse de ninguna manera por el lobbista.

Además, la tipificación en 1991 de las dos restantes acciones del delito de tráfico de influencias exigía también el prevalimiento, mientras que en la tercera (la de los lobbistas) no. En cambio, el Código penal vigente la exige, por lo que la interpretación cambia por completo: el lobbying no es delito. Ahora sólo quedará por ver qué se entiende por influencia; pero eso será tarea de la jurisprudencia.

10.3.2. La proposición no de ley de 1993

Estando vigente el Código penal que tipificaba al lobbying como una de las formas del delito de tráfico de influencias, el Centro Democrático y Social presentó una proposición no de ley sobre la regulación de los grupos de interés.

Esta proposición contenía básicamente dos propuestas basadas en los dos pilares en que se sustenta, como hemos visto, el Derecho comparado:

1. La creación de un registro público de grupos de interés y sus representantes, estableciéndose las condiciones de acceso y el contenido de los datos que debían inscribirse.

2. La elaboración de un código deontológico que «enmarque el funcionamiento» de estos grupos en su relación con los poderes públicos.

Esta proposición, que fue aprobada por mayoría absoluta y sin ningún voto en contra, no prosperó. Sin embargo, dado su carácter pionero, la hemos incluido como anexo de este libro.

En definitiva, podemos hacer nuestras las conclusiones de Castillo: «la situación legal de los grupos de presión en España continúa sin regularse con el consecuente efecto pernicioso para una actividad que tiene imagen pública negativa».

10.4. Regulación en los Estados de la Unión Europea

Un informe del mes de junio de 1995, recogido por la revista francesa *Pouvoirs* (número 79, noviembre de 1996), sobre la regulación del lobbismo en los Parlamentos nacionales de los Estados miembros de la Unión Europea, constituye la base para ofrecer cuál es esa situación.

Bélgica, Grecia, Irlanda, Portugal
No existe reglamentación alguna.

Dinamarca
Los lobbistas deben figurar nominativamente en los archivos de las comisiones del *Folketing* (Cámara baja del Parlamento danés). Existe, sin embargo, cierto número de reglas aplicables a las delegaciones ante las Comisiones.

Alemania
En el Bundestag se establece anualmente una lista pública de los grupos de interés. La inscripción en este registro es presupuesto necesario para que los representantes de esos grupos sean escuchados por las comisiones parlamentarias u obtengan las tarjetas de acceso a las instalaciones del Parlamento. Su validez puede ser suspendida unilateralmente por la Cámara. Por otro lado, el Bundestag y sus comisiones pueden invitar a sus reuniones a asociaciones o expertos no inscritos en el registro.

No existe regulación alguna respecto al Bundesrat.

Francia
En la Asamblea Nacional no existe regulación. No obstante, una veintena de personas encargadas de las relaciones públicas de las grandes empresas tienen acceso al *Salon de la Paix*. Sin embargo, muchas más personas tienen acceso a ciertos locales, de manera permanente o no, a petición de los diputados, pudiendo así dar a conocer el punto de vista de empresas, sindicatos y organismos profesionales.

En el Senado tampoco se exige registro ni código deontológico. Cualquier petición debe dirigirse al Presidente. La respuesta favorable autoriza, a parte del acceso general a sus instalaciones, el acceso a los pasillos de la Sala de Sesiones, cuando se trata de un grupo profesional considerado importante y representativo.

También pueden dirigirse solicitudes al Comité de Cuestores que puede librar una tarjeta de acceso a determinadas salas, pero no a la de sesiones. Suelen otorgarse unas veinte tarjetas al año, más otras diez que libra el Secretariado general de la presidencia.

Italia
A pesar de que no existe reglamento alguno, se han presentado sin éxito diversos proyectos de ley relativos a las relaciones públicas.

En el Senado, algunas asociaciones nacionales pueden recibir tarjetas de acceso, excluyendo la asistencia a las comisiones y el uso de las infraestructuras.

Luxemburgo
Los diputados o las comisiones pueden, si lo desean, atender y escuchar a los grupos de interés.

Países Bajos
A falta de regulación específica, puede librarse una tarjeta de acceso de 24 horas. Excepcionalmente, la validez de la tarjeta puede ser bianual. Tales tarjetas permiten el contacto directo con los parlamentarios así como la asistencia a las sesiones y debates públicos.

Austria
Los reglamentos de las dos Cámaras legislativas (Consejo Nacional y Consejo Federal) habilitan para recibir expertos de grupos de interés por las comisiones que examinan un proyecto de ley, a fin de conocer sus puntos de vista. Sin embargo, no existe ni registro ni código de conducta.

Finlandia
Ninguna reglamentación. No obstante, los contactos oficiosos con los diputados y partidos políticos se dan a menudo. Las comisiones pueden oír a expertos previa invitación a participar en los debates.

Suecia
En enero de 1995 se presentaron dos proyectos de ley relativos al lobbying. Uno de ellos es favorable al registro de los lobbistas y menciona el código de conducta adoptado por los grupos de presión de la Unión Europea en 1994, según el cual los grupos están obligados a precisar qué intereses representan. El otro proyecto de ley trata de la participación de las autoridades públicas en grupos de presión.

Reino Unido
El Estado pionero del lobbying parlamentario no tiene norma jurídica al respecto.

El *gentelemen's agreement*, el *fair play* y el respeto a las normas consuetudinarias son rasgos culturales que sustituyen a la normativización.

En la Cámara de los Comunes, la comisión especial encargada de los intereses de sus miembros solicitó, sin éxito, en la sesión parlamentaria 1990-1991, la creación de un registro y de un código deontológico. Creada en 1994, una comisión encargada de las normas en materia de vida pública examina actualmente las prácticas de los grupos de presión parlamentarios, así como cuestiones éticas. Desde 1985, existen ficheros de periodistas, de intergrupos parlamentarios, de grupos oficiales y del secretariado de los diputados. En 1994, dos asociaciones de lobbistas parlamentarios instauraron códigos deontológicos opcionales, a fin de regular sus actividades, así como registros opcionales para lobbistas profesionales.

En la Cámara de los Lores no existe registro alguno. En general, la Cámara es accesible sólo a los miembros y no a los lobbistas, aunque es legítimo que uno de sus miembros *apadrine* reuniones de lobbistas en sus instalaciones.

11

Casos prácticos

El ejercicio del lobbying es, y debe ser, universal; si centramos nuestro universo en los países democráticos. Después de la lectura de estas páginas, quizá uno pueda pensar que la actividad que hemos analizado sea patrimonio casi exclusivo de los Estados Unidos de América o de la Unión Europea, mientras que en el resto de Estados, incluido el nuestro, sea una *rara avis* reservada a unos pocos. Nada más lejos de la realidad: los dos casos prácticos seleccionados son la muestra de que el lobbying se practica directamente por profesionales o por organizaciones en cualquier país que se precie de democrático. Y es que el ejercicio del lobbying es síntoma de salud democrática. Y la democracia americana es seguramente la más pura de las democracias del mundo, ya que la pureza del sistema se mide por el grado de transparencia y de solidez existente en las relaciones entre electores y elegidos. Lo demás es «partidocracia» o «dictadura» de los partidos políticos. Por eso, el sistema democrático seguirá siendo, valga el tópico, el menos malo.

11.1. Un ejemplo de lobbying para el lobbying

Esta campaña destaca por dos cuestiones: (1) su metodología ejemplar y (2) ser la primera actividad de lobbying en la nueva Eslovenia, lo que hizo conjugar la campaña lobbística propiamente dicha con la de relaciones públicas del lobbying, desconocido o connotado peyorativamente en el país balcánico. El sujeto ejecutor fue la agencia de comunicación y relaciones públicas PRISTOP, y fue presentada a los Golden World Awards de la IPRA en marzo de 1995, bajo el título: «HIT lucha contra la propuesta de discriminación impositiva». Reproducimos el resumen que presentó PRISTOP a IPRA.

11.1.1. Problema y oportunidad

HIT es la mayor empresa de la industria turística de Eslovenia, con una cartera que incluye hoteles, instalaciones deportivas, de belleza y ocio, agencias de viajes, etc. En diez años, desde su creación, HIT se ha convertido además en el mayor operador de casinos de juego esloveno. Ubicada en Nova Gorica, cerca de la frontera con Italia, es el principal creador de puestos de trabajo e inversor en esta región. En 1993, con un activo de 1.149 trabajadores y un balance que superaba los 150 millones de dólares, HIT patrocinó más de 330 acontecimientos no lucrativos.

Cuando, en 1991, Eslovenia se convirtió en un Estado independiente, tuvo que iniciar la elaboración de su nueva legislación. El primer proyecto de ley general reguladora del juego fue preparado por el Gobierno en agosto de ese año, y desde entonces (estamos en enero de 1995) ha estado sometido al trámite parlamentario. Entretanto, el 1 de enero de 1994 fue promulgada una «ley del impuesto especial sobre el juego». El 22 de abril siguiente, el Ministerio de Finanzas propuso una modificación de esta reciente ley, la cual introduciría un progresivo y especial índice impositivo. De acuerdo con esta propuesta, HIT tendría que pagar un impuesto sobre las operaciones de sus casinos once veces mayor que los tributados por otros operadores eslovenos de casinos. El Ministerio de Finanzas propuso al Parlamento esloveno que tramitara el cambio propuesto por el procedimiento de urgencia (de una sola fase procesal), sin tener en cuenta que la ley general sobre el juego se encontraba ya en la segunda fase de su tramitación parlamentaria por el procedimiento normal. A finales del mes de abril de 1994, HIT solicitó a su consultoría de relaciones públicas PRISTOP que les ayudara a reconducir procesalmente la propuesta del Ministerio de Finanzas hacia el proceso regular (bifásico) propio de la legislación general. El cliente y la agencia decidieron iniciar conjuntamente una campaña de lobbying, que era la pionera en la breve historia de la nueva y democrática Eslovenia.

11.1.2. Investigación

PRISTOP estableció inmediatamente un grupo de trabajo de lobbying. Este «destacamento» fue dividido en cuatro grupos que condujeron una investigación sobre los siguientes temas:

a) *Lobbying en general*:
   • Prácticas de lobbying y resultados de las investigaciones en el oeste de Europa y en Estados Unidos.
   • Aspectos constitucionales y legales del lobbying en Eslovenia.
   • Normas reguladoras del proceso parlamentario.

b) *Identificación de los públicos*:
  1. Público objetivo:
  • Miembros del Parlamento, grupos políticos del mismo, miembros de comisiones parlamentarias relevantes.
  2. Público intermediario:
  • Empleados de HIT.
  • Sindicatos.
  • Cámara de Comercio.
  • Asociación Nacional del Turismo.
  • Funcionarios del Ministerio de Finanzas.
  • Funcionarios de la Administración local.

c) *Entrevistas en profundidad*:
  • Se realizaron treinta entrevistas focalizadas a miembros clave del público seleccionado, especialmente a miembros del Parlamento

d) *Estudio comparativo de los impuestos sobre el juego en Austria, Italia y Eslovenia*:
  • Puesto que el Ministerio de Finanzas argumentó los modelos tributarios de Austria e Italia en la defensa del cambio legislativo propuesto, se realizó una verificación de las figuras impositivas en ambos países independiente de la del poder ejecutivo.

e) *Análisis de los medios de comunicación social*:
  • Se inició un seguimiento y análisis de las fuentes de información, su importancia, argumentos, periodistas, etc.

f) *Mapa del Parlamento esloveno*:
  • Se identificaron los miembros del Parlamento aliados, los adversarios y los indecisos.

11.1.3. Planificación

Se elaboraron planes a corto y largo plazo. El plan a corto plazo se centró en la estrategia de comunicación con el público objetivo e intermediarios. El plan a largo plazo se preocupó: (1) de las implicaciones a corto plazo para la ley del juego que se encontraba en el proceso parlamentario simultáneamente, y (2) de la legitimación de las prácticas de lobbying en Eslovenia.

a) *Plan a corto plazo*

Basado en los resultados de la investigación, se desarrollaron los argumentos para el público objetivo y para el intermediario, por separado.

Para el público objetivo, se propusieron las siguientes herramientas de comunicación:

• Reuniones personales con los parlamentarios.
• Un modelo de información escrita básica (dos páginas de información).
• Un paquete de preguntas y respuestas (seis páginas de información).
• Antecedentes de la ley con enmiendas concretas a la propuesta (doce páginas de información).

Los siguientes argumentos eran claves para el público objetivo:

• Realización de una investigación en la que se descubrieron datos incorrectos y equívocos en la propuesta original del Ministerio de Finanzas.
• No había ninguna razón obvia por la cual la propuesta del Ministerio debía seguir el procedimiento legislativo especial.
• Era contrario a la lógica del ordenamiento jurídico esloveno que una ley especial fuera adoptada antes que una ley general, perjudicando la regulación final del sector.

Se escogieron las siguientes técnicas de comunicación para el público intermediario:

• Reuniones personales con funcionarios.
• Publicación de una revista interna que se utilizó como vehículo de transmisión de mensajes dirigidos a un público externo seleccionado.
• Se celebraron dos conferencias de prensa.
• Se elaboró un material informativo que se envió a periodistas y editores.

b) *Plan a largo plazo*

Se establecieron diversos escenarios de acuerdo con los resultados posibles del plan a corto plazo. Para la legitimación del lobbying en Eslovenia, PRISTOP publicó en su revista un reportaje sobre el lobbying. Así mismo, se preparó la celebración de un acontecimiento especial en las instalaciones del Parlamento para iniciar un debate abierto sobre el lobbying.

c) *Presupuesto*

• Plan a corto plazo: 10.000 dólares USA
• Plan a largo plazo: 7.000 dólares USA

11.1.4. Ejecución

El plan a corto plazo fue ejecutado tal y como estaba previsto. La mayoría de los Ministros expresaron su satisfacción con el método de trabajo que les permitía obtener más información de diversas fuentes. El 21 de junio de 1994, la Comisión de Finanzas del Parlamento derivó la propuesta del Ministerio de Finanzas hacia un procedimiento ordinario. Más aún: la discusión sobre los impuestos, ahora regulada en la «ley del impuesto especial sobre el juego» y que fue el objeto de la campaña, se está tramitando (enero de 1995) en el procedimiento de la legislación general sobre el juego.

En septiembre de 1994, PRISTOP publicó en su revista el reportaje sobre el lobbying. En octubre, se celebró un simposio sobre el lobbying en la antesala (*lobby*) del edificio del Parlamento, bajo el patrocinio del Presidente del Parlamento.

11.1.5. Evaluación

Se consiguió la finalidad del plan a corto plazo: la propuesta del Ministerio de Finanzas se sometió al procedimiento parlamentario regular. En Eslovenia se acepta el lobbying como una práctica legítima. La Asociación Eslovena de Relaciones Públicas creó una sección especial de lobbying. En su número de diciembre de 1994, la principal revista de Eslovenia, *Mladina*, trató al lobbying del juego como «la historia de un éxito».

11.2. Un ejemplo de *grassroots lobbying*

No queremos concluir nuestro trabajo sin exponer un ejemplo de iniciativa local ante el Parlamento español: el lobbying llevado a cabo por el periódico *El Punt* de Girona para modificar la identificación provincial en las matrículas de los vehículos de esta provincia, de *GE* por *GI*. El éxito fue rotundo. De hecho, el periódico de Girona hizo lobbying sin proponérselo expresamente. No hubo una planificación estratégica. Sin embargo, esto no desnaturalizó la campaña, sino que podemos afirmar que se trata de una de las estrategias más próximas al *grassroots lobbying* americano que se han llevado a cabo en nuestro país. No es la única ocasión en que *El Punt* ha recurrido a esta forma de lobbying. Ya hemos señalado su actuación cuando fueron detenidos una cincuentena de presuntos independentistas días antes de la celebración de los Juegos Olímpicos de Barcelona en julio de 1992.

11.2.1. Cronología

Los antecedentes se sitúan en el día 14 de noviembre de 1990 cuando el Grupo parlamentario catalán en el Congreso de los Diputados presenta una proposición de ley en la que pide que las provincias de Gerona y Lérida pasen a denominarse oficialmente *Girona* y *Lleida*, donde se expone que en las placas oficiales de las matrículas de la provincia de Gerona debería constar la sílaba *GI*.

El 7 de febrero de 1991, *El Punt* destaca a dos columnas que el entonces Ministro para las Administraciones Públicas, Joaquín Almunia, encuentra correcto que se admita a trámite la proposición de ley. Esta opinión es el objeto del editorial del diario gerundense.

Diez días después, en el suplemento dominical de *El Punt* aparece un reportaje de una página titulado: «El esperado sacrificio de la E».

Después de un periodo en que el único hecho destacable fue la aprobación por la Generalitat de Catalunya del decreto que obliga a usar los topónimos en catalán en el territorio de Catalunya, el 7 de mayo de 1991 se produce un hecho singular. El presidente y portavoz del grupo parlamentario socialista, el catalán Eduardo Martín Toval, se opuso, en la Junta de Portavoces del Congreso, a incluir en el orden del día del Pleno de la siguiente semana la proposición de ley para catalanizar las provincias de Gerona y Lérida. Sus argumentos fueron que Convergencia i Unió (CIU) quería el cambio por razones electoralistas. El portavoz adjunto del grupo catalán, Josep López de Lerma, calificó la decisión de esperpéntica. Evidentemente, *El Punt*, destacó a toda página el hecho y la postura de Martín Toval.

El 12 de mayo, el rotativo informa de que diversos distribuidores de matrículas de vehículos venden placas con la identificación *GI* en sustitución de las todavía reglamentarias. La Dirección General de Tráfico advierte que la catalanización de las matrículas es sancionable.

El 10 de septiembre de 1991, en el debate de aprobación a trámite de la proposición de ley, tanto el Partido Popular como el Partido Socialista, éste a través de un diputado por Cáceres (y no del Partit dels Socialistes de Catalunya) anuncian la presentación de enmiendas proponiendo mantener el bilingüismo. López de Lerma avisa: «si las enmiendas presentadas desnaturalizan la proposición de ley, la retiraremos».

El 12 de septiembre, el editorial de *El Punt* critica duramente la intervención del diputado socialista por Cáceres Victorino Mayoral que defendió la enmienda. Por su parte, la Diputación de Girona convoca un pleno extraordinario y no descarta convocar movilizaciones.

El 9 de octubre otro editorial, titulado «Un episodio vergonzoso que debe rectificarse como sea», versa sobre la presentación de las enmiendas por el grupo socialista. Al día siguiente, *El Punt* recoge las reacciones de los diputados y líderes socialistas gerundenses llamando a sus homólogos catalanes a romper la disciplina de voto.

Ante esta situación, el 11 de octubre es doblemente significativo. Por una parte, el portavoz del grupo catalán en el Congreso, Miquel Roca, manifiesta en un acto público que acciones como las enmiendas para la cooficialidad de *Gerona/Girona* obligarán a clamar *visca Catalunya lliure*. A dicho acto acude el Presidente de la

	ADHE-SIONES	TÉCNICAS Y ALIANZAS	REACCIONES	POSTURA DE LOS DECISORES
12 oct.	1.715	1.- 28.000 adhesivos con los consejos para utilizarlos. 2.- Diversas empresas, como *La Caixa* y *Caixa de Girona* apoyan la campaña: recogiendo en sus oficinas las adhesiones y patrocinando los boletines		
13 oct.	2.632	Publicación de boletines.	El Alcalde de Gerona, el socialista Joaquim Nadal, anuncia que colocará los adhesivos a los coches del parque móvil municipal, y hace lo propio con su coche particular. Los concejales de CIU colocan placas metálicas en sus coches. Diversos ayuntamientos de la provincia subvencionan la confección de nuevas placas, y pegan los adhesivos a los vehículos municipales.	El Partido Popular retira su enmienda. El Presidente del Gobierno, Felipe González, se compromete a encontrar una salida razonable.
15 oct. *	6.611	1.- Publicación de un suplemento con la publicación de las 5.611 primeras adhesiones. 2.- Publicidad de apoyo a la campaña de las principales empresas e instituciones de la provincia. 3.- *El Punt* ofrece asesoramiento jurídico gratuito a los multados y publica un modelo proforma de recurso.	El Gobernador Civil ordena que no se multe a los vehículos con la GI.	La ejecutiva del PSC considera que sería un «error terrible» que la ley oficializara la denominación bilingüe de las demarcaciones de Gerona y Lérida. Los diputados socialistas gerundenses no aclaran qué fórmula adoptará el PSOE, aunque insinúan una enmienda transaccional que regule el uso social de *Girona* y *Lleida*. El Gobernador Civil de Girona manifiesta que la Guardia Civil «no perseguirá las GI».
16 oct.	10.097	1.- Se reparten 28.000 nuevos adhesivos. 2.- Se publican boletines de adhesión.		
17 oct.	14.381	1.- Publicación de la 2ª lista de adheridos. 2.- Boletines de adhesión. 3.- Publicidad empresarial de apoyo a la campaña.		El PSOE manifiesta que mantendrá las enmiendas bilingües. Los diputados gerundenses lo consideran un disparate.
18 oct.	16.514	1.- 28.000 adhesivos. 2.- Boletines de adhesión.	El diputado socialista por Cáceres apunta que la actuación gerundense puede implicar *cierta erosión del Estado de Drerecho*.	
19 oct.	19.461	1.- 28.000 adhesivos. 2.- Boletines de adhesión. 3.- Editorial criticando duramente la actitud de algunos sectores del PSC.	Joaquim Nadal, alcalde de Girona, critica las manifestaciones de Victorino Mayoral.	

* El salto de fechas es debido a que, en aquel momento, *El Punt* no se editaba los lunes.

Figura 38. *Cronología de la acción de lobbying de El Punt para conseguir la catalanización del topónimo provincial de «Gerona» por el de «Girona»*

	ADHESIONES	TÉCNICAS Y ALIANZAS	REACCIONES	POSTURA DE LOS DECISORES
20 oct.	20.465	1.- Último día de publicación de boletines de adhesión 2.- El Punt notifica el cierre de la campaña para el 26 de octubre y anuncia que se enviará un dossier explicativo de la misma y de sus resultados a los diez diputados que integran la Comisión de Administraciones Públicas del Congreso que debe debatir la proposición de ley.		
22 oct.	22.913		Según una investigación llevada a cabo por El Punt, el 11 % de gerundenses llevan el adhesivo de la GI en sus matrículas	
23 oct.	23.282			El PP anuncia que si el PSOE mantiene las enmiendas, votará en contra
24 oct.	24.542			
25 oct.	25.552			
26 oct.	26.704	Finaliza la campaña de recogida de adhesiones. Se entregan a los parlamentarios por Girona las 26.704 adhesiones.		En el acto de entrega de las adhesiones, los diputados por Girona reconocen negociaciones para conseguir que las únicas denominaciones oficiales sean Girona y Lleida.
30 oct.	26.886	Publicación del último suplemento con la relación de las 26.886 personas naturales y jurídicas adheridas.		PSOE y PP retiran las enmiendas a la denominación bilingüe y votan a favor del redactado de la proposición de CIU, pero con una disposición adicional que prevé la posibilidad de utilizar el castellano en usos no oficiales
31 oct.		Editorial: «Una disposición adicional que nos indispone».		
11 dic.		La Comisión de Régimen de las Administraciones Públicas aprueba por unanimidad la proposición de ley		
27 dic.				La Dirección General de Tráfico retira las multas por llevar el adhesivo de la GI pegada en las matrículas
28 feb. 1992				Aprobación por el Congreso, después de su paso sin problemas por el Senado, de la Ley 2/1992 que cambia la denominación oficial de las provincias de Gerona y Lérida por las de Girona y Lleida.
1 mar.				Aunque la normativa de desarrollo de la Ley 2/1192 no está aún aprobada, el Gobernador Civil manifiesta que los vehículos gerundenses pueden circular con la GI en sus matrículas.
29 may.				El Consejo de Ministros aprueba el Real Decreto que aprueba el cambio de matrículas de los vehículos gerundenses, en aplicación de la disposición adicional segunda de la Ley de 28 de febrero.

Figura 38. Cronología de la acción de lobbying de El Punt para conseguir la catalanización del topónimo provincial de «Gerona» por el de «Girona». (Continuaciòm).

Diputación con la placa de su coche catalanizada. Mientras tanto, el líder socialista catalán Raimon Obiols piensa que es un honor para los catalanes que los castellanos digan «Gerona». Por otra, y de acuerdo con la decisión tomada por el consejo de redacción del día anterior, *El Punt* inicia la campaña que nos ocupa, bajo el nombre de *Girona, i punt!*, que pretende recoger las adhesiones contra el intento de conservar *Gerona*. La campaña se articula en dos técnica principales: la entrega en cada ejemplar del día 12 de octubre (¡¡día de la hispanidad!!) de dos adhesivos con la sílaba GI para colocarlos encima de la GE de las matrículas, y la publicación de boletines de adhesión. A partir de este hecho, el relato cronológico lo desarrollamos en la figura 38.

11.2. 2. Características de la campaña

Después de este relato, nadie podrá dudar de la naturaleza lobbística de esta acción. La finalidad era clara: crear el marco normativo que permitiera denominar oficialmente a la provincia con su topónimo catalán: *Girona*. Para conseguirlo: una campaña de sensibilización de la opinión pública. Las características de esta campaña son:

1. *El Punt* actúa como grupo de presión, independientemente de su naturaleza de empresa informativa privada. No es este el momento de hacer un análisis de la función de influencia que ejercen los medios de comunicación, lo que les otorga un importante factor de presión, hasta el punto de haberse recurrido al concepto de «mediocracia» para definir los sistemas políticos actuales. Sí que destacamos, empero, que el periódico se convirtió en portavoz de una demanda latente de los ciudadanos de la provincia de Girona, actuando como grupo de interés anómico, de formación espontánea y esporádica para la satisfacción de la citada demanda.
2. Esta actuación se basa en la defensa de un interés consubstancial con el derecho a la oficialidad de la lengua catalana. Por ello, y como se indicó en el editorial del suplemento del día 15 de octubre de 1991, el objetivo de la campaña *Girona, i punt* era la retirada de todas las enmiendas que de una u otra manera pretendían legitimar un recorte de los derechos naturales de la lengua catalana. El interés en juego era marcadamente público y podía aglutinar en su entorno a la opinión pública de Girona, muy sensibilizada con los derechos lingüísticos de Catalunya y su identidad nacional. Esta sensibilización no fue la misma en toda Catalunya, ya que la acción llevada a cabo en Lérida por otro periódico local sólo dio pingües frutos: 1.800 adhesiones (!!). El alto grado de sensibilización fue proporcional al de rapidez en la adhesión.
3. Esta respuesta contó con la colaboración y alianza de empresas muy represen-

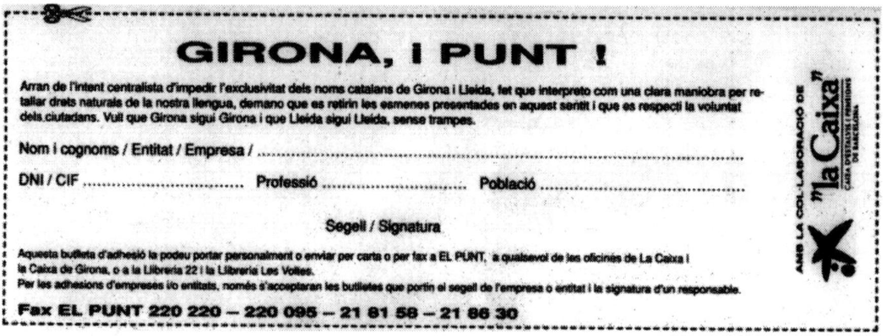

GIRONA, I PUNT !

Arran de l'intent centralista d'impedir l'exclusivitat dels noms catalans de Girona i Lleida, fet que interpreto com una clara maniobra per retallar drets naturals de la nostra llengua, demano que es retirin les esmenes presentades en aquest sentit i que es respecti la voluntat dels ciutadans. Vull que Girona sigui Girona i que Lleida sigui Lleida, sense trampes.

Nom i cognoms / Entitat / Empresa / ....

DNI / CIF .... Professió .... Població ....

Segell / Signatura

Aquesta butlleta d'adhesió la podeu portar personalment o enviar per carta o per fax a EL PUNT, a qualsevol de les oficines de La Caixa i la Caixa de Girona, o a la Llibreria 22 i la Llibreria Les Voltes.
Per les adhesions d'empreses i/o entitats, només s'acceptaran les butlletes que portin el segell de l'empresa o entitat i la signatura d'un responsable.

Fax EL PUNT 220 220 – 220 095 – 21 81 58 – 21 86 30

Fuente: El Punt.

Figura 39: *Boletín de adhesión patrocinado por «La Caixa»*

tativas de la sociedad gerundense y catalana en general. Cada una de estas empresas, no sólo aportó apoyo logístico en la recogida de adhesiones, sino que patrocinaron todos los boletines que diariamente publicaba *El Punt* durante la campaña. Los aliados aparecieron paulatinamente, reforzando el carácter no planificado estratégicamente de la acción por parte del rotativo de Girona.

4. La respuesta de los políticos socialistas gerundenses, y en especial los que no eran diputados al Congreso, adhiriéndose y convirtiéndose en líderes de opinión fundamentales para el futuro éxito de la acción. No pudieron negar la evidencia. La argumentación era demasiado sólida y la disciplina de voto podía haberse roto, lo que demuestra que el parlamentarismo español tiene pánico a romperla. Antes que eso, es mejor aparentar la unión en asuntos que previamente eran discrepantes.
5. La acción fue un *grassroots lobbying* en cuanto a su espíritu, aunque no en cuanto a la percepción de espontaneidad de la respuesta popular por los decisores políticos.

11.3. Lobbying internacional y megamarketing

La campaña que presentamos a continuación es un ejemplo de aplicación del lobbying en una estrategia de megamarketing, tal y como lo definió Kotler (ver 7.2.). Asimismo, ganó el primer premio absoluto en la edición de 1997 de los *Golden World Awars* de la *International Public Relations Association*.

Es también un ejemplo de lobbying ejercido por una empresa, Tenneco, que contrató los servicios de la agencia japonesa *Inoue Public Relations*.

DIPUTACIÓ DE GIRONA

Fuente: El Punt

Figura 40: *Publicidad institucional de la Diputación de Girona en favor de la acción de El Punt*

Fuente: El Punt

Figura 41: *Portada del suplemento final de la campaña*

11.3.1. Definición del problema / oportunidad

Tenneco, un importante fabricante de piezas de automóvil de los Estados Unidos –a pesar de un gran esfuerzo durante más de 20 años–, ha progresado poco vendiendo sus amortiguadores en Japón (incluyendo el número uno de ventas, la marca Monroe). De los 1.5 millones de amortiguadores vendidos en 1994 en Japón para vehículos previamente adquiridos (mercado post-venta), la cuota de mercado de Tenneco solamente suponía un 3.5%.

La empresa y muchos expertos de la industria estuvieron de acuerdo en que la naturaleza cerrada del mercado post-venta de amortiguadores en Japón era la causa del problema.

Tenneco contrató a Inoue Public Relations para encontrar el camino para abrir el mercado japonés a los amortiguadores Monroe.

11.3.2. Investigación

Inoue realizó una investigación extensa de la legislación y las normas que afectaban a las importaciones de productos del automóvil al Japón. Luego entrevistó a 50 expertos de la industria, reporteros del sector del automóvil y representantes de tiendas de talleres de coches, comerciantes, grupos de la industria de las piezas de recambio de coches, y los centros de inspección y registro de automóviles del gobierno.

La investigación reveló que:

– Una red de legislación del gobierno había sido tejida en un periodo de 40 años, estableciendo estándares para la seguridad del vehículo, su mantenimiento y el sistema de inspección que protegía el mercado post-venta doméstico, dejando sin opción a las piezas importadas.
– Elaboradas domésticamente, las piezas de recambio llevaban como marca «piezas herramienta genuinamente originales» (OE, *original equipment*), mientras que las piezas importadas iban desde el principio con la etiqueta «piezas no OE», o recambios no originales.
– Muchos de los talleres autorizados de reparación de vehículos estaban controlados por los fabricantes de automóviles japoneses más importantes, quienes tenían relaciones con los fabricantes de las piezas nacionales.
– Los operadores de los talleres de reparación nacionales eran conservadores por naturaleza, resistiéndose a cualquier cambio de cualquier índole.
– Las piezas importadas eran más caras, debido a la complejidad del sistema de distribución de Japón.

Los resultados de la investigación se recogieron en el «Informe Tenneco».

11.3.3. Planificación

Tras consultar con Tenneco, Inoue estableció tres objetivos:
1. Asegurar la desregulación de las piezas japonesas de recambio del mercado post-venta.
2. Una vez la desregulación estuviera en marcha, encontrar nuevos compañeros de negocios para la distribución de los productos Tenneco en Japón.
3. Reconocimiento de que la desregulación sola no aseguraría la expansión en un mercado que había sido fuertemente influido por la regulación del gobierno durante más de 40 años: crear nueva demanda, reeducando a los propietarios japoneses de vehículos con respecto a la compra de amortiguadores.

Se desarrollaron dos mensajes clave:

«La desregularización crea nuevas oportunidades de negocio en el mercado post-venta japonés» (dirigido al gobierno)
«Cambie sus amortiguadores cada 30.000 kilómetros para aumentar la seguridad y el confort» (dirigido al consumidor)

Las audiencias que se querían alcanzar eran los ministerios clave del gobierno japonés, grupos de la industria como la Asociación Japonesa de Piezas de Automóvil, tiendas de coches, futuros nuevos canales de distribución, como las estaciones suministradoras de gas, y expertos de la industria.

Entre los medios de comunicación, la acción se concentró en la prensa general, nuevas agencias, publicaciones del mundo de los negocios y del comercio, cadenas de televisión, y la prensa extranjera.

El presupuesto total para el programa alcanzó aproximadamente unos 335,000 $.

11.3.4. Ejecución

En los Estados Unidos, Tenneco entregó el Informe Tenneco al Departamento de Comercio de los Estados Unidos y a la Casa Blanca a través de la *U.S. Trade Representative Office*.

En Japón, la sucursal local de Tenneco e Inoue PR enviaron el informe a los altos cargos del Ministerio del Transporte (MOT), así como a la Embajada Americana.

También suministraron informes no oficiales al Ministerio de Comercio e Industria (MITI) y al MOT.

Mientras tanto, el día 1 de octubre de 1994, el Presidente Clinton declaró la intención de los EE.UU. de aplicar las Sanciones del Comercio (Sección 301) al mercado post-venta de piezas de recambio de automóvil a Japón.

Originariamente Inoue planeó presentar el informe Tenneco en una conferencia de prensa. De todos modos, ya que estaba probado que suscitaba discusiones «entre bastidores» entre ambos gobiernos, el japonés y el americano, se decidió que esto no sería apropiado.

En su lugar, se ofreció una sesión informativa individual e informal a los cinco diarios mayores de Japón y a las dos mayores cadenas de televisión. Estos medios de comunicación habían dependido del gobierno japonés para su información con respecto al mercado post-venta de las piezas de recambio, y los informes les abrieron los ojos a la injusticia de este mercado para los consumidores japoneses.

Las negociaciones entre el representante del Comercio de los EE.UU. y el gobierno japonés quedaron en punto muerto justo antes del 28 de junio de 1995. Los EEUU amenazaron con reforzar las sanciones; esto conllevaba el peligro de empezar con el «ojo por ojo, diente por diente». Bajo estas circunstancias, el informe Tenneco probó ser un documento crítico para ambos gobiernos con vistas a un acuerdo. Utilizando información recibida durante los *briefings*, la mayoría de los medios de comunicación escribieron artículos sobre las negociaciones que tuvieron un gran impacto en la opinión pública, generando presión al gobierno japonés para que se decidiera.

Una vez que la desregularización estaba en marcha, Tenneco y Inoue PR propusieron una relación de distribución con Toyota Motors; Autobacs, una cadena de almacenes de piezas de recambio con 380 sucursales en toda la nación; y Japan Energy, una de las compañías petrolíferas más grandes del Japón, con 6.400 gasolineras «JOMO» en todo el país.

Para lanzar las ventas de los amortiguadores de Tenneco en las gasolineras JOMO, se organizó lo que se considera fue la primera conferencia de prensa jamás realizada en una estación de servicio en Japón. Estuvieron presentes representantes de Tenneco, del MITI, y de la Embajada Americana en Japón. Atrajo a más de cien periodistas japoneses y extranjeros.

Inoue también suministró una puesta al día crucial de la situación en Japón a Dana Mead, presidente de Tenneco Inc. El señor Mead se reunió con funcionarios japoneses de alto rango para obtener su apoyo para la siguiente apertura del mercado post-venta de piezas de recambio de automóvil.

Durante la campaña, se organizaron más de 20 entrevistas, una por una, con los mayores medios de comunicación japoneses y extranjeros y se distribuyeron ocho dossiers de prensa. Se consiguió una cobertura amplia y de calidad.

11.3.5. Evaluación

El programa progresó mucho hacia cada uno de los objetivos:

– El 20 de octubre de 1995, el Ministerio del Transporte de Japón, tomando una decisión con una rapidez poco usual, decidió oficialmente excluir 4 artículos –entre ellos los amortiguadores– de la lista de las piezas de automóvil que requieren una inspección. Esto posibilitó la venta de amortiguadores en lugares no autorizados como las estaciones de inspección.

- Antes de la conclusión de las negociaciones EE.UU.-Japón, el MITI envió una circular a los distribuidores, dándoles las instrucciones de que no hicieran discriminaciones contra los productos fabricados en el extranjero.
- El Ministerio del Transporte instruyó a los talleres de reparaciones que no discriminaran y que le dieran al consumidor la posibilidad de seleccionar los amortiguadores que ellos quisieran.
- Tenneco estableció lazos comerciales con Toyota, Autobacs, y Japan Energy, para distribuir los amortiguadores de Tenneco por toda la nación.
- Las ventas de los amortiguadores de Tenneco crecieron en Japón más de un 40% desde 1995 hasta 1996.
- El presidente Clinton honró la hazaña de Tenneco en Japón, destacando el final con éxito de las negociaciones sobre el automóvil de los EE.UU. con Japón, en una conferencia de prensa del mes de abril de 1996 en la Casa Blanca.
- El *Nihon Keizai Shimbun* (equivalente al *Financial Times* del Reino Unido o el *Wall Street Journal* de EE.UU.) escribió un reportaje especial después de que se alcanzara el acuerdo en Ginebra entre ambas partes, los EE.UU. y Japón. La historia revelaba la existencia del informe Tenneco y de su influencia en las conversaciones.
- Una autoridad en la materia, el japonés Asahi Shimbun realizó el 14 de enero de 1997 una evaluación de los 45 acuerdos más importantes de comercio entre EE.UU. y Japón desde 1980 hasta 1996. El estudio, llevado por la Cámara de Comercio Americana en Japón, revelaba que 13 de los acuerdos han probado tener éxito, 18 triunfaron parcialmente, y 10 fueron un fracaso. Las negociaciones sobre las piezas de automóvil fueron destacadas como todo un éxito.

11.4. Salvando a la pesca escocesa

11.4.1. Definición del problema / oportunidad

La Federación de Pescadores Escoceses es el cuerpo representativo de la industria pesquera escocesa, en el que se encuentran todas las diferentes divisiones de una de las más significativas industrias escocesas, tanto a nivel histórico como económico.

Durante 1993 el gobierno británico proyectó una legislación para limitar a 80 el número de días que los pescadores británicos podrían pasar en el mar.

La medida, a la que fue forzado el Reino Unido por la Unión Europea, habría:

- Discriminado a los pescadores británicos, permitiendo a la competencia europea un mayor acceso a los bancos de pesca.
- Puesto en peligro el futuro de una industria vital y tradicional británica.
- Causado severos daños económicos a los pescadores y a sus familias al no ofrecerse ninguna compensación económica.
- Causado la pérdida de muchos puestos de trabajo.

La agencia de comunicación y relaciones públicas *Communication Group PLC* fue elegida en junio de 1993 por la Federación de Pescadores Escoceses, para montar una campaña pública y política con el objetivo de ofrecer apoyo a los pescadores y presionar para convencer al gobierno para que el plan de los controvertidos días en el mar antes de su planeada introducción en enero de 1994.

11.4.2. Investigación

La consultoría emprendió un extenso estudio del asunto, el cual reveló que el problema era particularmente agudo debido al fracaso del gobierno británico al introducir un plan de decomisión adecuado algunos años antes.

Esto iba a convertirse en una razón de peso a la hora de convencer a los propios seguidores del gobierno y los medios de comunicación para retomar el caso.

La consultoría también identificó e investigó las actitudes de los parlamentarios conservadores del Reino Unido que tuvieran fuertes intereses en el tema de la pesca para movilizarlos debidamente.

Finalmente, la agencia compiló una lista de 600 formadores de opinión clave, que afectaba este área de política exterior, los cuales estaban destinados al caso y a los que se animaba para que expresaran su apoyo a la posición de la industria ante el gobierno.

11.4.3. Planificación

La campaña fue conducida por el *Communication Group, PLC* a través de sus oficinas en Edimburgo y Londres. El período planeado era limitado ya que la campaña necesitaba empezar inmediatamente después de la fecha determinada por la consultoría, habida cuenta de que el gobierno ya había legislado la introducción del programa.

Por lo tanto, se elaboró una campaña de seis meses de *public affairs* y lobbying (julio-diciembre 1993). Una estrategia clave debía ser puesta en práctica para el apoyo de la industria entre sus seguidores tradicionales. Las audiencias clave eran:

- Política (Ministerio de Agricultura, Pesca y Ganadería, la Oficina Escocesa, el gobierno local y una selección de políticos influyentes).

- Formadores de opinión (Organizaciones del sector, cuerpos públicos, mundo académico).
- Opinión pública.

El mensaje clave a toda esta audiencia era que las propuestas mutilarían la industria en beneficio de sus competidores de ultramar, llevando al desempleo y a la penuria a una parte del Reino Unido de por sí ya débil. La finalidad de la campaña también era sacar a la luz el hecho de que no se estaba elaborando ningún plan comparable en cualquier otro lugar de la Unión Europea.

El presupuesto de la campaña fue de 60.000 dólares

11.4.4. Ejecución

Los elementos clave de la campaña incluían:

- La elaboración de un documento de siete puntos titulado «Una alternativa futura para la pesca escocesa».
- Distribución del documento a más de 600 decisores y formadores de opinión a través de todo el Reino Unido, incluyendo:

– políticos	– académicos
– servidores sociales	– gobierno local
– organizaciones del sector	– líderes de la comunidad
– cuerpos públicos	– formadores de opinión pública

- Encuentros directos con el Ministro de agricultura, Gillian Shepard, el Ministro de pesca, Michael Jack, y el Ministro de pesca escocesa, Sir Hector Monro.
- Estimulación de una investigación por la Comisión de agricultura, pesca y ganadería de la Cámara de los Comunes. La evidencia de la «Federación de Pescadores Escoceses» y las propuestas alternativas dominaban en las audiencias públicas *(hearings)*.
- Sesiones informativas con los diputados influyentes ingleses.
- «Bloqueos» pacíficos de puertos pesqueros estratégicamente seleccionados.
- Una reunión experimental y lobbying directo en la conferencia del Partido Conservador.
- Preparación para la presencia en los medios de comunicación de los líderes de los pescadores.
- Plantear historias «de interés humano» sobre pescadores individuales y sus comunidades.
- Participación de las mujeres de los pescadores.

11.4.5. Evaluación

A pesar del avanzado estado de la elaboración de la legislación, el Ministro de agricultura cedió ante la pública y la presión de la industria, y anunció en diciembre de 1993 que el Gobierno estaba suspendiendo la implantación de las restricciones de los «Días del Mar» desde el 1 de enero de 1994.

La campaña:

- Había recibido extenso tratamiento en cada uno de los diarios nacionales. Se había gastado el equivalente a 4 millones de libras esterlinas en publicidad.
- Había sido protagonista repetidamente en los programas nacionales y regionales de las cadenas ITN y BBC.
- Había sido tratada por más de 20 emisoras de radio locales, tanto en Escocia como en Inglaterra.
- Había dado lugar a reuniones con todos los ministros que estaban implicados.
- Había presionado a través de lobbying directo a más de 40 parlamentarios influyentes y conseguido su apoyo.
- Había provocado un informe del *Select Commitee* del partido opositor en el que se rechazaban los planes del gobierno.
- Había asegurado más de 100 declaraciones de apoyo de los formadores y líderes de opinión, que fueron transmitidas al gobierno

11.5. Lobbying para frenar un proyecto de ley en California

La campaña llevada a cabo por la asesoría de comunicación y relaciones públicas *The Bhole Company* es un ejemplo del más puro ejercicio americano del lobbying, con la peculiaridad de que su ámbito de actuación es el del Estado de California y su destinatario el legislativo de ese Estado federado. No obstante, las estrategias y tácticas utilizadas son las mismas que se emplean en campañas a nivel nacional en Washington.

11.5.1. Problema y oportunidad

En el mes de febrero de 1993, fue presentado el proyecto de ley SB454 en el Senado del Estado de California, como una enmienda del Código penal vigente en California. Este proyecto de ley restringiría los derechos de los consumidores a la hora de elegir entre ser propietario del equipamiento de cable o alquilarlo a las compañías del cable y limitaría la competencia entre éstas y los proveedores independientes de equipos de cable.

El SB454 fue introducido por Bill Lockyer, Senador del Estado y presidente de la comisión judicial del Senado, quien estaba apoyado por la asociación de la televisión por cable de California.

La agencia de relaciones públicas *The Bohle Company (TBC)* fue visitada por varios fabricantes y distribuidores independientes de equipos de cable, quienes le pidieron ayuda en este asunto. Cuando contactaron, la proposición de ley estaba fijada para ser oída por el comité judicial del Senado en tan sólo dos semanas.

11.5.2. Investigación

TBC estudió las leyes sobre el cable vigentes en California y cómo les afectaría el SB454. Investigó la ley federal del cable de 1992 y sus disposiciones sobre el tema del equipamiento del cable. Observó que la ley del cable aseguraba a los consumidores el derecho de posesión y decretaba la competencia industrial.

También realizaron una investigación de las asociaciones de comercio existentes y grupos de consumidores que pudieran tener un interés en la legislación proyectada para averiguar sus posiciones.

11.5.3. Planificación

El objetivo era hacer fracasar la introducción del SB454.

El público objetivo eran los legisladores del Estado de California, empezando por el comité judicial del Senado. Fueron elegidos los Senadores en cuyos distritos se localizaron distribuidores independientes de equipos de cable.

La estrategia de la campaña consistió en siete fases.

1. Ayuda para la creación de una organización independiente de fabricantes y distribuidores de equipos de cable y conseguir que trabajasen conjuntamente. Como grupo organizado, la asociación nacional de consumidores de cable (NCCA), sería mejor aceptada por los funcionarios estatales.
2. Identificar grupos del comercio y de consumo como seguidores potenciales de la causa. Una coalición de asociaciones del comercio y grupos de consumidores sería desarrollada para mostrar el alcance total del efecto negativo que este proyecto tendría en el Estado.
3. Desarrollar un material con el objetivo de educar a los legisladores estatales en las objeciones y preocupaciones respecto al SB454. Esto incluía *position papers*, información sobre la ley federal del cable, un estudio del posible impacto de la propuesta en los consumidores y una lista de los grupos que se oponen a la misma.

4. Desarrollar un material destinado al cliente constatando el caso y los efectos que el SB454 tendría en los consumidores. Esto incluía un conjunto de antecedentes de apariciones en la prensa sobre el poder de la asociación con respecto al SB454.

5. Coordinar los encuentros entre los miembros de la asociación y los funcionarios estatales y preparar a los miembros del NCCA para tales reuniones.

6. Iniciar una campaña de cartas del público en general dirigidas a los miembros del comité judicial del Senado y otros senadores clave del Estado, preparar cartas tipo y conseguir la participación de los miembros de la asociación y coalición (*grassroots lobbying*).

7. Elaborar un borrador de propuesta de enmienda del SB454 que protegiera a los operadores de cable contra el robo de la señal, mientras aseguraría a los consumidores el derecho a poseer sus propios equipos y a conceder a los distribuidores independientes el derecho a la competencia con las compañías de cable para las necesidades de los equipos de cable domésticos. Esto fue diseñado para mostrar que el NCCA quería ofrecer una solución que fuera buena para todas las partes.

11.5.4. *Ejecución*

En el material que elaboramos y enviamos a los funcionarios y a la prensa se ponía el acento en que los derechos de los consumidores estaban siendo violados por esta propuesta de legislación y que la ley federal del cable de 1992 garantizaba específicamente los derechos del consumidor a ser dueños de su propio equipo de cable.

Miembros del NCCA se reunieron con miembros del comité judicial del Senado y presentaron todos los puntos clave que venían en el plan. Se mostró bastante atención por sus esfuerzos iniciales y a petición del presidente interino del Senado, David Roberti, y otros miembros del comité judicial, la *hearing* de la propuesta fue retrasada, dando a TBC y al NCCA más tiempo para aclarar el caso.

Una vez convocada la *hearing* de la comisión judicial del Senado que iba a votar la propuesta, juntaron toda la coalición y coordinaron toda la gente que testificó en contra del SB454. Esto incluía contactar con grupos de coalición clave e invitar a un parlamentario para que declarara en las *hearings*.

11.5.5. *Evaluación*

Los resultados fueron extremadamente favorables a la asociación y a la coalición. El senador Roberti y varios miembros más de la comisión hicieron sentir su oposición a las medidas restrictivas de la competencia y de los derechos del consumidor.

Hubo apoyo para las disposiciones propuestas en nuestra enmienda. Se le dio un carpetazo a la ley y el patrocinador no pidió su revisión para la siguiente sesión legislativa.

11.6. Caso del Casino Gran Madrid

11.6.1. Exposición del problema / Oportunidad

a) El Casino Gran Madrid (CGM) es el casino de juegos de azar más grande de España y está considerado uno de los tres más importantes de Europa. Su volumen de negocios representa el 25% del volumen de negocios total de los casinos de todo el país. El CGM es el único casino de la Comunidad Autónoma de Madrid situado a 30 km del centro de la ciudad, tal como exige la Ley de Juegos de Azar. Además, sus instalaciones cumplen todos los requisitos exigidos en la citada legislación, lo cual significó una gran inversión inicial.

b) Antes de las elecciones celebradas el 28 de mayo de 1995 el Gobierno socialista de Madrid preparó un proyecto de ley para liberalizar la apertura de casinos en toda la comunidad. Esto significaba la supresión de las prohibiciones de la ubicación de casinos en el centro de la ciudad. El proyecto de ley representaba una fuerte amenaza para el CGM debido a la aparición de competidores con ventajas. Los nuevos casinos no necesitarían invertir en instalaciones porque ya existían lugares como hoteles o clubes nocturnos con las condiciones necesarias. Además, el fácil acceso a estos representaría una gran pérdida de clientes para CGM. Nos gustaría destacar que la apertura de nuevos casinos en el centro de la ciudad habría representado el cierre del Casino Gran Madrid porque la mayor parte de sus clientes vienen del centro de la ciudad y ninguno de ellos haría 30 km si tuviera un sitio más próximo.

c) CGM contrató los servicios de Sanchis & Asociados para iniciar una campaña de lobbying.

11.6.2. Investigación

Sanchis & Asociados mantuvo diez reuniones con los partidos políticos para saber su actitud respecto a los juegos de azar, manteniendo conversaciones privadas a distintos niveles. Se llevó a cabo una investigación de los archivos de todos los medios de comunicación para analizar cómo trataban este tema y qué postura defendían. Dada la naturaleza confidencial de la investigación, no podemos detallarla en profundidad.

11.6.3. Planifcación

a) El objetivo que fijó el cliente consistía en impedir la apertura de nuevos casinos en el centro de la ciudad, mediante la retirada del proyecto legislativo.

Se diseñó un Plan de *Public Affairs* y se intentó incluir esta cuestión en el debate electoral porque las elecciones se celebraban al cabo de unos meses, y se pretendía presentarlo a la opinión pública a través de los medios de comunicación.

Un segundo nivel de actuación se basaba en buscar aliados en los partidos de la oposición. Los objetivos eran el Partido Popular (PP) e Izquierda Unida (IU), los dos principales oponentes del Partido Socialista. Se les quería convencer para que utilizaran este tema durante la campaña e impedir así la aprobación del proyecto. El objetivo era muy claro y preciso: evitar la aprobación del proyecto.

b) Públicos
Nuestros públicos objetivo eran el portavoz de la Asamblea de Madrid, responsable de la legislación de este asunto, y los medios de comunicación, que elevarían a discusión pública un tema tan polémico.

c) Mensaje
Nuestro mensaje principal era impedir que Madrid se convirtiera en un lugar de juegos de azar incontrolado como consecuencia de la liberalización del sector.

Argumentos a favor:

– Prácticamente no existen precedentes de liberalización en Europa.
– El proyecto de legislación rompe con la unificación legislativa del resto del país.
– El proyecto provoca una situación favorable a aquellos que den permiso para la explotación de casinos sin ningún tipo de retribución o de nuevas inversiones.

d) Canales de comunicación
Los medios de comunicación de Madrid, principalmente la prensa. Las conversaciones privadas y personales con líderes de diferentes partidos políticos.

e) Medios
Dado el hecho clave de facilitar información correcta a la prensa, era esencial formar a un portavoz en un seminario de dos días siguiendo el método de Sanchis & Asociados.

f) Presupuesto
Los honorarios facturados fueron de 50.000 dólares. No hubo gastos significativos.

g) Dada la necesidad del cliente y el corto período de la campaña (3 meses), se estableció un comité de crisis que se reunía cada semana y mantenía diariamente contactos telefónicos. Se llevó a cabo un curso de formación para el portavoz.

11.6.4. Ejecución

a) Cómo se puso en práctica.

En una primera fase se mantuvieron conversaciones privadas a distintos niveles con los líderes socialistas para saber cuáles eran sus bases y apoyos para esta iniciativa. Cuando se descubrió que la postura socialista era inmutable y que parecía haber una fuerte presión por parte de importantes grupos económicos para obtener los permisos de apertura de nuevos casinos (e incluso algunos compromisos ya acordados), se decidió pasar a un segundo nivel de acciones.

En una segunda fase, el interés consistía en transmitir a la población esta cuestión, que se estaba intentando regular sin diálogos abiertos. Cuando se observó que el gobierno socialista de la Comunidad Autónoma de Madrid no cambiaría su postura, se avisó a los partidos de la oposición, quienes no conocían las intenciones del gobierno, y se les proporcionó los argumentos y la documentación para apoyar su postura contraria a la liberalización.

Y la última fase, una vez conseguido el apoyo de los partidos de la oposición, consistió en iniciar una campaña a través de los medios de comunicación para hacer públicas las distintas actitudes de los partidos políticos respecto de la liberalización de casinos. Esto fue muy importante porque en aquel momento el país se encontraba en una campaña preelectoral y cualquier alarma social significaría un cambio o un refuerzo para la postura de los diferentes partidos políticos. Se empezó con la filtración en un periódico pequeño pero próximo a los madrileños, cuyos pasos siguió posteriormente ABC, el tercer periódico a nivel nacional.

El resto de grandes periódicos de Madrid *(El Mundo* y *El País)* publicó amplia información sobre las intenciones del gobierno y las distintas posturas de los diferentes partidos de la oposición. La idea principal de todos los artículos era la alarma en cuanto a la posibilidad de que Madrid se convirtiera en un centro de juegos de azar.

El debate llegó a la radio y televisión y a reuniones durante la campaña electoral, por lo que los partidos políticos se vieron obligados a exponer públicamente sus posturas al respecto.

El PP e IU prometieron no conceder más permisos de apertura de casinos en la Comunidad Autónoma de Madrid. Al final de la campaña ésta fue una de las cuestiones más polémicas, pues el temor a tener mafias prestamistas y otros problemas de carácter público hacía que la población se pusiera seriamente sobre aviso.

Al final, el PP ganó las elecciones con mayoría absoluta y cumplió la promesa que había sostenido durante toda la campaña: no permitir la apertura de nuevos casinos en la Comunidad Autónoma de Madrid.

b) Reajustes del Plan
Debido al éxito inicial, se reforzaron los contactos con el portavoz durante la última fase.

c) Dificultades
Se mantuvo una lucha con el Gobierno de Madrid debido a los compromisos a los que ya había llegado con los empresarios de juegos de azar, y no es fácil luchar contra el Gobierno.

11.6.5. Evaluación

a) Recuento de resultados: Evaluación
El resultado del Plan fue excelente. El objetivo quedó cumplido en su totalidad. Nos gustaría señalar que la apertura de nuevos casinos en el centro de la ciudad hubiera significado el cierre del Casino Gran Madrid porque muchos de sus clientes vienen del centro de la ciudad y ninguno haría 30 km si tuviera un lugar más próximo.
b) Presentación de resultados al cliente
Se presentaron los resultados en una reunión especial de la Junta.

11.7. Lobbying ante el Congreso y la Administración de los EE.UU.

11.7.1. Exposición del problema

Naturaleza de la Asociación: La Asociación Americana de Sistemas de Abastecimiento de Agua (AWWA), fundada en 1881, es una organización científica y educativa sin ánimo de lucro, que se dedica a proteger la salud pública y a proporcionar a los consumidores una provisión segura y suficiente de agua potable. Entre sus 54.000 miembros se encuentran directores del servicio público del agua, operarios, ingenieros, científicos, educadores, asesores, fabricantes, reguladores y otros profesionales del abastecimiento de agua de los Estados Unidos.
Problema/Oportunidad: El 1 de mayo de 1995 la AWWA contrató a la agencia de relaciones públicas Edelman para que dirigiera una campaña de *public affairs* que contribuyera en su objetivo legislativo de reformar la Ley sobre Agua Potable Segura. La Ley, que establece las medidas para la seguridad del suministro de agua potable de América, había estado sometida a la aprobación por el Congreso desde 1993, pero no fue aprobada en la anterior legislatura del Congreso que duró dos años

(1993-1994). La AWWA quería que el Congreso reformara la Ley como parte de la aprobación. En su modelo original, la Ley tenía buenas intenciones, pero estaba extremadamente anticuada. Por ejemplo, exigía a los gobiernos federal, estatal y local que determinaran ciertos contaminantes específicos, sin tener en cuenta si estos contaminantes representan una amenaza para la salud pública o si de alguna forma se siguen encontrando en los suministros de agua potable. Estos requisitos superfluos desviaban los esfuerzos de determinar los contaminantes que sí amenazan a la salud pública. La principal prioridad de AWWA a nivel nacional consistía en hacer que esta Ley se reformara y se aprobara por el Congreso de 1995-1996.

Sin embargo, a principios de 1995, la legislación medioambiental era un tema candente. A pesar de que la reforma de la Ley sobre Agua Potable Segura contaba con un amplio soporte bipartidista, le pisaba los talones al debate implacablemente partidista sobre la Ley de Aguas Limpias; y la similitud de los nombres de ambas leyes sólo empeoró la situación. La Ley sobre Aguas Limpias protege los ríos, los arroyos y las tierras pantanosas; mientras que la Ley sobre Agua Potable Segura protege el agua potable –poca gente conocía la diferencia entre ambas leyes e incluso los reporteros de Washington que cubren la legislación medioambiental, a menudo las confundían. La reforma de la Ley sobre Agua Potable Segura a menudo se relacionaba erróneamente con las reformas más polémicas de la agenda republicana, para debilitar la Ley sobre Aguas Limpias, la Ley sobre Especies en Peligro de Extinción y la legislación de eliminación de residuos tóxicos.

Grupos ecologistas fomentaron el malentendido de que la Ley sobre Agua Potable Segura corría el peligro de ser absorbida por un Congreso antiecologista. Para hacer que la opinión pública defendiera la detención de la legislación, los grupos ecologistas publicaban periódicamente «estudios» poco científicos que culpaban a los servicios públicos del agua de supuestos peligros sanitarios procedentes del agua corriente.

Por entonces, la AWWA era prácticamente una desconocida para los reporteros especializados en medioambiente. Los asuntos públicos y la campaña de aumento de influencias tenían que establecer la credibilidad de la AWWA como una voz autorizada en cuestiones de agua potable, para que la AWWA pudiera promover las reformas legislativas mientras llevaba a cabo mensajes de crisis para oponerse a la difusión de pánico que causaban los estudios sobre agua corriente.

Área geográfica: La mayor parte de la actividad de Edelman relacionada con los asuntos públicos en representación de la AWWA se llevó a cabo dentro del Beltway (cinturón) de Washington D.C. Sin embargo, Edelman también trabajaba con los miembros de las bases de la AWWA de todo el país para publicar artículos de opinión y cartas al director en periódicos locales, con especial interés por los periódicos de los distritos electorales de los miembros clave de los comités del Congreso y del Senado que intervenían en la legislación.

11.7.2. Investigación

La AWWA y sus aliados del Congreso habían planeado promover la reforma de la Ley sobre Agua Potable Segura basándose en que ésta ahorraría servicios públicos y dinero a los contribuyentes. No obstante, una encuesta a nivel nacional patrocinada por la AWWA Research Foundation (Fundación para la Investigación AWWA) descubrió que la mayoría de contribuyentes (82%) estaría dispuesto a pagar cuotas más altas para garantizar que el agua corriente fuera segura. Por lo tanto, dar importancia al ahorro de costes probablemente perjudicaría, ya que podría malinterpretarse como si estos fueran a costa de la salud pública. En lugar de eso, la AWWA necesitaba recalcar que las reformas representarían una mejora para la salud pública.

Además del estudio patrocinado por la AWWA, Edelman hizo sondeos de opinión pública. Estos sondeos demostraron que, a pesar del entonces aplastante triunfo electoral de los republicanos, los votantes estaban profundamente en desacuerdo con los planes republicanos de moderar las leyes medioambientales. Contar con la importancia de los republicanos para impulsar la legislación de agua potable a través del Congreso sólo fomentaría la idea errónea de que se estaba eliminando la Ley. En consecuencia, la revisión y la evaluación del estudio llegaron a la conclusión de que los mensajes de las comunicaciones debían hacer hincapié en (1) la seguridad pública más que en el ahorro de los costes; y (2) en el bipartidismo más que en la importacia de los republicanos.

11.7.3. Planificación

Objetivos y criterios para el éxito: Cuando se llevan a cabo *public affairs* en Washington, el patrón para juzgar el funcionamiento no es el aumento de las ventas ni la extensión de la cobertura de los medios de comunicación, sino contar con un proyecto de ley aprobado y firmado y, a la vez, mantener intacta la reputación del cliente. El programa Edelman para la AWWA se diseñó para conseguir estos objetivo y para instituir a AWWA como una fuente de información fiable y creíble.

Público: La campaña fijó como objetivos a los legisladores de Washington en Capitol Hill y en la Casa Blanca, así como a los reguladores de la U.S. Environmental Protection Agency (Agencia de Protección del Medio Ambiente de los EE.UU.), para conseguir apoyo bipartidista para la Ley sobre Agua Potable Segura y para disipar la presunción de que la Ley estaba condenada a ser eliminada por el congreso republicano. Otro objetivo fundamental eran los medios de comunicación de élite, como *The Washington Post, New York Times, Wall Street Journal, Congressional Quarterly y National Journal*. Se pretendía educarles de tal forma que, en sus artículos y editoriales, presentaran las reformas de la Ley sobre Agua Potable Segura como moderadas y como parte de un esfuerzo bipartidista, a diferencia del implacable debate partidista sobre otra legislación más polémica; y que además presentaran a la AWWA como una voz autoritaria en cuestiones de agua potable.

Mensajes: El mensaje para la campaña de asuntos públicos se basaba en el alejamiento: la AWWA tenía que alejarse del hecho de ser caracterizada erróneamente como una «industria» que seguía una agenda antiecologista republicana. De forma similar, la Ley en sí tenía que alejarse del conflicto político partidista que había hundido a otras legislaciones medioambientales. El mensaje para la campaña de creación de influencias consistía en crear una imagen de la AWWA que enfatizara la salud pública. El mensaje del eslogan resultante «Guarding the Future of America´s Drinking Water» (Proteger el Futuro del Agua Potable de América), alcanzó el objetivo y aportó cierta representación en la industria del agua corriente.

Canales de Comunicación: El principal medio para difundir los mensajes de la AWWA era la prensa. La AWWA necesitaba periodistas que cubrieran los mensajes que decían que las reformas eran bipartidistas y que protegerían la salud pública. En respuesta a los ataques de los ecologistas y a sus estudios, los portavoces de la AWWA aparecieron en programas informativos locales de televisión en Washington y en programas nacionales por cable, como en la CNN y la CNBC.

Vehículos de comunicación: Edelman desplegó a los portavoces de la AWWA en Washington y movilizó a la inmensa totalidad de los 54.000 miembros de la AWWA. Los factores principales del programa incluían el alcance de los medios de comunicación de élite y locales, una respuesta rápida, y el soporte de las relaciones gubernamentales. Entre las tácticas se encontraban informes de los gabinetes, reuniones del consejo de administración, presentación de artículos de opinión, cartas al director y la producción y distribución de comunicados de prensa, evaluaciones y recortes de prensa.

Ayuda del cliente para el programa: Edelman mantuvo un diálogo diario continuo con la AWWA a través de reuniones personales o telefónicas para adaptar constantemente el programa a las necesidades del cliente. Desde el principio, la oficina de la AWWA en Washington apoyó las propuestas de Edelman y mantuvo una relación con sus centros de operaciones de Denver, Colorado, para conseguir apoyo en las actividades de Edelman.

11.7.4. Ejecución

Descripción de la puesta en práctica del plan: Edelman y la AWWA llevaron a cabo el plan estratégico a partir de las siguientes tácticas:

Alcance de los medios de comunicación de élite: Los portavoces de la AWWA elaboraron informes de gabinete con periodistas especializados en medio ambiente, de publicaciones tan influyentes como *The Washington Post, New York Times, Wall*

Street Journal, y *Congressional Quarterly*. Edelman dio instrucciones a los portavoces acerca de las relaciones que se debían mantener con la prensa; creó dossiers de prensa, temas a tratar, comunicados de prensa y evaluaciones; distribuyó material en las audiencias del Congreso e inculcó a los periodistas el punto de vista de la AWWA.

Alcance de los medios de comunicación a nivel local: Se movilizó a la totalidad de miembros de la AWWA para que informaran a los periodistas locales; para que se reunieran con los consejos de administración; y para que presentaran cartas al director y artículos de opinión. Asimismo, se enviaron cartas y artículos firmados por el presidente de la AWWA, a cientos de periódicos locales.

Respuesta rápida: Edelman creó un programa de respuesta rápida para exponer la naturaleza poco científica de los estudios de los ecologistas acerca del agua potable peligrosa. Las tácticas consistían en facilitar a los periodistas (1) preguntas desafiantes que hacer en las conferencias de prensa de los ecologistas; (2) una lista de expertos de un tercer partido que podrían refutar las reivindicaciones de los ecologistas; e (3) informes científicos publicados que contradecían las conclusiones de los estudios.

Relaciones gubernamentales: Edelman trabajó con miembros clave del personal del Congreso y del Senado para perfeccionar los mensajes, proveer un consejo estratégico y coordinar los planes de la prensa nacional.

Ajustes durante la puesta en práctica: A medida que el programa de respuesta rápida se hacía efectivo en cuanto a disminuir la habilidad de los ecologistas para conseguir la cobertura de la prensa en Washington, los ecologistas cambiaron las tácticas y empezaron a presentar opúsculos y a poner anuncios en la radio contra miembros clave del subcomité de Salud y Medio Ambiente de la Cámara de Representantes que apoyaban la legislación del agua potable. Edelman y la AWWA necesitaban trabajar más de cerca con los miembros locales y con los diputados de la Cámara de Representantes fijados como objetivo para convencer a los periódicos locales de que detuvieran el ataque.

Dificultades que aparecieron: Los periodistas especializados en medio ambiente, uno de los públicos más importantes, mantienen relaciones muy directas con las organizaciones ecologistas y reciben mucha información de éstas. Consecuentemente, son reacios a «morder la mano que los alimenta», desacreditando los estudios publicados de los ecologistas. Edelman tuvo que aceptar que el mejor resultado posible de sus esfuerzos consistía simplemente en disuadir a estos periodistas de que cubrieran estos informes. Esto fue especialmente complicado puesto que la empresa de relaciones públicas que trabajaba para los ecologistas disponía de un presupuesto estimado diez veces mayor que el presupuesto de Edelman. En consecuencia, aquellos podían permitirse emisiones en medios de comunicación vía satélite, mientras que la AWWA no. Esto hizo que Edelman y la AWWA se centraran todavía más en asegurarse de que estos estudios no se cubrían dentro del Beltway (cinturón) de Washington, y en desplegar a las bases para que se opusieran a la cobertura de la mejor forma que pudieran en los distritos de los miembros clave del Congreso.

11.7.5. Evaluación

El éxito en una campaña de *public affairs* en Washington, D.C. se mide principalmente según un criterio: (1) ¿El proyecto de ley fue aprobado por el Congreso y firmado por el Presidente? También existen otras mediciones: (2) ¿Llegaron los periodistas a considerar a la AWWA la autoridad nacional en cuanto a agua potable? (3) ¿Se neutralizaron las tácticas de pánico relacionadas con el agua corriente peligrosa, para que no incidieran sobre el proceso legislativo o dañaran la imagen de los servicios públicos del agua? (4) ¿Se adoptaron los mensajes de «salud pública» y «bipartidistas» de la AWWA? Estos fueron los resultados:

(1) La Ley sobre Agua Potable Segura fue aprobada mediante una votación de 392 contra 30 en el Congreso y de 98 contra 0 en el Senado. El Presidente Clinton la firmó como ley el 6 de agosto de 1996. Se trataba del único texto sobre política medioambiental que salió del Congreso en 1996.

(2) Se fue identificando a la AWWA como una fuente fiable y creíble en cuestiones de agua corriente. Ahora, influyentes periodistas especializados en medio ambiente como Gary Lee de *The Washington Post*, Tim Noah de *The Wall Street Journal* y Allen Freedman de *Congressional Quarterly*, consultan regularmente a la AWWA cuando surgen cuestiones relacionadas con el agua potable.

(3) Periodistas importantes llegaron a dar menos importancia a los estudios de los ecologistas considerándolos de poco interés periodístico, y finalmente se negaron a concederles espacio en sus columnas. Dos estudios entregados en un momento crítico hacia el final del proceso legislativo no tuvieron ningún tipo de cobertura en ningún medio de comunicación de élite.

(4) El Presidente describió la Ley como una «piedra angular en la fundación de la seguridad para las familias americanas» y fue extensamente aclamada como un modelo para el bipartidismo.

12

Bibliografía crítica citada

ABELLÁN, Victoria y VILÀ, Blanca: *Lecciones de Derecho Comunitario Europeo*, Ariel, Barcelona, 1995.

ALONSO PELEGRÍN, Emiliano: *El Lobby en la Unión Europea*, ESIC, Madrid, 1995.
• *El primer manual español sobre lobbying y el mejor que conocemos sobre su aplicación en la Unión Europea. Imprescindible.*

ALONSO PIÑEIRO, Armando: *El Quinto Poder: Teoría y Práctica del Lobbying*, Macchi, Buenos Aires, 1992.

ARCEO, José Luis: *Fundamentos para la teoría y técnica de las relaciones públicas*, ESRP-PPU, Barcelona, 1988.
• *Este breve manual es de lo mejor escrito en España sobre las relaciones públicas.*

ARISTÓTELES: *Retórica*, Gredos, Madrid, 1990.

BAENA, Mariano: *Curso de Ciencia de la Administración*, Tecnos, Madrid, 1985.

BERNADET, J-P., BOUCHEZ, A. y PIHIER, S.: *Précis de Marketing*, Nathan, París, 1996.

BERRY, Jeffrey M.: *Lobbying for the People*, Princeton University Press, Princeton, 1977.
• *Un clásico sobre los grupos de presión, los lobbies y los lobbistas en los Estados Unidos. Excelente.*

BERRY, Jeffrey M.: *The Interest Group Society*, Longman, Nueva York, 1997.
• *La ampliación y complemento ideal al manual anterior.*

BLACK, Sam: *ABC de las Relaciones Públicas*, Gestión 2000, Barcelona, 1994.

BOIVIN, Dominique: *Le Lobbying*, Meridien, Montreal, 1987.
• *Un interesante y poco conocido tratado sobre lobbying escrito por un lobbista canadiense.*

BUCHHOLZ, Rogene A.: *Business Environment and Public Policy*, Prentice-Hall, Nueva Jersey, 1982.
• *Un libro básico para toda persona interesada en el* public issues management.

BURGESS, Françoise: *Les Institutions Américaines*, Presses Universitaires de France, París, 1992.

CACHINERO, Jorge y ASTORQUI, Juan: *¿Cómo tratar con la Administración? Normas básicas para hacer Lobby*, conferencia pronunciada en el Instituto de Empresa de Madrid, el 22 de mayo de 1996.

CARNOTA, Walter F.: *La expansión de los lobbies en Estados Unidos y en Europa occidental*, en El derecho, Buenos Aires, 8 de julio de 1991.

CARRERA VILLAR, F.: *Vigencia de los Modelos Aristotélicos en Teoría e Investigación de la Comunicación Persuasiva de Masas*, Tesis Doctoral no publicada, Universidad Complutense de Madrid, 1978.

CASTILLO, Antoni: *Grups de Pressió i Mitjans de Comunicació*, Tesis Doctoral no publicada, Universidad Autónoma de Barcelona, 1997.

• *Esta reciente tesis doctoral* (cum laude) *es el mejor y más completo estudio que conocemos sobre las relaciones entre los grupos de interés y los medios de comunicación social. Su ayuda en la realización de este trabajo ha sido preciosa. Debería publicarse obligatoriamente.*

CAVANAGH, G.F. y MCGOVERN, A.F.: *Ethical Dilemas in the Modern Corporation*, Prentice-Hall, Nueva Jersey, 1988.

CLAMEN, Michel: *Le Lobbying et ses Secrets*, Dunod, París, 1997.

• *El mejor manual de lobbying escrito en lengua francesa, junto con el de Farnel.*

COSCULLUELA, Luis: *Manual de Derecho Administrativo*, Cívitas, Madrid, 1996.

CUTLIP, Scott M., CENTER, Allen H. y BROOM, Glen M.: *Effective Public Relations*, Prentice-Hall, Nueva Jersey, 1985.

• *Un clásico de las relaciones públicas. Imprescindible.*

DEBBASCH, Charles y PONTIER, Jean-Marie: *Introduction a la Politique*, Dalloz, París, 1991.

DEKIEFFER, Donald E.: *The Citizen's Guide to Lobbying Congress*, Chicago Review Press, Chicago, 1997.

• *Este reciente libro se caracteriza por su naturaleza pedagógica y práctica a la vez.*

DUBOIS, Pierre-Louis y JOLIBERT, Alain: *Le Marketing. Fondements et Pratique*, Economica, París, 1992.

DUVERGER, Maurice: *Sociología Política*, Ariel, Barcelona, 1972.

ENTRENA, Rafael: *Curso de Derecho Administrativo*, Tecnos, Madrid, 1995.

EWING, Raymond P.: *Issues Management: Managing Trends through the Issues Life Cycle*; en: CAYWOOD, Clarke L. (Editor): *The Handbook of Strategic Public Relations & Integrated Communications*, McGraw-Hill, Nueva York, 1997.

FARNEL, Frank J.: *Le Lobbying*, Les Éditions d'Organisation, París, 1994.

• *Junto con el manual de Clamen, el mejor libro francés sobre lobbying. Lástima que se extienda en exceso en las relaciones con los medios de comunicación social, tema más propio de los tratados de relaciones públicas.*

FREEMAN, F. Edward: *Strategic Management: A Stakeholder Approach*, Pitman, Boston, 1984.

GRANT, Jordan, MALONEY, William A. y BENNIE, Lynn G.: *Les groupes d'intérêt public*, en *Les Groupes d'Intérêt*, Revista *Pouvoirs* núm. 79, París, noviembre de 1996.

GRUNIG, James E. y HUNT, Todd: *Managing Public Relations*, Holt, Rinehart and Wilson, Fort Worth, 1984.
• *La «Biblia» de las relaciones públicas. Con esto, está todo dicho.*

GRUNIG, James E. y HUNT, Todd: *Public Relations Techniques*, Harcourt Brace College, Fort Worth, 1994.
• *El complemento ideal al anterior. Fundamental.*

GUÉGUEN, Daniel: *Guide Pratique du Labyrinthe Communautaire*, Apogée, Rennes, 1992.
• *El manual más práctico para entender la organización y funcionamiento de las instituciones comunitarias.*

GUÉGUEN, Daniel y LUND, Dominique: *Clés pour le Parlement Européen*, Apogée, Rennes, 1992.

GUIXÀ, Jordi: *Avaluació de Campanyes de Comunicació Pública*, transcripción de la conferencia pronunciada en la Fundación Bosch i Gimpera de Barcelona, el 13 de junio de 1996.

JULIEN, Bruno: *Les Groupes de Pression Américains*, Skippers, París, 1988.
• *Excelente tratado sobre el funcionamiento del lobbyng al otro lado del Atlántico. De lectura obligada para todo aquel que esté interesado en el tema.*

HAYES, Roger: *Issues management*, en *Anais do Public Relations International Seminar*, celebrado en Brasilia entre el 6 y 8 de noviembre de 1985.

KOTLER, Philip: *El Megamarketing*, en *Harward Deusto Business Review*, 1er trimestre de 1987.

LAMARQUE, Gilles: *Le Lobbying*, Presses Universitaires de France, París, 1994.

LAMARQUE, Gilles: *Le rôle des agences de conseil*, en *Les Groupes d'Intérêt*, Revista *Pouvoirs* núm. 79, París, noviembre de 1996.

LASSALE, Jean-Pierre: *La Démocratie Américaine*, Armand Colin, París, 1991.

LAVILLA, Juan José: *La participación pública en el procedimiento de elaboración de los reglamentos en los Estados Unidos de América*, Cívitas, Madrid, 1991.
• *El libro español definitivo en su tema.*

LE GRELLE, Bernard: *Profession Lobbyiman*, Hachette, París, 1987.

LE NET, Michel: *La Communication Sociale*, La Documentation française, París, 1988.

LEFÉBURE, Thierry: *Lobby or not to be*, Plume, París, 1991.

LEYER, J.: *Corporate Communication in de Strategie van Ondernemingen in Beweging*, BvA-congres, Amsterdam, 1986.

LONGUET, Claire-Emmanuelle: *Le Congrès des États-Unis*, Presses Universitaires de France, París, 1989.

LOZANO, Josep M.: *Ètica i empresa*, Proa, Barcelona, 1997.

LUTZKER, Paul: *El lobby como herramienta de comunicación eficaz*, Conferencia pronunciada en el Instituto de Empresa de Madrid, el 22 de mayo de 1996.

MACK, Charles S.: *Lobbying and Government Relations*, Quorum Books, Nueva York, 1989.

• *A nuestro entender, lo mejor escrito sobre lobbying y relaciones gubernamentales en los Estados Unidos.*

MATRAT, Lucien: *Relations Publiques et Management*, CERP, Bruselas, 1971.

• *Si el tratado de Grunig y Hunt es la «Biblia» americana, este ya agotado librito es la «Biblia» europea. De hecho, en él está recogida toda la esencia de lo que después se denominó la «doctrina europea» de las relaciones públicas.*

MILBRATH, Lester: *The Washington Lobbyist*, Rand McNally, Chicago, 1963.

• *Un clásico entre los clásicos sobre lobbying. Aunque ya anticuado, sigue siendo el libro de cabecera de los estudiosos y profesionales de la actividad que nos ocupa en la patria del Tío Sam.*

MITROFF, I.I.: *Stakeholders of the Organizational Mind*, Jossey-Bass, San Francisco, 1983.

MOLINS, Joaquim M.: *Parlamento y grupos de interés*, en *El Parlamento a Debate*, Trotta, Madrid, 1997.

MORELL, Luis: *Curso de Derecho Administrativo*, Aranzadi, Pamplona, 1996.

MUÑOZ ALONSO, Alejandro: *Los medios de comunicación como vehículo de transmisión de intereses*, transcripción de la conferencia pronunciada en el Instituto de Empresa de Madrid, el 23 de mayo de 1996.

MUÑOZ CONDE, Francisco: *Derecho Penal. Parte Especial*, Tirant lo Blanc, Valencia, 1996.

NIELANDER, William A.: *Práctica de las Relaciones Públicas*, Hispano Europea, Barcelona, 1980.

NOGUERO, Antonio y XIFRA, Jordi (Eds): *Premios Yunque de Plata 1987*, ESRP-PPU, Barcelona, 1990.

NONON, Jacqueline y CLAMEN, Michel: Europa y sus pasillos, Marcombo, Barcelona, 1993.

PORTO SIMOES, Roberto: *Relaciones Públicas: Función Política*, El Ateneo, Barcelona, 1993.

PREVOST-TESTART, Dominique-Claire: *Le Lobbying ou l'échiquier des pouvoirs*, Liaisons, París, 1993.

ROMAGNI, Patrick: *La Communication d'Influence*. Lobbying, mode d'emploi, Les presses du management, París, 1995.

SANCHIS, José Luis: *Comunicación y lobby*, en Dirigentes núm. 89, mayo de 1995.

SANTAFÉ, Jaime: *La comunicación en las relaciones con la Administración*, conferencia pronunciada en el Instituto de Empresa de Madrid el 23 de mayo de 1996.

SANTAOLALLA, Fernando: *El parlamento en la encrucijada*, Eudema, Marid, 1989.

SANTESMASES, Miguel: *Términos de Marketing*, Pirámide, Madrid, 1996.

SEITEL, Fraser P.: *The Practice of Public Relations*, Merrill Publishing Company, Columbus, 1989.
• *Uno de los más brillantes manuales de relaciones públicas y public affairs.*
SIMON, Raymond: *Relaciones Públicas. Teoría y Práctica*, Limusa Noriega, Méjico, 1990.
STONE, Norman: *The Management and Practice of Public Relations*, MacMillan Business, Londres, 1985.
TERRÓN, Javier: *Opinión Pública y Negociación en el Procedimiento Legislativo*, en *Parlamento y Opinión Pública*, Tecnos, Madrid, 1995.
TOCQUEVILLE, Alexis de: De la Démocratie en Amérique, Gallimard, París, 1951.
TOINET, Marie-France: *Le système politique des États-Unis*, Presses Universitaires de France, París, 1990.
UGEUX, William: *Les Relations Publiques*, Marabout, Verviers, 1973.
• *Independientemente del de Matrat, que por cierto lo prologa, este es el mejor manual de relaciones públicas que se ha escrito en Europa. Constituye un excelente desarrollo de la doctrina europea de las relaciones públicas. A pesar de sus años, no ha perdido ni un ápice de vigencia.*
VILLAFAÑE, Justo: *Imagen Positiva*, Pirámide, Madrid, 1993.
WATSON, Richard A.: *Democracia Americana*, Limusa Noriega, Méjico, 1989.
WEISS, Emmanuelle: *Comment mener son lobbying à Bruxelles*, Nathan, París, 1993.
WIMMER, Roger D. y DOMINICK, Joseph R.: *La investigación científica de los medios de comunicación*, Bosch, Barcelona, 1996.
WITTENBERG, Ernest y Elisabeth: *How to Win in Washington*, Blackwell, Oxford, 1994.
• *Un excelente libro sobre la práctica del lobbying estadounidense.*

Anexo 1

PROPOSICIONES NO DE LEY[1]**:**

– DEL GRUPO PARLAMENTARIO DE CDS, SOBRE
REGULACIÓN DE LOS GRUPOS DE INTERÉS
(Número de expediente 16210002M)

El señor **PRESIDENTE**: Punto segundo del orden del día: Proposiciones no de
ley. Proposición del Grupo CDS sobre regulación de los grupos de interés.
Tiene la palabra el señor Martínez-Campillo.

El señor **MARTÍNEZ-CAMPILLO GARCÍA**: Muchas gracias, señor Presidente.

Señoras y señores Diputados, subo a esta tribuna para defender nuestra proposición no de ley y, consiguientemente, abrir un debate político sobre la necesidad de regular la actividad de los grupos de interés en España. Las relaciones entre los parlamentos y los grupos sociales de interés se remontan al siglo pasado y probablemente la intención de los grupos sociales, económicos o no, de influir en la vida política nos llevarían al nacimiento mismo de la representación de unos ciudadanos por otros. Por tanto, estamos ante un problema importante y viejo, para el que buscamos una solución inteligente y eficaz; una solución que sobre todo aumente la transparencia de la vida pública y disminuya la desconfianza en el trabajo político por parte de los ciudadanos.

Existe un grupo de interés allí donde un conjunto de ciudadanos se asocia, delimitando un objetivo común legítimo y con el propósito de emprender acciones para influir en los legisladores o en aquellos que toman decisiones públicas. Sus objetivos son variados, aunque suelen estructurarse en grupos económicos y grupos sociales;

(1) Fuente: Diario de Sesiones del Congreso de los Diputados de 23 de febrero de 1993.

dentro de estos últimos, podríamos encuadrar a los grupos sindicales, culturales, medioambientales o de consumidores. Pues bien, reconocidos o no, su existencia ha corrido paralela a la institución parlamentaria, vinculándose tanto al protagonismo de la industrialización moderna en España como al nacimiento de los movimientos en defensa de los derechos de las minorías, la protección de los consumidores o la defensa del medio ambiente. Y en la corta historia de las instituciones de las Comunidades Europeas se considera al Comité Económico y Social como la primera institución que recogió en su composición a los grupos organizados de intereses. Omito cualquier referencia al modelo sajón, en la medida en que no sería en modo alguno comparable con los modelos que están utilizando en Europa a la hora de regular los grupos sociales de interés.

También hay otros fenómenos sociales y políticos que han contribuido a la existencia, desarrollo y relación entre grupos sociales de interés y vida política, especialmente el impulso de las clases medias y, por tanto, de la llamada sociedad civil y la propia complejidad del Estado. De ahí que hoy se observe este fenómeno como una expresión del dinamismo y de la diversidad de intereses económicos y sociales de cada comunidad, lo que justifica la necesidad de regularlo en cuanto constituye una pieza elemental en el engranaje de una sociedad democrática avanzada.

Los recelos más frecuentes parten de posiciones conservadoras, que afirman que la actividad de estos grupos, cuando entran en contacto con los poderes o administraciones públicas, está socavando los cimientos constitucionales. Frente a esta posición trasnochada, cabe afirmar que los principios constitucionales de la representación política y de la participación de los ciudadanos en los asuntos públicos no sólo no se alteran, sino que se enriquecen, en la medida en que lo que se analiza y revisa son algunos de los instrumentos que lo complementan; cauces que los ciudadanos utilizan para la presentación o representación de sus intereses habitualmente. Por esta razón, los límites con los que han de actuar los grupos sociales de interés son estrictos y claros. Por un lado, deberán proceder con transparencia y publicidad (de ahí que se hable de exigirles el alta en un registro público y unas normas de conducta que avalen su transparencia) y, por otro lado, deberán encuadrar sus pretensiones en el interés general. De lo contrario, la barrera entre influencia legítima e ilegítima se abriría para dar paso al Código Penal y, por tanto, a la figura del tráfico de influencias. Las posiciones conservadoras rematan sus argumentos en contra alegando que con esta regulación de los grupos de interés se puede desvirtuar la decisión política, haciéndola permeable a la influencia y al amiguismo. Tampoco este ataque tiene fundamento, toda vez que el peor enemigo de la intermediación ilegítima y del tráfico de influencias es la publicidad y el reconocimiento de los sujetos que la ejercitan.

Es evidente que en un mundo nada angelical seguirá existiendo la presión ilegítima sobre el político y, en ocasiones, su recíproca aceptación. Pero estas actitudes delictivas y anormales nada tendrán que ver con la actividad que despliegan aquellos grupos sociales que quieran informar o ser informados, escuchar y ser oídos, mostrar sus informes técnicos o exponer sus puntos de vista sobre una ley general o sectorial que les afecte.

Muchas de estas actividades se vienen realizando actualmente ya por grupos sociales y por grupos económicos. Los primeros plantean menos problemas en el ejercicio de sus influencias, aunque nadie debe despreciar la trascendencia social y económica de muchas de sus propuestas. Pero no cabe la menor duda de que las pretensiones de los grupos estrictamente sociales mantienen un mayor equilibrio entre el interés público y el particular y admiten, además, soluciones rápidas y transparentes cuando se produce una colisión entre el interés público y el particular. De tal modo es así que sin estar reguladas las relaciones entre estos grupos sociales estrictamente y el Parlamento, constituyen ya de por sí una realidad viva integrada plenamente en los usos y costumbres parlamentarios españoles, lo que no impide, sino todo lo contrario, facilitar su regulación.

Mucho más complicado es identificar y ordenar la actividad de los grupos de interés de contenido esencialmente económico. Desde el principio resulta arduo encontrar el espacio común entre el interés general y particular de estos grupos, aunque exista. Además, se prestan con más facilidad a la utilización de medios de convicción poco ortodoxos. Justamente, estos son motivos que avalan la necesidad de la transparencia de los movimientos de los grupos sociales de intereses económicos en sus relaciones con los representantes públicos.

Si los ciudadanos conocen quiénes son, qué o a quiénes representan sus objetivos, qué duda cabe que aumenta enormemente la seguridad de que su activismo se reducirá al mundo de la información y las propuestas. Los grupos que pretendan algo más, sabrán desde el principio que están delinquiendo y también lo sabrá el político que esté dispuesto a aceptar este tipo de presiones.

La situación actual mantiene un clima ambiguo que sólo conviene a los que quieren ocultar los intereses que defienden y las armas o presiones que están dispuestos a utilizar si se les deja en el oscurantismo. Así ocurrió durante la Restauración, cuando unos grupos de industriales, ante la falta absoluta de regulación, conformaron sus grupos de presión bien organizados y dirigidos con un doble objetivo: obtener leyes positivas que consiguieran recursos de los consumidores haciendo crecer los precios por encima de la competencia, y ocupar y controlar las instituciones encargadas de aplicar esa legislación favorable que ya habían obtenido. Subsidios, ayudas y contratos de favor fueron piezas clave para su crecimiento y lucro, toda vez que aprovecharon, entre otras cosas, una inmensa falta de control.

Este salto hacia atrás en la historia es una prueba más de que lo evidente no deja de existir porque se oculte y que a los fenómenos sociales es más fácil tratar de encauzarlos que ignorarlos. De lo contrario, se producen situaciones no deseadas y sustos no esperados.

En suma, estamos proclamando, sin ningún tipo de ambigüedad, que sólo hay un mecanismo legítimo de participación y representación de los intereses públicos, pero no por ello dejamos de reconocer que la sociedad tiene planos de representación de intereses legítimos compatibles con los fundamentos de la sociedad democrática. Mecanismos de la sociedad civil por los que los ciudadanos hacen saber su opinión y su voluntad, que conforman una realidad a la que hay que acercarse sin miedo, salvo que se quiera reducir la dimensión social de los ciudadanos a un asociacionismo meramente cultural o deportivo.

Esta realidad es la que pretendemos regular a partir de ahora para que el Parlamento y los poderes públicos se abran a la sociedad con las garantías que ofrecen la transparencia y la publicidad; de tal manera que se identifique a los operadores sociales, determinando el alcance de su representación y, al mismo tiempo, acotando las pautas de conducta y el modo en que se han de establecer estas relaciones informativas. ¿Quiénes son estos grupos sociales? ¿Qué o a quiénes representan? ¿Qué fines persiguen? Sólo a partir de ahí no habrá un clima constante de sospecha en las relaciones entre grupos sociales de interés y los representantes de los poderes públicos.

Este propósito de regulación fue recogido en algún aspecto parcial dentro del conjunto de medidas que, a principios del año 1990, se aprobaron en esta Cámara para regular el tráfico de influencias, el manejo de información privilegiada y las incompatibilidades de Diputados y Senadores.

Un precedente de Derecho comparado nos situaría en Alemania, donde, a partir de los años sesenta, se operaron una serie de propuestas legislativas y cambios institucionales relativos a la ordenación de las relaciones entre las organizaciones de interés y el Estado. La cuestión de Alemania está reconocida y considerada por todos los partidos, que adjudican un doble efecto a la asignación de carácter político a los grupos de interés. Por un lado, estiman que los grupos obtienen ventajas de esta consideración política, aunque, por el otro, les exigen que acepten determinadas restricciones y obligaciones limitadoras, como, por ejemplo, comportarse de un modo responsable y predecible y abstenerse de cualquier demanda no negociable o prácticas que supongan tácticas inaceptables.

El debate se ha ido ampliando en Alemania hasta llegar a plantear el problema de las relaciones entre los grupos sociales de interés, económicos o no, y los órganos ejecutivos de las administraciones públicas. No nos cabe a nosotros la menor duda de que, al igual que en Alemania, el debate y la regulación que surjan a partir de esta proposición también se extenderán a la Administración pública española, que se hará con ello más transparente y estará más sujeta a control a la hora de establecer las relaciones entre las administraciones públicas y los grupos sociales.

El señor **PRESIDENTE**: Señor Martínez-Campillo, le ruego que concluya.

El señor **MARTÍNEZ-CAMPILLO GARCÍA**: Concluyo, señor Presidente, señalando el último precedente en Derecho comparado. Francia también ha establecido en el año 1991 la Asociación Sindical de Representación de Intereses.

Finalmente, quiero destacar las 16 propuestas contenidas en el informe Galle y dirigidas a la Mesa del Parlamento Europeo a raíz de la sugerencia que a tal efecto cursó el Presidente del Parlamento en 1991. La propuesta del Parlamento Europeo, por tanto, se refiere a la definición de la representación de intereses, a la creación de un registro público, a los derechos y obligaciones que impone esa inscripción y al establecimiento de un código de conducta.

Termino, señor Presidente, diciendo que al suscitar este debate creemos que estamos aportando nuestro grano de arena en favor de la transparencia y el control de la actividad política y de las relaciones legítimas que la rodean, lo que, al final, implicará, seguro, un aumento de confianza de los ciudadanos en sus instituciones públicas, en la seguridad también de que nada ni nadie estará por encima o al margen de sus intereses públicos y generales. Muchas gracias, señor Presidente.

El señor **PRESIDENTE**: Gracias, señor Martínez-Campillo.

A esta proposición se ha presentado una enmienda por el Grupo Socialista. Para su defensa y fijar la posición de este Grupo en relación con la proposición, tiene la palabra el señor Marcet.

El señor **MARCET I MORERA**: Gracias, señor Presidente.

Efectivamente, voy a fijar la posición el Grupo Socialista a la vez que a defender la enmienda que hemos presentado.

Desde el primer momento, el Grupo Socialista abordó el análisis de la proposición no de ley con el máximo interés. Sin duda, se trata de una cuestión que tradicionalmente ha suscitado la atención de la teoría política, desde los estudios clásicos de Jean Meynaud o Georges Lavau, en los años cincuenta y sesenta, hasta los estudios más recientes de Suzan Berger, de Franck Wilson o de Michael Rush. Se ha suscitado, incluso, un debate nominalista sobre la cuestión. Se ha planteado si era necesario hablar de grupos de interés o de grupos de presión para intentar distinguir entre la defensa legítima de intereses y lo que sería la presión intimidatoria sobre los poderes públicos. Es decir, es una cuestión que la teoría política ha tratado desde muy antiguo y que yo creo que se sigue tratando aún, aunque desde ópticas un poco distintas.

Dicho esto –a modo de introducción para dejar claro que, evidentemente, es una cuestión que el Grupo Socialista se ha tomado con todo el interés posible–, hay que señalar un conjunto de cuestiones.

En primer lugar, que en nuestra legislación hemos abordado de forma clara la regulación jurídico-formal de lo que podríamos llamar las actividades ilegales de las personas o grupos que intentan influir sobre la Administración o sobre los responsables políticos. Baste recordar simplemente –el señor Martínez-Campillo hacía una relación anteriormente– la Ley Orgánica 9 de 1991, de 22 de marzo, por la que se modifican los artículos 367, 368 y 39O del Código Penal y se introduce en él un nuevo capítulo acerca del tráfico de influencias, cuestión que además está presente con mayor precisión, con mayor profundidad, en el proyecto del Código Penal que estamos elaborando y que esperamos que, con la colaboración de todos, pueda seguir adelante.

Por consiguiente, de alguna forma hemos optado por regular como tipo penal las actividades no legales de los grupos de interés y hemos dejado libertad para las actividades informativas o las actividades de defensa legítima y legal de intereses por parte de personas y grupos de diversa índole. Esto por un lado. Me parece conveniente resaltarlo y aunque ya ha sido señalado me parece importante insistir en ello.

Por otro lado, el reconocimiento y la regulación de los llamados lobbies es tradicional en el sistema político de los Estados Unidos –también el señor Martínez-Campillo hacía una referencia muy de pasada–. Desde 1946 hay una regulación estricta y, de hecho, en todos los sistemas políticos ha habido una creciente interpenetración informal entre los dirigentes políticos y los representantes de los principales grupos de interés.

Pero el reconocimiento formal y la regulación de los lobbies creemos que, por un lado, oscurece la capacidad del legislador para discernir entre interés público general e interés parcial. Este es un elemento que ha sido puesto muchas veces de relieve, pero me parece suficientemente relevante. También creemos que limita la capacidad de consulta y de concertación por parte de los poderes públicos.

Varias leyes de nuestro ordenamiento jurídico prevén de forma positiva la participación social. Hay multitud de organismos consultivos, desde la Ley que regula a los consumidores hasta la Ley del Consejo Económico y Social –podríamos citar muchas leyes– o la Ley orgánica del Derecho a la Educación, que también prevé una participación social creciente. Hay muchas leyes de nuestro ordenamiento jurídico positivo que prevén esta participación social. Creemos que de alguna forma la institucionalización del lobby limita la capacidad de consulta y concertación de los poderes públicos y, sobre todo, la institucionalización tiende de alguna forma –no digo que lo haga– a consolidar la corporativización. El *lobbysmo*, la actuación de los lobbies, es un oficio controlado y reglamentado en Estados Unidos, como decíamos, y su práctica se extiende en el Congreso a sus comisiones e incluso también a las asambleas de los Estados. Visitando Estados Unidos yo he visto la actuación de los lobbies a la puerta de los despachos de los congresistas norteamericanos o en los lobbies –de aquí viene la palabra– de las asambleas de los Estados. Pero se trata, como señalábamos, de otro sistema político, del sistema político americano.

En los regímenes políticos europeos el parlamentarismo no ha provocado de hecho la aparición de lobbies como tal. Esta institucionalización de los grupos de interés de alguna forma es extraña a los sistemas políticos europeos en general, salvo, quizá, el caso matizado de Alemania.

Una regulación como la que se apunta de forma concreta en la proposición no de ley no está de hecho en la tradición política europea. No obstante, es verdad que sobre todo el Parlamento Europeo se ha planteado la necesidad de una regulación. ¿Por qué? Porque se trataba, por parte del Parlamento Europeo, de evitar abusos; se trataba de distinguir, por parte del Parlamento Europeo, entre los grupos de interés colectivos y los grupos particulares; se trataba, por parte del Parlamento Europeo, de identificar –era necesario para el Parlamento Europeo– los verdaderos grupos de interés o de presión. Pero este no es exactamente el caso de los parlamentos nacionales que tienen mucho más claramente identificados cuáles son los grupos de interés y saben distinguir claramente entre los grupos de interés colectivos y particulares, porque tienen una mayor posibilidad de conocimiento político, no así el Parlamento Europeo, la Comunidad que está en construcción, donde todo es mucho más difuso. Por ello, hablaba el señor Martínez-Campillo del estudio del informe del señor Marc Galle. Creo que se trata, evidentemente, de una propuesta que está en estudio por parte de la Mesa del Parlamento Europeo; también la Comisión tiene en estudio, después de Edimburgo, el tratamiento o la adopción de medidas sobre la cuestión.

Por todo ello, el Grupo Parlamentario Socialista ha propuesto una enmienda de sustitución que insta al Gobierno a estudiar la conveniencia de establecer una regulación de los grupos de interés. Se trata de que, con la aportación de los diversos grupos parlamentarios, especialmente del Grupo proponente, el CDS, se pueda abordar este estudio. Todas las aportaciones, evidentemente, serán bien recibidas por el Gobierno, en aras a colaborar en dicho estudio y en su análisis. Creemos que estudiar y debatir la cuestión no es malo, pero no creemos conveniente que de manera perentoria se regule ya, y por ello pedimos al Grupo proponente que considere la posibilidad de aceptar la enmienda que le propone el Grupo Parlamentario Socialista, que pensamos es más acorde con lo que es la tradición europea y con las necesidades en este momento de nuestro país.

Nada más y muchas gracias, señor Presidente.

El señor **PRESIDENTE**: Gracias, señor Marcet.

¿Grupos que desean fijar su posición? **(Pausa.)**

Por el Grupo Parlamentario Mixto, tiene la palabra el señor Oliver.

El señor **OLIVER CHIRIVELLA**: Gracias, señor Presidente.

Tomo la palabra para fijar la posición de Unió Valenciana sobre la proposición no de ley que nos ocupa, presentada por el Grupo Parlamentario de Centro Democrático y Social, referente a los llamados grupos de interés. Entendemos, en primer lugar, que es oportuna, porque, señorías, todos sabemos que, de alguna manera, esos grupos de interés ya existen en la sociedad actual; es constante la información que llega a todos los grupos políticos, incluso a los Diputados a título personal, de diversos grupos que se les puede llamar de la forma que sea, pero que, de alguna manera, intentan facilitar una información para orientación de nuestra actividad parlamentaria en beneficio de una determinada posición.

Es bueno, creo yo, señoría, lo que se pretende en esta proposición no de ley. No discuto en absoluto que, efectivamente, no exista excesiva tradición en el parlamentarismo español sobre el reconocimiento de este tipo de grupos, pero es cierto que existen y sería bueno que, de alguna manera, se estudiara la forma de reconocerlos, porque cuanta más publicidad haya, cuanto más sepamos quién viene a hablar a los grupos políticos y a quién representan de una forma clara, de una forma transparente, más se facilita el trabajo.

Desde esa perspectiva, la proposición no de ley nos parece conveniente en sus tres propuestas: la creación de una Ponencia para estudiar un proyecto de ley; el hecho de que se cree en ese proyecto de ley el correspondiente registro público de grupos de interés y, además, el estudio de un código deontológico que, de alguna manera, fije las normas de comportamiento.

Por tanto, vamos a votar favorablemente y, por supuesto, lo haremos igualmente si se acepta la enmienda propuesta por el Grupo Parlamentario Socialista, que tiene un carácter mucho más general, pero que, en el fondo, propicia que, sin fijar unos plazos determinados, se pueda llegar también a las mismas conclusiones en el tiempo que propone el Grupo Parlamentario del CDS.

En consecuencia, nuestro voto va a ser favorable.

Nada más y muchas gracias.

El señor **PRESIDENTE**: Gracias, señor Oliver

Por el Grupo Parlamentario Vasco (PNV), tiene la palabra el señor Olabarría.

El señor **OLABARRÍA MUÑOZ**: Gracias, señor Presidente.

Voy a intervenir, también desde el escaño, con brevedad, para indicar que vamos a votar de forma favorable a esta sugerente iniciativa del Centro Democrático y Social; sugerente y bien concebida, incluso en su indefinición o, mejor dicho por utilizar una expresión más razonable, en su generalidad.

Señor Presidente, esta iniciativa, esta proposición no de ley pretende armonizar intereses legítimos, ambos tutelables por el ordenamiento jurídico, contradictorios entre sí con frecuencia y muy difíciles de armonizar. Intereses o derechos como los que proclaman los artículos 9.2 de la Constitución española, donde se exige que los poderes públicos deben facilitar la participación de todos los ciudadanos en la vida política, económica, cultural y social; lo que proclama el artículo 23.1 de la propia Constitución, que regula el derecho de los ciudadanos a participar en los asuntos públicos, directamente o por medio de representantes; lo que proclama el artículo 77 de la misma norma fundamental que determina que las Cámaras o Cortes Generales pueden recibir peticiones individuales y colectivas; y, por último, lo que proclama el artículo 105 de la Constitución, que establece la regulación legal de la audiencia de los ciudadanos.

Armonizar esto con la actuación de los grupos de interés y, sobre todo, consolidar o garantizar de alguna forma, jurídicamente, con toda la indefinición y complejidad que esto lleva consigo, que la actuación de estos grupos de interés resulte legítima (y por legítima entendemos, en primer lugar, transparente, en segundo lugar, conocida y, en tercer lugar, pertinente y razonable, es decir, legítima desde la perspectiva de los intereses que deben ser objeto de tutela y de vehiculación a través de estos grupos) es a lo que provee esta proposición no de ley, y lo hace de una forma indefinida, pero necesariamente indefinida.

¿Qué es lo que pretende? Tres cosas. En primer lugar, crear un registro público donde se inscriban obligatoriamente estos grupos de interés, a los cuales se les debe atribuir por esta razón una legitimación especial para cohonestar su actuación con los poderes públicos del Estado; en segundo lugar, crear un proyecto de ley (quizás esa sería la única salvedad o la única crítica que podemos hacer al CDS: que el plazo de dos meses sea excesivamente perentorio, excesivamente corto, pero hay que exigir que se prepare un proyecto de ley por parte del Gobierno para regular la actuación de estos grupos); y, por úl timo, quizá lo más relevante y pertinente, que es la elaboración y configuración de un código deontológico que de alguna forma garantice la bondad de la actuación, entrecomillando la expresión «bondad», lógicamente, de este tipo de grupos.

Nos parece muy pertinente que esto se haga así, quizás buscando un plazo más razonable para la configuración de este proyecto de ley. Y no nos queda más que decir, señor Presidente, recurriendo a un valor antropológico, de los que se suelen presumir del pueblo vasco, de la parquedad en las palabras y largueza en los hechos, que nos parece muy pertinente esta iniciativa y felicitamos al Grupo proponente por esta razón.

Gracias, señor Presidente.

El señor **PRESIDENTE**: Gracias, señor Olabarría

Por el Grupo de Izquierda Unida-Iniciativa per Cataluña tiene la palabra el señor Castellano.

El señor **CASTELLANO CARDALLIAGUEX**: Muchas gracias, señor Presidente.

La aparición en el debate de una enmienda propuesta por el Grupo Parlamentario Socialista que, de no ser aceptada, supondría de inmediato el rechazo de la proposición no de ley, nos lleva lógicamente a entender que lo que se va a aprobar en el día de hoy es el instar al Gobierno a estudiar la conveniencia de establecer un registro público de grupos de interés y aquello de lo que nos ha dado cuenta ya el interviniente por parte del Grupo Parlamentario Socialista.

Por lo tanto, ante un hecho ya perfectamente acabado, porque supongo yo que el Grupo Parlamentario del CDS, en su ambición de que salga estrictamente lo que él quiere, no se va a negar porque se quedaría sin nada, lo que queda es simplemente argumentar a fin de que el Gobierno lo tenga en cuenta en su día, cuál es la posición de otros grupos. Y, desde luego, ya la adelanto. Sabiendo que va a prosperar, nosotros nos vamos a abstener, porque lo prudente es abstenerse hasta que el Gobierno, tal como así se va a acordar, lo haya estudiado y nos venga con la conveniencia o no de legislar sobre esta materia.

Pero para ir adelantando un poco, y yo creo que el Gobierno lo agradecerá, sin que seamos ningún grupo de interés que necesitemos ningún registro especial para dirigirnos a él, le vamos a hacer desde aquí alguna consideración. La primera que hacemos es que, sinceramente, desde nuestro Grupo –y lo hacemos desde luego con un cierto complejo de culpabilidad porque cuando desde la tribuna se dice que todo el que mantenga las tesis contrarias está en actitud conservadora, usted entenderá, señor Martínez-Campillo que a uno le dé un cierto pudor–, vamos a reclamar para el Grupo Parlamentario Izquierda Unida estar en un concepto absolutamente conservador de lo que es nuestro sistema democrático. Así de claro. Queremos ser conservadores de nuestro sistema democrático y constitucional. Y lo primero que nos tenemos que preguntar es si nuestro sistema democrático y constitucional necesita esta alternativa o esta sugerencia, la institucionalización de esos grupos de interés, y luego ya veremos quiénes merecen ese adjetivo, qué fórmula jurídica adoptan, cuáles son sus cometidos. Desde esa conservación nos tenemos que plantear muchísimas interrogantes.

Lo que nosotros no hemos visto hasta ahora, señor Martínez-Campillo –a lo mejor estamos equivocados– es que nuestro sistema constitucional haya privado a un solo ciudadano ni a ningún coletivo de ciudadanos de ser interlocutor válido con el Estado en cualquiera de sus niveles, desde el poder central hasta los poderes autonómicos o las alcaldías y ayuntamientos, o le haya privado de tener la menor interlocución con los partidos políticos o con esta Cámara. No conocemos ningún supuesto en que se pueda decir que ha habido algún interés legítimo que haya quedado desasistido o inaudito –entiéndase como la expresión de no haber sido auditado– y que, en consecuencia, tenga que encontrar algún vehículo para expresarse. Yo no conozco ningún caso. Si se pone aquí alguno encima de la mesa, sinceramente estaremos dispuestos a considerar la conveniencia de ampliar el papel que ya de por si atribuye la Constitución a los partidos políticos para canalizar los intereses sectoriales del grupo que lo compone, pero al servicio del interés general de cada uno de ellos: de los sindicatos, o de las organizaciones empresariales, o de todo este conjunto de asociaciones cívicas a las que la Constitución no solamente no opone ningún obstáculo en su constitución, sino que les excita y facilita el que cada día vayan poniéndose en marcha para vertebrar nuestra sociedad civil.

En todo caso, si hubiere la necesidad imperiosa porque alguna clase de interés quedara insatisfecho o no hubiera podido ser interlocutor válido del Estado, sinceramente nos lo plantearíamos, pero, de momento, mientras no tengamos resuelta esa incógnita, entenderá usted que no nos sintamos acuciados a plantearnos este problema.

En segundo lugar, detrás de todo esto lo que hay es el intento de profesionalización de un conjunto –se llama aquí– de operadores sociales, pero que, en lenguaje más coloquial llamaríamos –además, si lo oyeran los ciudadanos lo iban a entender muy bien– los conseguidores, los mensajeros o los presionadores. Vamos a institucionalizarlos. Yo tengo un cierto recelo hacia la institucionalización de los intermediarios, entre otras cosas porque, como contribuyente, no me gusta nada llegar a una oficina pública y encontrarme con que hay una oficina para los ciudadanos y otra para los agentes o gestores. Ahora, si vamos a empezar a innovar aquí el papel del gestor político, a lo mejor resulta que su papel es esencial, pero yo creo, sinceramente, que para papel de gestor político está la propia ciudadanía y no necesita inscribirse en ningún registro, está inscrita en el registro fundamental: la Constitución española, que les reconoce el derecho a acudir a cualquier oficina administrativa, no sólo para informarse, sino para poner de manifiesto lo que son sus deseos, para formular sus peticiones, aparte de todo el conjunto de mecanismos que para ello tiene. Pero, en fin, a lo mejor resulta que también estamos equivocados y para algunos, como no saben, hay que procurar que haya unos grupos concretos a los que demos el privilegio cualificado de inscribirse en un registro para poderse dirigirse al Parlamento o para poderse dirigir a cualquier institución.

Yo no sé si esto que estoy diciendo será conservador, pero lo otro sí que le puedo decir a usted que es reaccionario, es absolutamente corporativista, como en la época en que no se le reconocía derecho a hablar sobre el tema de la justicia más que a los colegios de abogados o no se podía hacer nada sin contar con determinados colegios profesionales y, claro, aquí, en esta Cámara, en vez de haber representación política, había representación estamental. A lo mejor lo que se busca es que esta Cámara, en lugar de tener una regulación de los grupos de interés, lo que tenga sea una regulación de los grupos de capital, que es una cosa completamente distinta.

En todo caso, aparte del aspecto de la representación, que ya le digo que nosotros, porque somos muy conservadores, no lo vemos claro porque queremos conservar el papel de los partidos políticos, de los sindicatos y de las asociaciones, porque no nos gusta que haya entidades mercantiles dedicadas a la mediación política, que en otros sistemas tiene su razón de ser porque no es el mismo sistema de partidos ni es el mismo sistema político, aparte del aspecto de la representación, decía que también nos preocupamos por una de las afirmaciones que se hace en cuanto a la necesidad para llevar adelante la transparencia de lo que podía ser la presión o evitar el tráfico de influencias. Ahí, sinceramente, alabamos el enorme grado de ingenuidad de los proponentes porque se creen que aquel que esté dispuesto a vulnerar las reglas del juego para dedicarse al cohecho o dedicarse a la prevaricación o al tráfico de influencias por el hecho de estar inscrito en un registro va a llevar ya una vida impoluta. Sinceramente, no habría más que acudir al país en el que más se han producido esta clase de instituciones, que es Estados Unidos, donde, efectivamente, están reconocidos los lobbies, los grupos de presión, y todos los días salen a relucir las inmoralidades que se pueden cometer por aquellos que, en su legítimo derecho a querer influir sobre la vida política y alcanzar determinadas fórmulas legislativas, no respetan las reglas del juego.

Por ello, como no entendemos que sea necesario, porque no es necesario, no se ha demostrado la necesidad, puesto que, en segundo lugar, habría que calificar claramente qué van a ser: ¿van a ser entidades mercantiles anónimas?, ¿van a ser la pura inscripción de algún señor como privilegiado interlocutor frente a las instituciones? Por tanto, nos vamos a tener que abstener para que todas estas preguntas nos las resuelva el Gobierno, que posiblemente será el que, con un mejor conocimiento de causa, nos saque a lo mejor de esta situación de ignorancia.

En todo caso, tenemos una mala experiencia, señor Martínez-Campillo, de copiar instituciones extranjeras cuando todavía no hemos perfeccionado las nuestras. Hay que tener mucho cuidado, porque aquí con una enorme alegría copiamos una institución que tenía un enorme arraigo en otras latitudes, cual era la del Defensor del Pueblo, y al final lo único que ha supuesto, en versión central o en versión periférica, es el incremento del gasto y no ha servido absolutamente para nada, porque para eso estaba ya o el ministerio público o estaban estas Cortes o estaba la propia Administración. Si, en todo caso esto puede servir para que determinados despachos que actúan de forma más o menos encubierta afloren, a lo mejor resulta que sí que lo podríamos apoyar; se trata de que afloren esos despachos. Pero los despachos que están hoy en forma encubierta dedicados al tráfico de influencias el día que afloren seguirán utilizando los dos mecanismos, en la búsqueda, lógicamente, de su intento de arrimar el ascua a su sardina.

En todo caso, como es lógico y natural, pensamos que es delicado, muy delicado, establecer entre los ciudadanos una notable diferencia entre aquellos a los que, por especiales circunstancias, se les va a conceder ni más ni menos que el privilegio de estar inscritos en un registro público como interlocutores frente a los demás que van a aparecer innominados.

Por esa razón y en espera de que el Gobierno nos aclare todas estas dudas, vamos a abstenernos y cuando nos aclaren estas dudas vamos a procurar volver a ser conservadores. Pero, de verdad, sinceramente, antes de empezar a meterle a la Constitución un conjunto de cosas que ni las pide ni las necesita, sería preferible que el Gobierno se preocupara de desarrollar la Constitución hasta su último punto final.

Muchas gracias.

El señor **PRESIDENTE**: Gracias, señor Castellano.

Por el Grupo Catalán (Convergència i Unió), tiene la palabra el señor López de Lerma.

El señor **LÓPEZ DE LERMA I LÓPEZ**: Gracias, señor Presidente.

Nuestro Grupo parlamentario va a votar a favor de esta proposición de ley que suponemos va a ser enmendada por la aportación que ha hecho el Grupo Parlamentario Socialista.

Creemos que es bueno que la Cámara se plantee ese tipo de cuestiones, que es oportuno, porque, como ha señalado muy bien el representante del Grupo Socialista, señor Marcet, esta Cámara a lo largo de esta legislatura ha intensificado la regulación de aspectos como los propios mecanismos electorales de este país o el incremento del control de los gastos electorales o la mayor transparencia en la financiación de los partidos políticos e incluso se han tipificado como delitos en el Código Penal el tráfico de influencias y el uso de información privilegiada; es decir que ha acometido una labor legislativa importantísima al servicio de la democracia y al servicio de la transparencia de la actuación de este Parlamento, de sus parlamentarios y de sus gobiernos y, en general, de la propia sociedad.

Estas cuestiones no van a estar nunca cerradas; siempre son perfectibles y de hecho van a ir, supongo yo, acomodándose en el tiempo a la profundización de la propia democracia; todo es perfectible, repito. Lo cierto es que, a los ojos de este Grupo parlamentario, resulta conveniente, por oportuno, acometer también la regulación de la llamada representación de intereses, sea ante este Parlamento, ante las Cortes Generales; sea ante el Gobierno. Creemos que nadie debe escandalizarse por ello, puesto que precisamente ayuda a la continuidad y a la continuación (las dos cosas) de esa labor de transparencia que este Parlamento viene acometiendo a lo largo de esta legislatura.

Es cierto que existen legítimos intereses que acostumbran a relacionarse con los grupos parlamentarios; con los Diputados y con los Senadores, con el objeto de trasladarles su opinión acerca de los proyectos de ley, de las proposiciones de ley, etcétera, que esta Cámara viene tramitando Y aunque nadie debe tener la exclusiva de nada, y menos de esta relación, nos parece oportuno en el tiempo acometer, repito, el registro de intereses, ciertamente sin darle a nadie la exclusividad de la relación, puesto que ello es algo connatural a la labor parlamentaria y connatural a la labor de gobernación de un país.

Sin embargo, esto requiere, señor Presidente, un estudio tranquilo, un estudio sosegado, un estudio profundo que examine los pros y los contras de esta regulación, como han señalado los representantes del Grupo Parlamentario Socialista y del CDS, puesto que es algo bastante novedoso, por no decir que del todo novedoso, en la legislación europea (su origen es otro) y, por tanto, aquello que debe ser objeto de nueva regulación, requiere un estudio sosegado y tranquilo. Por ello, la enmienda que ha presentado el Grupo Parlamentario Socialista nos parece conveniente que sea aceptada por el Grupo Parlamentario del CDS y votada por esta Cámara.

Muchas gracias, señor Presidente.

El señor **PRESIDENTE**: Gracias, señor López de Lerma.

Por el Grupo Parlamentario Popular, tiene la palabra el señor Del Burgo.

El señor **DEL BURGO TAJADURA**: Señorías, yo voy a invitar precisamente al Grupo proponente a que no acepte la enmienda del Partido Socialista, y le voy a invitar a que no la acepte porque mucho me temo que, caso de ser aceptada y aprobada por la Cámara, se trasladará a la opinión pública la idea de que por fin en España se va a abordar la regulación de los grupos de interés, de los famosos lobbies, y la verdad es que no habremos dado ningún paso hacia adelante.

Yo compartía, y el Grupo Popular al que represento en estos momentos también, los términos de la proposición no de ley, porque tenía unos aspectos muy concretos, unos condicionamientos muy claros: «El Congreso de los Diputados acuerda la creación de una Ponencia en el seno de la Comisión de Reglamento para debatir el establecimiento de un Registro Público de Grupos de Interés...» Por consiguiente, había una definición positiva, caso de ser aprobada por esta Cámara, de que, en esta ocasión, esto sí iba a ir en serio.

El segundo punto de la proposición no de Ley dice: «El Congreso de los Diputados insta al Gobierno a que presente en la Cámara un proyecto de Ley reguladora de los Grupos de Interés». Sin embargo, lo que se nos ofrece ahora es, simplemente, gracias a la taumaturgia del Grupo Socialista, una declaración que dice: Instar al Gobierno para que estudie la conveniencia de establecer una regulación de los grupos de interés. Es decir, en sustancia, nada. Porque ya el Gobierno tenía mandato de estudiar este asunto desde el año 1990 y no lo ha hecho. Esta Cámara aprobó por unanimidad una proposición no de ley del Grupo Popular donde se abordaba precisamente el mismo objeto que la proposición no de ley que actualmente presenta el Grupo del CDS, con una concreción mucho más exacta Se pedía abordar el gran problema de los despachos de influencia, que es desde donde realmente se pueden realizar actividades de interés que precisamente estén lesionando el interés general. Esta Cámara aprobó por unanimidad esa proposición y hasta el momento nada se ha hecho al respecto.

Por consiguiente, yo invito al Grupo del CDS a que reflexione sobre si le conviene o no aceptar esta propuesta; por supuesto, nuestro grupo aprobará y aceptará la decisión que el Grupo del CDS adopte al respecto, porque, al fin y al cabo, es el titular de la proposición. Pero que quede bien claro que cuando se transmita a la sociedad española la idea de que esta Cámara ha adoptado un acuerdo tajante de regular los grupos de interés, en el fondo no habrá hecho absolutamente nada. Simplemente, le da un cheque en blanco al Gobierno para realizar un estudio cuyos términos, además, a nada le comprometen, porque la conclusión podría ser perfectamente que el Gobierno entiende que no es conveniente establecer una regulación de los grupos de interés, con lo que habrá dado cumplimiento, en sus propios términos también, al acuerdo de esta Cámara.

Todas las demás cuestiones que se han planteado a lo largo del debate son muy interesantes, pero demuestran una realidad, y es que es preciso hacer un esfuerzo para tratar de regular los grupos de interés; grupos de interés que pueden ser legítimos, que es en esa expresión de legitimidad donde deben ser regulados, porque para lo demás, para las actuaciones espúreas ya está la legislación penal de tráfico de influencias y de uso de información privilegiada, que resuelve perfectamente la cuestión.

Nada más, señor Presidente.

El señor **PRESIDENTE**: Gracias, señor Del Burgo. Tiene la palabra el señor

Martínez-Campillo, a efectos de expresar la aceptación o rechazo de la enmienda del Grupo Socialista.

El señor **MARTÍNEZ-CAMPILLO GARCÍA**: Muchas gracias, señor Presidente.

Intervengo para expresar nuestar posición sobre la enmienda presentada por el Grupo Socialista. Pensamos admitirla en la medida en que nos permite abrir un debate que necesariamente llegará a las metas que nosotros hemos propuesto. Además, esa discusión conjunta también nos permitirá aclarar algunas dudas que aquí se han expuesto y considerar magníficas aportaciones. En el fondo, lo que se busca es la transparencia en un mundo cada vez más complejo en la vida política.

Muchas gracias, señor Presidente.

El señor **PRESIDENTE**: Gracias, señor Martínez-Campillo.

Vamos a proceder a la votación.

Proposición no de ley del Grupo del CDS sobre regulación de los grupos de interés, que se somete a votación en los términos resultantes de la aceptación de la enmienda del Grupo Socialista.

Comienza la votación. (**Pausa.**)

Efectuada la votación, dio el siguiente resultado: votos emitidos, 281; a favor, 264; abstenciones, 17.

Anexo 2

La función del lobbying en la práctica de las relaciones públicas

por Sam Black

Es mejor no decir nada y dejar que la gente piense que eres mudo, que abrirla y disipar cualquier duda.

Abraham Lincoln

El mundo de las prácticas de las relaciones públicas es extremadamente amplio, y se hace todavía más extenso cuando se adoptan nuevas ideas y se introducen nuevas técnicas. Uno de los aspectos más nuevos de nuestra labor profesional es el lobbying.

El lobbying se lleva a cabo para influir sobre la política y las decisiones de los cuerpos oficiales, tanto gubernamentales como no gubernamentales, y así queda aceptado como una de las definiciones de la práctica de las relaciones públicas. Como en el caso de las relaciones públicas financieras, hay normas especiales que deben conocerse y cumplirse si quieren evitarse serios problemas.

La evolución del lobbying

Habiendo puntualizado que el lobbying es aplicable a esferas gubernamentales y no gubernamentales, es necesario comprender que gran parte del lobbying está relacionado con los círculos gubernamentales y oficiales.

El origen del término lobbying deriva del significado de la palabra *current* utilizada en el siglo XVII en Inglaterra. Quería decir «pasillo o galería que se utilizaba como sala de espera». Este término se empezó a utilizar a propósito de la Cámara de los Comunes para describir «un gran vestíbulo de entrada o aposento abierto al público y que servía principalmente para las entrevistas entre el público y los miembros elegidos del Parlamento. Otro uso del término lobbying servía para denominar a los representantes de prensa acreditados que tenían acceso al Parlamento.

Por consiguiente, el lobbying incluía la descripción de las formas según las cuales los representantes elegidos podían reunirse con el público y con los medios de comunicación. En los Estados Unidos de América el lobbying se desarrolló a gran escala. Ya en enero de 1862, el lobby se describía en *The Times* (de Londres) como una institución reconocida en Washington, D.C.

Desde 1862 ha habido poca diferencia en la connotación del término lobbying. Se ha establecido con firmeza para referirse a intentos organizados de influir sobre cualquier tipo de legislación. Los objetivos del lobbying no han cambiado pero los métodos utilizados han incorporado técnicas de investigación que tratan de crear una base académica para la práctica.

En 1963, Lester W. Milbrath[1] expuso esta tendencia y ejemplificó el lobbying como:

> «la estimulación y la transmisión de una comunicación, por parte de un ciudadano que no actúe en beneficio propio, dirigida a una persona que toma decisiones gubernamentales con la esperanza de influir sobre su decisión».

Edgar Lane da otra definición del lobbying en *Lobbying and the Law*[2]. Según Lane, el lobbying es «un aspecto de los esfuerzos de hombres organizados en grupos para influir en la creación de una política».

Esta definición de Lane nos acerca a otro aspecto moderno del lobbying: los grupos de presión.

En los Estados Unidos, donde el lobbying se ha generalizado tan enormemente, éste ha llevado a alegatos de soborno y corrupción. Por consiguiente, el Congreso ha intentado controlar el lobbying en Washington con leyes superficiales. En 1919, el Congreso introdujo la exigencia de registro a los lobbistas en representación de los distintos intereses, así como los agentes de negocios y gobiernos extranjeros. En 1946 ésta fue sustituida por la *Federal Regulation of Lobbying Act*, la cual continuaba exigiendo el registro y el informe financiero de personas u organizaciones que recibieran o gastaran dinero «con el propósito principal de influir sobre cualquier legislación o acto antes de que llegara al Congreso».

Este decreto, a menudo criticado por su imprecisión en la definición de lobbying, dejó muchas rendijas y no estipulaba poder de ejecución al Jefe de la Cámara de Representantes, la cual posee el registro de lobbistas.

El lobbying ha proliferado en Washington, con cientos de lobbistas que ofrecen sus servicios. En Gan Bretaña, esta práctica ha sido común durante mucho tiempo, pero la cantidad de consultas especiales de lobbying es proporcionalmente bastante inferior. El centro de atención de la práctica del lobbying ha tenido lugar recientemente en Westminister, con alegaciones de miembros del Parlamento que aceptan dinero por hacer preguntas. Esto ha llevado a la formación de un comité especial de la Cámara de los Comunes, para investigar sobre la cuestión del lobbying en Westminister.

El problema con el lobbying es saber distinguir claramente entre lobbying *adecuado* y prácticas que pueden describirse como soborno y corrupción. La adhesión a normas éticas estrictas probablemente cambia de un país a otro y el panorama tiende a ser muy variable.

1. Milbrath, LW, The Washington Lobbyist (Westport, Conneticut: Greenwood Press, 1976, pág. 8).
2. Lane E., *Lobbying and the Law* (Berkeley: University of California Press, 1969, pág. 5).

La ética y la moral del lobbying

La justificación principal de lobbying organizado es el argumento de que contribuye a una operación más eficaz de las estructuras democráticas que trabajan con más efectividad si todos los elementos del gobierno son transparentes y están disponibles para la observación de los ciudadanos.

El aspecto contrario es que haya algo turbio y misterioso al intentar influir sobre la legislación a puerta cerrada, o en actos privados o en reuniones convocadas especialmente.

Los estudios de casos que se incluyen en este capítulo demostrarán cómo la legislación propuesta que desfavorecería el entorno o el éxito comercial, se enmendó como resultado de un lobbying basado en la actividad de relaciones públicas. No pueden existir objeciones éticas al lobbying si éste se lleva a cabo de acuerdo con las regulaciones éticas y morales aceptadas por los lobbistas que trabajan en los Estados Unidos y en Gran Bretaña.

Las reglas básicas del lobbying

Uno de los lobbistas más expertos de Gran Bretaña es Douglas Smith, quien ha redactado las «reglas de oro del lobbying eficaz» como una combinación de tres actividades principales.

Inteligencia

Cualquier actividad relacionada con el lobbying debe basarse en información temprana y fiable acerca de la legislación propuesta. A esto los militares lo llaman «inteligencia». A menos que se obtenga advertencia muy temprana de la legislación venidera, es probable que sea demasiado tarde para emprender una actividad eficaz. De hecho, cuanto antes se consiga la perspectiva de la legislación no deseada, más oportunidades habrá para planear y poder actuar para evitarla.

Un lobbista eficaz debe conocer profundamente las estructuras políticas y las políticas gubernamentales. Esta inteligencia proviene probablemente del círculo de amigos y de relaciones lo más amplio posible. Del mismo modo es necesario ser capaz de controlar los planes de los «neutrales» y de los enemigos. El conocimiento previo de los planes venideros es lo que proveerá la base de la estrategia y de las tácticas. Después de la información, el siguiente elemento importante es conocer la escala de tiempo conveniente, decidir cuándo es conveniente actuar. Actuar demasiado pronto podría resultar ineficaz, pero actuar demasiado tarde es sin duda poner en peligro el éxito de una *avoiding action*.

Comunicación

La inteligencia proporcionará la base de la estrategia y la adopción del «mensaje» a fomentar. La comunicación eficaz difundirá el mensaje y se añadirá al conocimiento y a la comprensión calculados para modificar o rechazar la legislación propuesta.

El mensaje debe prepararse de la mejor manera, dirigirse al público objetivo adecuado y programarlo para cuando sea más eficaz.

Presión

Douglas Smith subraya que el éxito sólo se conseguirá a través de un programa ininterrumpido de presión sobre las partes interesadas. Esto requiere acción llevada a cabo por la gente adecuada en el momento más propicio y realizada con constancia, y con un deseo de compromiso si es necesario. El soporte de los medios de comunicación es muy importante para conseguir los resutados deseados.

Habilidades clave

La experiencia en relaciones públicas proveerá a una persona para triunfar en el lobbying, pero también son necesarias ciertas cualidades especiales adicionales.

Obviamente, sería necesaria una investigación inicial y esto incluye escuchar a todas las partes de la situación. Una vez acordados los objetivos, probablemente sea necesario traducir un mensaje complejo en una manifestación clara y suficientemente simple, tanto escrito como hablado. Como en cualquier otro tipo de relaciones públicas, el vigor, la determinación y la audacia son esenciales para tomar la iniciativa cuando sea necesario.

La influencia de la Unión Europea

La mayor parte de la actividad de lobbying siempre es habitual en un contexto nacional, pero con la influencia cada vez mayor de la Comisión de la Unión Europea en Bruselas, la cual aprueba leyes y regulaciones que afectan a los 15 países miembros de la Unión, la necesidad de un lobbying eficaz en Bruselas ha llegado a ser evidente y muchas empresas de lobbistas se han establecido allá o han abierto sucursales.

Las consideraciones que se refieren al lobbying en el Reino Unido o en España son las mismas en Bruselas, pero los públicos objetivo son distintos y los funcionarios de la Unión Europea son más accesibles.

Formas de actuación

Mientras que muchos programas de relaciones públicas incluyen alcances mayores o menores de la actividad o de las consideraciones del lobbying, existen otras situaciones en las que practicar el lobbying ante la burocracia gubernamental u oficial ocupa un puesto central. Entonces hay una serie completa de circunstancias que resultan de la actividad de un interés especial o de los grupos de presión. La primera exige un lobbying «proactivo» mientras que para combatir a grupos especiales se requiere un lobbying más «reactivo».

12

Bibliografía no citada

Incluimos aquella bibliografía de interés y utilidad sobre el lobbying que no ha sido citada por los autores de este manual.

AA.VV.: *The Washington Lobby*, Congressional Quarterly, Edison, 1987.

ADECEC: *El libro práctico de la Comunicación y de las Relaciones Públicas*, Folio, Barcelona, 1997.

ARCHER, Jules: *Special Interests. How lobbyist influence legislation*, The Millbrook Press, Brookfield, 1997.

ATTINA, Fulvio: *Introducción al sistema político de la Comunidad Europea*, Centro de Estudios Constitucionales, Madrid, 1992.

BANKS, Stephen P.: *Multicultural Public Relations*, SAGE Publications, Thousand Oaks, 1995.

BARQUERO, José Daniel (coord.): Casos Prácticos de Relaciones Públicas, Gestión 2000, Barcelona, 1995.

BARQUERO, José Daniel: *El Libro de Oro de las Relaciones Públicas*, Gestión 2000, Barcelona, 1997.

BASSO, Jacques-A.: *Les Groupes de Pression*, Presses Universitaires de France, París, 1983.

BAYE, Michael: *Rigging the lobbying proces, en American Economic Review*, vol. 83, marzo 1993, p. 289-294.

BERGER, Suzanne (Comp.): *La organización de los grupos de interés en la Europa Occidental*, Ministerio de Trabajo y Seguridad Social, Madrid, 1988.

BERNAYS, Edward L.: *Cristalizando la Opinión Pública*, Gestión 2000, Barcelona, 1998.

BLACK, Sam: *Casos de Relaciones Públicas Internacionales*, Gestión 2000, Barcelona, 1994.

BOIRY, Philippe A.: *Las Relaciones Públicas o la Estrategia de la Confianza*, Gestión 2000, Barcelona, 1998.

BONGRAND, Michel: *Le Marketing Politique*, Presses Universitaires de France, París, 1986.

BORRUS, Amy: *A yankee in Tokyo's court*, en *Business Week*, 19 de junio de 1995.

BREHIER, Thierry: *Pour défendre une profession controversée, les principaux conseils en lobbying créent une association syndicale*, en *Le Monde*, 7 de febrero de 1991,

BRODY, E.W. y STONE, G.C.: *Public Relations Research*, Praeger, New York, 1989.

BROWN Jr., C.W., POWELL, L.W. y WILCOX, C.: *Serious Money. Fundraising and Contributing in Presidential Nomination Campaigns*, Cambridge University Press, Cambridge, 1995.

BUCHHOLZ, Rogene A., EVANS, William D. y WAGLEY, Robert A.: *Management Responses to Public Issues*, Prentice Hall, New Jersey, 1994.

CABRERA, Juan A.: *Las Relaciones Públicas en la Empresa*, Acento, Madrid, 1996.

CASE, Tony: *Newspapers and lobbying*, en *Editors & Publishers*, vol.125, 23 de mayo de 1992, p. 11-12.

CHASE, W. Howard: *Issue Management. Origins of the Future*, Issue Action Publications, Stamford, 1984.

CLAMEN, Michel: *Une démarche récente de la part des Français*, en *Les Echos*, 13 de enero de 1993.

COYNE, Kelley S.: *Accounting for the cost of lobbying*, en *International Corporate Law*, marzo 1994, p. 42-46.

CUGAT, Miriam: *La Desviación del Interés General y el Tráfico de Influencias*, Cedecs, Barcelona, 1977.

DACHEUX, Éric: *Les stratégies de communication persuasive dans l'Union européenne*, L'Harmattan, París, 1994.

DENNIS, Lloyd B. (Ed.): *Practical Public Affairs in an Era of Change*, PRSA & University Press of America, Lanham, 1996.

DION, Léon: *Les groupes et le pouvoir politique aux États-Unis*, Les Presses de l'Université Laval, Québec, 1965.

DOUGLAS, James H.: *Lobbying for a stitch in time*, en *Life Association News*, vol. 88, noviembre 1993, p. 153.

DOUMONT, Michel: *Le lobbying dans un contexte de déréglementation*, en *Gestion Deux Mille*, núm. 3, junio 1993, p. 119-124.

DUNHAM, Richard S.: *For lobbyistes, these may be the good old days*, en *Business Week*, 22 de febrero de 1993, p. 49.

DUNHAM, Richard S.: *Why lobbying reform could get lobbied to death*, en *Business Week*, 7 de marzo de 1994, p. 57.

EHRLICH, Stanislaw: *Le pouvoir et les groupes de pression*, Mouton, París, 1971.

ELLIS, Niegel: *Parliamentary Lobbying*, Heinemann Professional, Oxford, 1988.

ETZIONI, Amitai: *Lobbies: can't live with them, and can't live without them*, en *Challenge*, vol. 36, septiembre-octubre 1993, p. 56-58.

FERRER, August: *Relaciones Públicas, Empresa y Sociedad*, Escola Superior de Relacions Públiques de Girona, Girona, 1993.

FLEISCHMANN, George: *Lobbying governments: who, how and why*, en *Business Quaterly*, vol. 58, invierno 1993, p. 22-28.

FORREST, Lewis G.: *Impact of the new antilobbying rules on the trade associations*, en *Tax Advises*, vol. 24, diciembre 1993, p. 783-784.

FRESSOZ, François: *Les lobbies sortent de l'ombre*, en *Les Echos*, núm. 15548, 5 de enero de 1990, p. 24-25.

GALSTON, Myriam: *Lobbying and the public interest. Rethinking the internal revenue code's treatment of legislative activities*, en *Texas Law Review*, vol. 71, mayo 1993, p. 1269-1354.

GARDNER, James N.: *Effective Lobbying in the European Community*, Kluwer, Daventer, 1991.

GERSTLÉ, Jacques: *La Communication Politique*, Presses Universitaires de France, París, 1992.

GILCHRIST, Alan Robert y DE ANDRÉS, Amado Philip: *«Lobbying»: los entresijos del poder en Bruselas*, artículos publicados en *La Gaceta de los Negocios*, los días 19, 20 y 21 de marzo de 1997.

GIULIANI, Jean-Dominique: *Marchands d'Influence. Les lobbies en France*, Seuil, París, 1991.

GOLLNER, Andrew B.: *Social Change and Corporate Strategy: The Expanding Role of Public Affairs*, Issue Action Publications, Stamford, 1983.

GRAWITZ, Madeleine: *Méthodes des Sciences Sociales*, Dalloz, París, 1996.

GREENWOOD, Justin: *Lobbying in the European Community*, en *Journal of Common Market Studies*, vol. 32, marzo 1994, p. 117-118.

HEATH, Robert L.: *Strategic Issues Management*, SAGE Publications, Thousand Oaks, 1997.

HERNÁNDEZ, Ángel A.: *La guerra de los «think tanks»* y *El negocio de los «lobies»*, artículos publicados en El País, el 27 de junio de 1993.

HERRNSON, P.S., SHAIKO, R.G. y WILLOX, C.: *The interest group connection*, Chatham House, Chatham, 1998.

JEAN, Thierry: *Lobbying communautaire: stratégies et modèles*, en *Revue Française de Gestion*, junio-julio-agosto 1992.

JIMÉNEZ GONZÁLEZ, Juan: *El lobby: su dimensión jurídica*; Conferencia pronunciada en la Universidad Complutense de Madrid el 4 de febrero de 1998.

JOANNY, Marc, *Projets de réglementation des lobbies européens*, en *Les Echos*, 13 de enero de 1993, p. 7.

JOHNSON-CARTEE, Karen S. y COPELAND, Gary A.: *Inside Political Campaigns*, Praeger, Westport, 1997.

JORDAN, G., MALONEY, W.A. y BENNIE, L.G.: *Les groupes d'intérêt public*, en *Pouvoirs*, núm. 79, noviembre 1996, p. 69-86.

KAPLAN, Georges: *L'âge de raison du lobbying*, en *Médias*, núm. 329, junio 1992, p. 45-50.

KENDALL, Robert: *Public Relations Campaign Strategies*, Harper Collins, New York, 1996.

KEY, Jr, V.O.: *Politics, Parties, and Pressure Groups*, Crowell, New York, 1964.

KLEMP, Richard: *Lobbying: can it be both effective and ethical, en Vital Speeches*, vol. 59, 25 de julio de 1995, p. 592-595.

KOTLER, Philip y ROBERTO, Eduardo L.: *Marketing Social*, Díaz de Santos, Madrid, 1992.

KREMER, Pascale: *Métier d'influence*, en *Le Monde*, 16 de marzo de 1993, p. 25 y 30.

LASSALE, Jean-Pierre: *Les institutions des Etats-Unis*, La Documentation Française, París, 1997.

LITTLEJOHN, Cindy Roe: *Activating grass-roots lobbying network*, en *Association Management*, mayo 1995, p. 73-79.

LUHMANN, Niklas: *Confianza*, Anthropos, México, 1996.

MARTHOZ, Jean-Paul y DERENBOURG, Michel: *Bruxelles, l'armée de l'ombre américaine*, en *Enjeux Les Echos*, núm. 106, septiembre 1995, p. 88-90.

MAZEY, Sonia: *Effective business lobbying in Brussels, en European Business Journal*, vol. 5, 1993, p. 14-24.

MAZEY, Sonia y RICHARDSON Jeremy (eds.): *Lobbying in the European Community*, Oxford University Press, Oxford, 1993.

MAZO, Juan Manuel: *Estructuras de la Comunicación por Objetivos*, Ariel, Barcelona, 1994.

McPHERSON, Douglas: *The perils of lobbying*, en *Financial Executives*, vol 11, mayo-junio 1995, p. 36-39.

MEYNAUD, Jean: *Los grupos de presión*, EUDEBA, Buenos Aires, 1962.

MEYNAUD, Jean: *Nouvelles études sur les groupes de pression en France*, Armand Collin, París, 1962.

OGRIZEK, Michel y GUILLERY, Jean-Michel: *La Communication de Crise*, Presses Universitaires de France, París, 1997.

OGRIZEK, M., GUILLERY, J-M. y MIRABAUD, C.: *La Communication Médicale*, Presses Universitaires de France, París, 1996.

PARÉS I MAICAS, Manuel: *Introducción a la Comunicación Social*, ESRP-PPU, Barcelona, 1992.

PETERS, Charles: *How Washington Really Works*, Addison-Wesley, Reading, 1992.

PETITE, Michel: *L'intervention des lobbies auprés des institutions européennes*, en *Problèmes économiques*, núm. 2123, 5 de mayo de 1989, p. 20-24.

PORTER, David: *Lobby fodder*, en *Investors Chronicles*, 4 de noviembre de 1994, p. 18.

PRÉVOST: Dominique-Claire: *Notes et études techniques: le lobbying*, en *Crédit Lyonnais International*, septiembre 1993, p. 11-22.

REVÉRET, Régis y MOREAU, Jean-Nicolas: *Lés Médias et la Communication de Crise*, Economica, Paris, 1997.

REYNOLDS, Mike: *From PR to PA: a natural fit, en Communication World*, enero-febrero 1995, p. 27-31.

RICHAN, Willard C.: *Lobbying for Social Change*, The Haworth Press, New York, 1995.

ROSENTHAL, Alan: *The Third House, Congressional Quartely*, Washington, 1993.

SANDAK, Cass R.: *Lobbying*, Twenty-First Century Books, New York, 1995.

SANTAOLALLA, Fernando: *Derecho parlamentario español*, Espasa, Madrid, 1990.

SAUVY, Alfred: *Lobbys et groupes de pression*, en *Le Pouvoir*, Presses Universitaires de France, Paris, 1956, p. 173-213.

SFEZ, Lucien (Dir.): *Dictionaire critique de la Communication*, Presses Universitaires de France, París, 1993.

SIDJANSKI, Dusan y AYBERK, Ural (direct.): *L'Europe du Sud dan la Communauté Européenne*, Presses Universitaires de France, París, 1990.

SIMMONS, Robert E.: *Communication Campaign Management*, Longman, New York, 1990.

SIMON, Morton J.: *Public Relations Law*, Appleton-Century-Crofts, New York, 1969.

SOLANO FLETA, Luis: *El lobby, concepto y naturaleza*; conferencia pronunciada en la Universidad Complutense de Madrid el 3 de febero de 1998.

SORIA, Carlos: *Las relaciones públicas de la sociedad con el gobierno, en Estudios de Comunicación Social y Relaciones Públicas*, núm. 1, enero 1975, p. 39-44.

SOUCHEZ, Nicolas: *Lobbying européen: comment faire pression sur Bruxelles?*, en *L'Exportation*, núm. 57, diciembre 1989-enero 1990, p. 28-33.

STURTEVANT, William J.: *The Artful Journey. Cultivating and soliciting the major gift*, Bonus Books, Chicago, 1997.

SWISS, Samaritha: *Lobbying: taming the beast*, en *Environnement Risk*, mayo 1993, p. 23-26.

TERUEL, Felipe: *Lobbies. El poder en la sombra*, en *Muy Interesante*, núm. 186, noviembre 1996, p. 68-74.

WAGNER, Lynn: *Tax law change to raise cost of reform lobbying*, en *Modern Health* Care, vol. 23, 13 de diciembre de 1993, p. 30.

WAUQUIEZ-HAUTER, Elisabeth: *Les quatre vérités du lobbying*, en *Contemporaine*, junio 1991, p. 44-47.

WEBSTER, George: *Non profit lobbying*, en *Association Management*, vol. 44, marzo 1992, p. 106-107.

WHITE, Jon y MAZUR, Laura: *Strategic Communications Management*, Addison-Wesley, Reading, 1994.

WILCOX, Dennis L., AULT, Phillip H. y AGEE, Warren K.: *Public Relations. Strategies and Tactics*, Longman, New York, 1997.

WILKES, Adrian J.: *EC lobbying game on: accessing DG XI*, en *Environnement Risk*, abril 1993, p. 33-36.

XIFRA, Jordi: *Introducción a la Política*, CREDSA, Barcelona, 1965.

XIFRA, Jordi y otros: *Sociología de las Relaciones Públicas*, Instituto de Ciencias Sociales, Barcelona, 1968.

XIFRA TRIADÚ, Jordi: *Tràfic d'influències, perquè no?*, en *El Punt*, 8 de febrero de 1990, p. 4-5.